I0882977

INTRODUCTION
À LA
PHILOSOPHIE DU MYTHE

ESSAIS D'ART ET DE PHILOSOPHIE

INTRODUCTION À LA PHILOSOPHIE DU MYTHE

II

ÉPOQUE MODERNE ET CONTEMPORAINE

par

Christoph JAMME

traduit par **Alain PERNET**

Ouvrage publié avec le concours de Inter Nationes, Bonn et la Maison des Sciences de l'Homme, Paris

PARIS
LIBRAIRIE PHILOSOPHIQUE J. VRIN
6, Place de la Sorbonne, V^e

1995

Edition originale : Christoph Jamme : *Einführung in die Philosophie des Mythos.*
Darmstadt: Wissenschaftliche Buchgesellschaft.
Band 2. Neuzeit und Gegenwart, 1991

La loi du 11 mars 1957 n'autorisant, aux termes des alinéas 2 et 3 de l'article 41, d'une part, que les «copies ou reproductions strictement réservées à l'usage privé du copiste et non destinées à une utilisation collective» et, d'autre part, que les analyses et les courtes citations dans un but d'exemple et d'illustration, «toute représentation ou reproduction intégrale, ou partielle, faite sans le consentement de l'auteur ou de ses ayants droit ou ayants cause, est illicite» (Alinéa 1er de l'article 40).

Cette représentation ou reproduction, par quelque procédé que ce soit constituerait donc une contrefaçon sanctionnée par les Articles 425 et suivants du Code pénal.

© *Wissenschaftliche Buchgesellschaft, Darmstadt*, 1991
© *Librairie Philosophique J. VRIN*, 1995, *pour la version française.*

Printed in France
ISSN 0249-7913
ISBN 2-7116-1254-6

PRÉFACE DE L'ÉDITION ALLEMANDE

Avant d'analyser dans ce texte – le tome deux de l'*Introduction à la philosophie du mythe* – la relation qui existe entre mythe et raison, il nous faut exprimer toute notre dette envers Luc Brisson pour les principes qu'il a exposés dans sa fresque : bien que le mythe soit un phénomène complexe, et donc l'objet de sciences très diverses (philologie, théorie de la civilisation, anthropologie, ethnologie, étude comparée des religions, etc.), nous nous limiterons ici cependant à la philosophie, ou plus exactement aux théories philosophiques sur l'essence du mythe (les frontières entre mythologie philosophique et esthétique étant naturellement souvent floues). L'histoire de la formation de ces théories sera pourtant esquissée dans ses grandes lignes. Elle couvre la période qui va de la fin de la Renaissance jusqu'à nos jours ; le centre de gravité se trouve placé dans ce volume au XXe siècle – le précédent ayant traité de la période qui va de l'Antiquité jusqu'aux débuts de la Renaissance.

La relation entre philosophie et pensée mythique est toute faite de tension depuis ce que l'on nomme le *temps axial* et son éruption principalement en Grèce ; le débat reçoit une acuité particulière depuis le mouvement européen des *Lumières*. « L'intérêt pour le mythe », comme le résumait Georg Scherer, « accompagne comme une ombre la société moderne, fondée sur la rationalité technico-scientifique. Depuis presque deux cents ans, le mythe est devenu objet d'investigation pour les sciences religieuses, pour la réflexion des théories esthétiques, pour les recherches psychologiques et sociologiques. Ce large éventail d'intérêts a sa motivation dans le désir d'apercevoir le sol historique à partir duquel la rationalité a pris son essor historique »[1]. Les phases les plus importantes de ce processus vont être

1. G. SCHERER, in : *Symbol – Mythos – Sprache. Ein Forschungsgespräch*, éd. par G. Larcher. Annweiler, 1988, 19.

esquissées par la suite, dans la mesure où elles concernent la philosophie au sens étroit ; notre propos n'est pas de brosser une histoire de la mythologie (qui a été élaborée dans le domaine de recherche de Jan de Vries [1961] et dans la fresque d'Axel Horstmann [1972] [1]). Notre exposé n'abordera pas davantage les questions méthodologiques et épistémologiques liées à l'interprétation du mythe (j'en ai traité ailleurs en détail [2]). Quant aux problèmes qui se posent en particulier à une théorie du mythe à l'époque moderne, nous les notifierons au moins brièvement dans l'Introduction ; l'exposé qui suit peut être au demeurant dérivé de la manière de voir (aujourd'hui surtout formulée par Hans Blumenberg) selon laquelle la vérité du mythe reste impossible à trancher scientifiquement, selon laquelle donc nous ne pouvons nous en tenir qu'à la vérité de sa reconstruction.

Je remercie le *Netherlands Institute for Advanced Study in the Humanities and Social Sciences* (NIAS) de Wassenaar pour m'avoir accordé une bourse d'un an en 1989/90, dans un cadre de communication scientifique tout aussi paradisiaque que champêtre, qui a pu me permettre d'achever ce livre. Je remercie Saskia Lepelaar pour son dévouement à toute épreuve dans la mise au point du manuscrit imprimé.

1. J. DE VRIES, *Forschungsgeschichte der Mythologie*. Fribourg/Munich, 1961 ; A. HORSTMANN, "Der Mythosbegriff vom frühen Christentum bis zur Gegenwart", in: *Archiv für Begriffsgeschichte*, 23 (1979), 7-54, 197-245.

2. Cf. mon ouvrage: « *Gott an hat ein Gewand* ». *Grenzen und Perspektiven philosophischer Mythos-Theorien der Gegenwart*. Francfort, 1991. En particulier. ch. I. – Certaines redites (en particulier. dans les deux derniers chapitres) sont inévitables. Je les ai chaque fois soulignées.

PRÉFACE DE L'ÉDITION FRANÇAISE

Je me réjouis certes de présenter aux lecteurs français ce panorama des théories philosophiques sur le mythe depuis la fin de la Renaissance, mais je n'en suis pas moins inquiet. Mon exposé se limite en effet essentiellement au domaine allemand, ce petit livre ayant été rédigé pour un public germanophone. Certaines positions importantes ont été négligées, russes (comme Losev) ou italiennes (comme Croce). Ce qui fait le plus défaut, c'est un tableau de l'importante école archéologique française formée autour de Louis Gernet (1882-1962), disciple de Durkheim, et principalement représentée par Jean-Pierre Vernant, Pierre Vidal-Naquet et Marcel Detienne. Il eût aussi fallu mettre en lumière l'histoire de la section des « Sciences religieuses » de l'École Pratique des Hautes Études, qui a fêté en novembre 1986 son premier centenaire à Paris. Marcel Mauss a dirigé, à partir de 1901, le département « Religions des peuples non-civilisés », un intitulé discriminatoire que modifiera son non moins célèbre successeur, Claude Lévi-Strauss (« peuples non-civilisés » deviendra « peuples sans écriture »). La gravité de cette omission pourra toutefois sembler tempérée par la parution, entre-temps, de l'étude de Riccardo di Donato qui nous a gratifiés d'un excellent tableau de l'histoire de la science archéologique française. Le thème général de son œuvre ambitieuse, *Per una antropologia storica del mondo antico* (Florence, 1990) est celui de la constitution d'une anthropologie historique du monde antique dans le cadre des sciences archéologiques et sociales françaises, ainsi que le développement de directions de recherche qui finalement ramènent encore à Fustel de Coulanges et à Durkheim. L'accent est mis aussi par Renate Schlesier sur la science archéologique de l'Antiquité depuis 1800, dans la fresque qu'elle vient de publier sous le titre *Culte, mythes et savants* (Francfort, 1994). La courbe unit ici Georg Friedrich Creuzer à Jean-Pierre Vernant, en passant par Otto Jahn, Hermann Usener, Jane Hallen Harrison, Eduard Meyer et Claude

Lévi-Strauss. Ce qui – à l'arrière-plan de ces deux études – demeure frappant, c'est que les méthodes dont il est ici traité ont eu peu d'écho en Allemagne – à l'exception de Christian Meier et de son école. Inversement, les débats allemands sur le mythe, qui ont été et sont surtout menés à notre époque, n'ont trouvé en France qu'un impact relatif. Puisse ce petit livre se trouver justifié s'il projettait quelque clarté sur une histoire au moins partiellement méconnue de la pensée.

Je profite de cette occasion pour exprimer toute ma gratitude à mon ami et collègue Jean-François Courtine, et au traducteur, Alain Pernet. Sans eux, cette traduction n'aurait pas vu le jour. Je remercie enfin la Librairie Vrin qui en assure la publication.

INTRODUCTION

Mythos, un terme artistique de l'épopée attique, a eu à l'origine la même signification que *logos* : tous deux signifient *parole, logos* étant la parole empreinte de sens, le discours raisonnable ; *mythos* a été, lui, jusqu'à l'époque de Sophocle la parole dite, puis en tant que « parole exprimant l'autorité de la tradition » [1], le substitut du ἱερός λόγος, la parole sacrée, enfin le récit (non vrai) *(fabula),* la légende des dieux. On rencontre en Allemagne depuis le début du XVIe siècle ce mot au sens de *fable* ; c'est seulement deux cents ans plus tard qu'il prend la signification de *récit touchant les dieux. Mythologie* est utilisé de façon homonyme tant pour la totalité des mythes véhiculés par un peuple que pour l'activité scientifico-méthodologique qui s'y attache. Au lieu de se lancer dans des définitions stériles, les théories fonctionnalistes ou une phénoménologie du mythique permettent de tabler sur de meilleurs résultats pour la clarification du concept. Dans toutes les ethnies des peuples primitifs, le mythe unit diverses fonctions fondamentales : *religieux et cultuel,* il médiatise des vérités sacrées, il décide de la faute ou de l'innocence ; *historique et social,* il raconte l'histoire d'une institution, d'un rite ou d'une évolution de la société, c'est-à-dire que le récit de ces histoires pénètre jusqu'à l'origine des formes détaillées de la vie sociale (mythe étiologique) ; *politiquement,* les mythes sont l'expression d'un narcissisme collectif primaire et servent à l'auto-représentation, à la « conscience d'identité de la société humaine » [2].

Les concepts que transmet l'histoire, mais aussi les images qu'elle véhicule sont devenus flous, rendant d'autant plus difficile la classification du mythe : nous ne croyons plus aujourd'hui à la construction

1. G. LANCZKOWSKI/H. FRIES/V.H. ELBERN, "Mythos", in : *Lexikon für Theologie une Kirche,* vol. 7. Fribourg, 1962, 746-754, ici 746.

2. W. DUPRÉ, "Mythos", in : *Handbuch philosophischer Grundbegriffe,* éd. par H. Krings *e. a.,* vol. 4. Munich, 1973, 948-956, ici 950.

par W. Nestle d'un chemin linéaire qui va *du mythos au logos* (car le processus de dissolution de la pensée rationnelle par des concepts et des idées mythiques est jusqu'aujourd'hui non achevé), non plus qu'au schéma, longtemps canonisé dans l'histoire des religions, d'un chemin en trois étapes allant de la magie à la religion (monothéiste) en passant par le mythe (polythéiste). Ceci fait que nous ne pouvons apposer au mythe le sceau du *pré-logique* (Lévy-Bruhl), expression d'un degré d'enfance de l'humanité depuis longtemps dépassé par la science, ni le transformer inconsidérément en une pensée scientifique à laquelle nous accorderions notre confiance. Dans le premier cas, la question de la signification du mythe demeure pour nous actuellement sans réponse (le mythe énigmatique n'est certes pas enterré ici ou là dans une préhistoire engloutie [Gehlen], mais il fait irrévocablement partie de notre expérience [Kolakowski, Picht, Waldenfels]). Dans le second cas, l'extranéité de la pensée païenne se trouve éliminée. Dans ces deux modes d'approche du mythe, les schémas de pensée des *Lumières* continuent d'opérer, alors qu'il s'agit de les corriger : le mythe n'est rien qui soit surclassé par l'irruption de la pensée théorique ; il est bien plutôt *Lumières,* en ce qu'il cherche à introduire du sens dans les relations obscures de la nature. Le mythe ne prétend pas être une description du monde, il représente un *concept* des relations de l'homme avec ses expériences. Soit dit en passant, on oublie souvent que la science moderne ne se contente pas non plus d'analyser subtilement les références, mais qu'également elle propose des concepts ; elle nous apprend surtout à nous défier de ce qui est trop évident, de ce que nous serions toujours tentés de réintroduire en notre description du monde et de nous-mêmes. En bref : elle nous apprend à prendre du recul par rapport à nous-mêmes [1]. Sur ce point, elle coïncide exactement avec le mythe : le mythe est lui aussi *secondaire* ; il est déjà une réponse à certaines expériences de déficit, sans doute apparues pour la première fois à l'époque de la révolution néolithique (lors du passage de la chasse à la culture des champs), ces expériences ayant conduit à la séparation fondamentale du sacré et du profane [2].

Le mythe a toujours été un RÉCIT ORAL, il est lié aux civilisations ignorant l'écriture ; son essence a été dénaturée lorsque ce récit a été

1. D. HENRICH, in : *Moderne oder Postmoderne ? Zur Signatur des gegenwärtigen Zeitalters,* éd. par P. Koslowski, R. Spaemann, R. Löw. Weinheim, 1986, 89 sq.

2. Cf. mon ouvrage : *« Gott an hat ein Gewand »,* ch. III.

fixé par écrit dans un texte. Ainsi, les mythes grecs (dont Nilsson a pu retracer sous plus d'un trait la genèse jusqu'à la civilisation mino-mycénienne) ne sont susceptibles d'interprétation qu'à partir du moment où ils sont soumis à la forme littéraire, mais ceci ne nous permet plus d'expérimenter la manière dont les Grecs ont éprouvé leurs dieux. Lorsque nous saisissons le mythe, il est déjà le témoin d'une rupture, déjà il est interprétation, réflexion. Le mythe littéraire est d'époque tardive, il n'est pas archaïque. Homère et Hésiode sont une partie du « mouvement de *Lumières* » inauguré par la philosophie ionienne de la nature au VIe siècle av. J.C. L'heure de naissance de la philosophie grecque a sonné du même coup la fin de l'acceptation non-critique des mythes hérités de la tradition. La nature n'a plus été expliquée alors en termes mythiques ou anthropologiques, l'autonomie éthique a repoussé le destin mythique (Héraclite, B 119 : ἦθος ἀνθρώπῳ δαίμων). Platon systématisera le mythe sous la forme d'un seul et unique *logos*.

Il y a eu, depuis la fin de l'Antiquité, des tentatives systématiques d'interprétation des mythes. Comment les Grecs eux-mêmes ont vécu leur mythologie, nous ne le savons pas. Les témoignages littéraires semblent plaider pour dire que l'on tient depuis Homère jusqu'à Hérodote les récits mythiques pour une tradition historico-généalogique. Mais Hérodote discute à l'occasion déjà certaines variantes d'un mythe, en contredisant quelques fois Homère. Comme Hérodote, les poètes tragiques attiques voient aussi dans le mythe une transposition réaliste de l'histoire. Il n'y aura que plus tard une interprétation explicite des mythes – à la suite de l'abandon de certaines observances religieuses. À côté du rationalisme, la plus importante des méthodes d'interprétation utilisées dès l'Antiquité fut l'allégorie sous toutes ses formes, y compris l'évhémèrisme. Celle-ci culmina chez Proclus, domina le Moyen-Âge aussi, et retrouva un nouvel essor au milieu du XVIe siècle, avec la vague des manuels de mythographie. Les *Lumières* elles-mêmes concédèrent encore que les mythes étaient un savoir lexicalement inventoriable, utile aux artistes et aux érudits (Hederich).

Cependant, avec le Baroque, des tendances contraires commencèrent à se dessiner, pour prodiguer aux mythes une signification historique ; c'est ainsi qu'aux yeux de Vico le mythe ne passe plus pour être le revêtement (allégorique) d'une vérité, mais le procédé d'interprétation de la réalité effective. De Vico (et avant lui Tournemine [1]) jusqu'à Freud, une idée transverse alors la psychologie des religions, celle selon laquelle le mythe et la religion sont le fruit de l'angoisse. De nos jours, Blumenberg cherche à fixer l'origine précise de cette angoisse au point anté-historique où l'homme – ayant acquis la station verticale – quitte la forêt pour fouler la pleine savane (thèse aujourd'hui combattue du côté américain par l'argument selon lequel il faut bien que l'homme ait déjà acquis en forêt la station verticale pour que sa course lente ne le mette pas en situation d'infériorité dans la savane). Une exception encore trop peu considérée jusqu'ici dans cette ligne de tradition est Bergson, pour lequel mythe et religion sont des réactions positives aux angoisses éveillées par l'intellect. Lévi-Strauss inverse le schéma psychologique habituel sur la religion (que l'on rencontre aussi chez Rudolf Otto dans le terme de *crainte*) en disant qu'il voit dans l'angoisse un phénomène concomitant, né de ce que les conceptualisations du mythe (disons : de l'intellect) ne touchent plus la réalité (la vie) : l'angoisse, d'après lui, n'est pas « existentielle, mais [...] épistémologique » [2], en ce sens que la vie se sent aliénée au système symbolique, elle ne sera réintroduite que par le rite dans le circuit de la vie.

Dans le débat contemporain, il n'est essentiellement question du mythe que sous l'aspect – qui justement prend aussi toute sa virulence dans le paradigme de l'angoisse et du surpassement (rationnel ?) de l'angoisse –, que sous l'aspect d'une critique de la rationalité. Dans le sillage de cette renaissance du mythe, ce ne sont pas seulement, à la suite des Romantiques, la « re »-découverte des mythologies extra-européennes (indienne, babylonienne, égyptienne, maya, etc.), mais les résultats de la recherche préhistorique (A. Leroi-Gourhan), de l'ethnologie (H.P. Duerr) et de l'anthropologie (A. Gehlen), qui acquièrent aussi un nouvel intérêt. L'examen des civilisations étudiées sur le seul plan de la littérature est de plus en plus considéré comme insuffisant (P. Ehrenreich [1910], A.E. Jensen [1951]), la recherche ethnologique sur le mythe n'étant, il est vrai, pas encore assez fondée du point de vue méthodologique. Nous savons bien aujourd'hui que le mythe est partie intégrante de la civilisation globale d'un peuple, que

1. R.J. TOURNEMINE, "Projet d'un ouvrage sur l'origine des fables", in: *Mémoires pour l'histoire des sciences et des beaux arts,* nov./déc. 1702, 84 sq.

2. C. LÉVI-STRAUSS, *Mythologiques IV. L'homme nu.* Paris, Plon, 1971, 608.

beaucoup de peuples (Mélanésiens de Trobriand, peuple de pêcheurs nord-américains de Tsimshia chez Malinowski) font la différence entre *myths* et *tales,* entre histoires vraies des temps primordiaux, et histoires fictives contemporaines. Mais on continue d'ignorer *quand* le mythe est vraiment né : si c'est avec la sortie du singe anthropoïde de la forêt primitive où il se cachait pour la pleine savane (Blumenberg), ou à la haute époque de la chasse (à laquelle renvoient les séries animées d'animaux évoquant le *Seigneur des animaux,* la figure divine la plus proéminente des peuples de chasseurs), ou encore seulement à l'instant de l'histoire du monde où, cultivant et nomadisant avec ses troupeaux, l'homme s'est mis à se soucier de sa nourriture, par le truchement de ses interventions rituelles sur la nature (Duerr), où il s'est mis à labourer et a voulu, par ses sacrifices, racheter vis-à-vis des dieux l'offense qu'il faisait encourir à la terre. Une chose semble certaine : en tant que pensée symbolique (ici se retrouvent C.G. Jung, E. Cassirer et C. Lévi-Strauss), le mythe présuppose bien le langage (duquel l'homme et l'animal tiennent leurs *noms*), mais non pas en revanche l'*écriture* (ce qui pourrait aussi régler le vieux conflit sur la priorité du mythe ou du rituel).

Scrutant les origines du mythe, on ne saurait découvrir que les étapes des différentes formes de surpassement rationnel de l'angoisse existentielle et vitale. Il n'y a pas de mythe anté-rationnel, *archaïque,* donc pas non plus de chemin du *mythos* au *logos* ; il n'y a qu'une rationalité et une symbolisation se métamorphosant au cours du temps : ce qui se transforme, c'est uniquement la perception par l'homme de la réalité effective (Blumenberg). Cette transformation dépend essentiellement de l'état conjoncturel des moyens (techniques) qui permettent à l'individu de manipuler le monde matériel, l'histoire du mythe est parallèle aux étapes de la maîtrise sur la nature, rendue toujours plus effective depuis le néolithique, et qui – surtout après la victoire du christianisme – a progressivement expulsé les dieux pour les abaisser au rang d'objets morts. « La profanation du paysage et de tous les éléments n'est pas séparable de la profanation des temples et des icônes des dieux. »[1] Il n'a pas encore été répondu à la question de savoir si le traitement du mythe ne pourrait pas jouer un rôle important au sein du débat contemporain sur les conséquences de la domination de la nature

1. G. PICHT, *Kunst und Mythos.* Stuttgart, 1986, 488.

et sur une éthique écologique, ou bien sur une nouvelle philosophie pratique de la nature (Heidegger, Spaemann, Jonas, Meyer-Abich).

Si les formes mythiques d'expérience sont attrayantes pour la pensée actuelle, c'est que le mythe représente un autre type de raison que la pensée instrumentale, parce qu'il rend possibles d'autres représentations de la réalité effective. Il faut cependant se garder d'une appropriation du mythe qui nous le rendrait trop confortable et qui sacrifierait à des fantaisies sans consistance sur l'unité, à la nostalgie de l'originel. Une théorie philosophique du mythe aurait à se garder tant de la Scylla d'un *retour au mythe* que de la Charybde d'une rationalité (téléo-logique) débridée. L'altérité du mythe, aujourd'hui si prisée par presque toutes les écoles françaises, pérennise la séparation des puissances du *logos* et du *mythos,* au lieu de comprendre le mythe comme « ordre de pensée » (Lévi-Strauss) de caractère symbolico-relationnel, et de projeter, à partir de cette pénétration de la rationalité du mythe, une philosophie meilleure. Un des sens de l'intérêt pour le mythe consisterait à acquérir un nouveau concept approfondi de la rationalité (on pourrait ici aisément renouer avec le débat romantique sur le mythe, qui déjà représentait une réaction contre un concept étriqué de la raison). Les tentatives actuelles de remythisation (Bohrer) sont menées en termes esthétiques, mais elles sont en vérité politiques. Habermas a raison de répliquer à cela en défendant le projet d'*éclairement* des temps modernes par la critique de leurs formes inachevées d'effectuation . Ce qu'il écarte, ce sont l'expérience et les symboles de la transcendance. Ce qu'il ne prend pas assez en considération, c'est le « trou dans le parapluie de la rationalité » [1]. Or, il nous faut vivre avec ce trou, sans pour autant renoncer à la rationalité en soi – l'irrationalisme étant clairement distingué de la *CRITIQUE DE LA RATIONALITÉ*. Il ne peut être question d'abolir la raison réduite à une rationalité téléo-logique, centrée dans le sujet, mais de la *compléter*. Elle aurait à *éclairer* un *auto-éclairement de la raison* sur les conditions qui la constituent normalement, et devrait la reconnaître comme étant en situation telle que, même dans les domaines qu'elle délimite, « un savoir certain puisse être acquis ». [2] Le *travail sur le mythe* doit inciter à un travail global sur la raison, qui doit apprendre à concevoir la

1. H. BLUMENBERG, *Arbeit am Mythos.* Francfort, 1979, 181.

2. D. HENRICH, "Rahmenbedingungen der Rationalität", in : *Funktionen des Fiktiven,* éd. par D. Henrich et W. Iser. Munich, 1983, 537-546, ici 542.

transgression des limites comme condition de possibilité de sa connaissance propre. Il ne peut être question ni de s'en laisser imposer par l'immédiateté de « l'époque du rêve » (Duerr), ni de défendre à tout coup la raison des *Lumières*. Le mythe ne saurait être ni expulsé ni éludé, il doit être *éclairé* – comme la raison elle-même. Il faut le lire en le ré-interprétant toujours.

I. LA MYTHOLOGIE ANTIQUE AU DÉBUT DES TEMPS MODERNES

La mythologie antique est omniprésente dans l'art et la littérature depuis la Renaissance ; elle a été préparée sur les plans herméneutique et iconologique par une discipline particulière, la *mythographie* [1]. Ce processus est surtout observable en Italie, notamment à Venise. « Les tableaux mythologiques, encore extrêmement rares au XVe siècle à Venise, devinrent au XVIe l'une des tâches les plus importantes de la peinture. [...] Dans l'iconographie politique, la mythologie était en liaison étroite avec l'allégorie, et il n'était pas rare qu'elle occupât toute sa place. [...] Ouverts à maintes interprétations, les tableaux mythologiques pouvaient aussi servir de couverture à des thèmes qui dans la peinture antérieure n'eussent point trouvé leur place. » [2]. La *Fête des dieux* de Giovanni Bellini (1514) en est une illustration, tout comme *Vénus et Adonis* du Titien, ou les *Trois Grâces* du Tintoret (que le Tintoret ait également parodié les récits des mythographes, le tableau munichois de *Vénus et Vulcain* en est la démonstration la plus brillante). Au XVe siècle, les allégories et la mythologie sont devenues une affaire publique – cortèges, triomphes et représentations théâtrales

1. La préhistoire de la relation entre mythologie et théologie est traitée par W. SPARN, "Hercules Christianus. Mythographie und Theologie in der frühen Neuzeit", in : *Mythographie der frühen Neuzeit. Ihre Anwendung in den Künsten,* éd. par W. Killy. Wiesbaden, 1974, 73-107. Sur la signification de la mythologie antique pour les vastes domaines de la civilisation de la Renaissance, cf. J. SEZNEC, *La survivance des dieux antiques* (1938). Paris, Flammarion, 1993 ; B. GUTHMÜLLER, *Pagan Mysteries in the Renaissance.* Londres, 1958 ; voir aussi L. BRISSON, *Introduction à la philosophie du mythe I,* le ch. sur la Renaissance.

2. N. HUSE/W. WOLTERS, *Venedig. Die Kunst der Renaissance. Architektur, Skulptur, Malerei 1460-1590.* Munich, 1986, 292 sq. – Sur les aspects du platonisme de la Renaissance sous-jacents à l'art plastique, cf. E. WIND, *Heidnische Mysterien in der Renaissance* (1958). Francfort, 1987.

en étaient le lieu [1]. Il ne faut pas perdre de vue que les allégories qui étaient utilisées pour l'heure étaient de nature profane et dérivaient d'un patrimoine humaniste de la pensée (par exemple la *Natura*) [2]. Au milieu du XVIe siècle, l'interprétation allégorique des mythes trouvera, avec la vague des manuels mythographiques, un nouvel essor. Ils réduisent les mythes à une allégorie pouvant être fixée en un sens univoque. La connaissance générale des mythes est naturellement élargie par ces œuvres de second rang. Cependant leur force explosive qui apparaît toujours dans la réception de la Renaissance leur est ôtée. Ne font plus seuls carrière à présent les dieux olympiens éminents (que l'influence de la Contre-Réforme et du Puritanisme avait réoccultés dès la fin du XVIe siècle), mais surtout les petites divinités, *impures* (Fortuna, Parques, le dieu du Temps, Amor, Saturne, Astrée) [3].

La Réforme et l'intérêt qu'elle suscita en faveur du texte original de l'Ancien Testament suscitèrent une étude comparée des langues, qui conduisit à une étude comparée des mythes : on recherche la preuve de relations passées sous silence entre langues et peuples (théories étymologiques de l'emprunt, théories du transfert). Les représentants de cette méthode d'interprétation (qui crut avoir trouvé surtout dans les mythes égyptiens la quintessence de toute mythologie) ont été Natalis Comes, Johannes Gropius Becanus, Johann Gerhard Vossius et Athanasius Kircher. À la fin du XVIIe siècle, presque tous les antiquisants et les théologiens étaient convaincus que les mythes contenaient au premier chef des travestissements de la Tradition biblique [4].

1. Sur le langage symbolique de la mythologie de la Renaissance et sur les habitudes visuelles mythiques communes, cf. G. v. GRAEVENITZ, *Mythos. Zur Geschichte einer Denkgewohnheit*. Stuttgart, 1987, 121 sq.

2. Cf. W. KEMP, *Natura. Ikonographische Studien zur Geschichte und Verbreitung einer Allegorie*. Tübingen, 1973.

3. K. REICH (*Fortuna oder Die Beständigkeit des Wechsels*. Francfort, 1985, en particulier 13 sq.) étudie la pensée mythologique à l'époque élisabéthaine sur l'exemple de la déesse Fortuna, qui en particulier dans la dernière décennie du XVIe siècle fut en Angleterre une image mythologique prégnante de la pensée. Cf. aussi K. HEINRICH, "Götter und Halbgötter der Renaissance. Eine Betrachtung am Beispiel der Galatea", in : *Die Restauration der Götter*, éd. par R. Faber/R. Schlesier. Würzburg, 1986, 153-182.

4. O. GRUPPE, "Geschichte der klassischen Mythologie und Religionsgeschichte während des Mittelalters im Abendland und während der Neuzeit", in : W.H. Roscher, *Ausführliches Lexikon der grieschichen und römischen Mythologie*, 6 vols. Leipzig, 1909-15. Suppl. vol.IV, 1921 (réimpr. Hildesheim, 1965), 53.

Dans la foulée des premières grandes découvertes transatlantiques, l'image chrétienne du monde subit une crise de plus en plus profonde. Tout d'abord (au XVIe siècle) l'européocentrisme chrétien se soumit les mythes sud-américains – les missionnaires chrétiens maîtrisaient l'altérité. Les missionnaires appliquèrent les principes des Pères, comparant le paganisme indien à celui de l'Antiquité (ainsi le cannibalisme sud-américain apparut être le produit direct des bacchanales antiques). Au cours du temps, après la découverte de peuples totalement inconnus en Amérique, puis (au XVIIe siècle) au Japon, en Chine, en Indochine, la question d'une *religion naturelle* sous-jacente à toutes les religions fut posée en termes aigus [1]. La pléthore d'informations nouvelles sur les religions étrangères conduisit au déisme du XVIIIe siècle [2].

D'où le résultat paradoxal, que Hans-Georg Kemper a mis en liaison avec la réception poétique de la mythologie au XVIIe siècle, mais qui peut être ici généralisé sans crainte, c'est que cette réception a accéléré le processus moderne de sécularisation, et qu'en insistant sur l'action et en attribuant un sens à la vie terrestre, à cette vie-ci, on en est venu, sous le couvert de la mythologie, à projeter sur toute l'existence une coloration humaniste [3]. On a traité de l'allégorie en termes profanes, et le mythe est devenu le *medium* de la pensée rationnelle : « le mythe antique », constate Ernst Cassirer, « se voit à présent assigner un nouveau rôle : celui de véhicule de l'intelligibilité logique » [4].

La philosophie de notre époque offre justement les meilleures arguments en faveur de ce processus de sécularisation dans le milieu de réception de la mythologie antique. L'interprétation par Giordano Bruno du mythe de la mort d'Actéon dans son texte *De gl'heroici furori* (1585), comme « modèle de connaissance de la nature », et

1. L.A. de LAHONTAN, *Dialogues de Monsieur le baron de Lahontan et d'un Sauvage de l'Amérique*. Paris, Desjonquères, 1993. – Sur les arrières-plans, cf. M. HODGEN, *Early Anthropology in the 16th and 17th Centuries*. Philadelphia, 1964 ; A. PADGEN, *The Fall of Natural Man. The American Indian and the Origins of Comparative Ethnology*. Cambridge, 1982.

2. Cf. les renseignements chez C. GESTRICH, Art. "Deismus", in : *Theologische Realenzyklopädie*, vol. 8, 392-406.

3. H.G. KEMPER, "Barock", in : *Deutsche Literaturgeschichte vom Mittelalter bis zum Barock*. Düsseldorf, 1980, 75 sq.

4. E. CASSIRER, *Individuum und Kosmos in der Renaissance*. Darmstadt, 1977^5, 85 [tr. fr. : *Individu et cosmos dans la philosophie de la Renaissance*. Paris, Minuit, 1983, 106].

l'application qu'il fait des théories de l'amour de Marsile Ficin et de Léon L'Hébreux aux récits, rapportés par Ovide dans ses *Métamorphoses,* du chasseur surprenant Diane au bain, témoignent de la libre adaptation, obtenue après le tournant copernicien, des matériaux mythologiques à un usage rationnel pur [1]. On peut observer quelque chose de tout à fait analogue chez Francis Bacon. Conformément à sa prétention de *contrôler* les formes traditionnelles du savoir, on peut reconnaître chez lui non seulement le zèle de séculariser des images, des attitudes, voire des genres bibliques (surtout le genre prophétique), mais il veut aussi rendre les mythes et les fables classiques utilisables par la science nouvelle [2]. La reprise de 31 mythes antiques et l'explication de leur contenu voilé dans son texte latin de 1609 *De la sagesse des Anciens* [3], qui connut un grand succès au XVIIe siècle, est une « anticipation drapée d'allégorie sur les principes d'une pensée scientifique à venir » [4]. Il y a, d'après Bacon, dans les mythes un noyau rationnel et certains événements positifs (de nature historique et sociale), c'est-à-dire qu'un substrat factuel ou bien scientifique est sous-jacent au mythe (« a bit of real history underneath »). Orienté au contact des mythographes humanistes (tels que Comes) [5], Bacon interprète les divinité païennes comme la personnification de principes philosophiques naturels, politiques et éthiques [6] ; prenant l'exemple

1. Giordano BRUNO, *Des fureurs héroïques.* Paris, Les Belles Lettres (1954), 1984², 204-208. Cf. à ce sujet F. FELLMANN, "Giordano Bruno und die Anfänge modernen Denkens", in : *Die Pluralität der Welten. Aspekte der Renaissance in der Romania,* éd. par W.D. Stempel et K. Stierle. Munich, 1987, 449-461 ; H. BÖHME, "Giordano Bruno (1548-1600)", in : *Klassiker der Naturphilosophie. Von den Vorsokratikern bis zur Kopenhagener Schule,* éd. par G. Böhme. Munich, 1989, 117-136, ici 125.

2. Cf. Ch. WHITNEY, *Francis Bacon and Modernity.* New Haven/Londres, 1986.

3. Francisci BACONI, *De sapientia veterum liber.* Londres, 1609. Engl. *The Wisdom of the Ancients,* trad. A. Georges. Londres, 1619. Repr. New York, 1968, in : *The Works of Francis Bacon,* éd. par Speeding, Ellis et Heath. Londres, 1857-1874, Repr. Stuttgart, 1963, vol. VI, 617-686 *(De sapientia veterum)*; engl. trad. par Speeding, *ibid.*, 687-764. Tr. fr. : *Œuvres philosophiques,* 2 vols. Paris, Buchon, 1936. *Œuvres de Bacon.* Paris, Riaux, 1852-1859.

4. Ph. RIPPEL, "Francis Bacons allegorische Revolution des Wissens", in : *F. Bacon, Weisheit der Alten,* 93-127, ici 117.

5. Cf. Ch.W. LEMMI, *The Classic Deities in Bacon. A Study in Mythological Symbolism.* Baltimore, 1933, Repr. New York, 1971.

6. Bacon consacre trois chapitres – Pan, Persée, Dionysos – dans son œuvre principale *De dignitate scientiarum* – aux trois parties fondamentales de la philosophie : philosophie de la nature, théorie politique et éthique.

d'Orphée, il fait entendre clairement qu'il existait dès l'époque mythique une connaissance empirico-pratique de la nature, qui ne saurait être réalisée derechef que par les sciences modernes, ainsi l'idée d'une maîtrise non violente de la nature (« comme par l'harmonie et le jeu subtil de la lyre »)[1]. Prenant l'exemple de la figure de Prométhée, il démontre la nécessité d'une méthode théorique scientifique et de la stricte séparation entre discours philosophique et théologique : Prométhée est ici puni non pas pour le vol du feu, mais pour avoir « attenté à la chasteté de Minerve [...]. C'est pourquoi l'homme forcément doit distinguer entre les choses divines et humaines, s'il ne veut pas avoir une religion hérétique et une fausse philosophie ». Il interprète l'histoire de Dédale comme une leçon en rapport avec la nature des arts mécaniques, dont l'usage aurait un double sens – celui du bien ou de la barbarie.

Au début de sa préface de la *Sagesse des Anciens,* Bacon fait une remarque fondamentale sur l'état actuel de la connaissance, touchant les systèmes philosophiques et théologiques antiques, établissant ainsi un rapport historique entre la mythologie antique et l'Ancien Testament. Il part là de la conviction selon laquelle, « dans une quantité non négligeable de légendes des poètes antiques, une allégorie et un secret sont celés depuis le début ». Cette signification allégorique des mythes (que Bacon appelle aussi discours *parabolique*) doit être dégagée, si l'on fait retour à la tradition précoce d'un mythe qui serait commune à toutes les versions ultérieures. Bacon cite trois paramètres de la validité d'une tradition mythique : la relation contraignante entre le symbole et la chose désignée, la cohérence interne des histoires mythiques, et enfin la conformité entre les personnes et les actants (isotopie rhétorique)[2].

L'importance de Bacon réside en ce que – contre les préjugés de la Renaissance, typiques d'une époque – il ne pouvait plus traiter les mythes comme simple fiction, mais qu'il y voyait une forme de connaissance autonome (« a method of teaching »), et précisément la « science des Anciens » (« as a method of making it understood »). Sa

1. Cf. K. HEINRICH, "Mytheninterpretation bei Francis Bacon", in : K.H., *Parmenides und Jona. Vier Studien über das Verhältnis von Philosophie und Mythologie,* nouvelle éd. revue, Bâle/Francfort, 1982, 29-60.

2. Cf. à ce sujet C. HULSE, "Spencer und Bacon. Die Wahrheit der Dichter und die Weisheit der Antike", in : *Mythographie der frühen Neuzeit,* 115-126 ; W. KROHN, *Francis Bacon.* Munich, 1987, 46 sq.

méthodologie inductive n'est bien sûr pas encore systématique, elle requiert justement une logique des mythes. Vico, influencé par la philosophie du langage et par la poétologie de Bacon, reconnaîtra – en se séparant clairement de l'interprétation allégorique antérieure du mythe –, que la distinction entre *forme* et *contenu* est inadéquate pour comprendre la *logique* du langage mythique et de l'expression mythique. Le mythe représente aux yeux de Vico une création centrale d'une période de l'histoire, qui possédait une fonction gnoséologique tout à fait précise [1]. Le mythe apparaît ici non plus comme revêtement (allégorique) d'une vérité, mais comme une forme propre de langage (iconique) grâce à laquelle l'homme surmonte son extranéité originelle au monde.

L'intérêt philosophique de Vico, touchant le mythe, découle de la tentative – évoquant Platon – d'*élever* la méthode critique *cartésienne* « à un niveau plus compréhensif» et ainsi de l'élargir ; Vico recherche une alternative à la conceptualisation analytique traditionnelle, il la trouve dans la fonction poétique de l'esprit humain. Le frontispice allégorique de la *Science nouvelle* de 1744 – composée après le *Leviathan* de Hobbes – montre déjà, dans le globe insuffisamment soutenu, que la recherche est unilatéralement tournée vers la nature. La prise en considération des sciences de l'esprit doit mettre un terme à tout cela [2].

Ce bouleversement des valeurs ne peut être compris sans recourir à la tradition rhétorique, qui stigmatise les débuts de Vico. Vingt années séparent l'attachement de Vico à la rhétorique dans son texte de jeunesse *De nostri temporis studiorum ratione,* et la découverte de la détermination par la *fantaisie* des temps inauguraux comme instrument historique dans la *Science nouvelle.* Le discours de la *Science nouvelle* sur une « topique sensible » [3], que Vico impute à la phase initiale de l'évolution de l'humanité, suppose la distinction faite en 1708 dans le *De nostri temporis* (et dirigée contre la science critique cartésienne)

1. Cf. B. CROCE, *La filosofia di Giambattista Vico*. Bari, 1911, ch. V. – Sur ce qui suit, cf. mon ouvrage: *« Gott an hat ein Gewand »*, ch. II, § II.1.

2. Cf. M. GROBLEWSKI, "Imagination und Hermeneutik", in: *IDEA* VI (1987), 53-79.

3. G. VICO, *Principj di Scienza nuova*. Éd. par Fausto Nicolini, 3 vols. Turin, 1976, II, 205 ("una topica sensibile") [tr. fr.: *Principes d'une science nouvelle relative à la nature commune des nations*. Paris (1953), Nagel, 1986, 179].

entre topique et critique [1]. « Topique » désigne, dans la langue de Vico, la première partie de la *Topique* de Cicéron, l' « inventio », mais elle est liée à l' « elocutio ». Vico développe sa théorie de l'essence du mythe dans la deuxième section du second livre de la *Science nouvelle,* sous le titre de *Logique poétique* comme doctrine de l'évolution de la *LANGUE* inaugurale [2]. Les mythes sont originellement les produits d'une enfance de l'humanité qui a déposé son savoir sous la forme de la poésie : « sapientia » de « poètes théologiens » avant tout [3]. La clef du mystère des mythes se trouve essentiellement dans le mode d'expression de ces tout premiers poètes. Vico détermine le type de fonction de cette « logique poétique » des temps inauguraux, en le comprenant par analogie avec quatre figures réthoriques (métaphore, métonymie, synecdoque, ironie), qui mettent en valeur ce qui, dans la diversité, est semblable et ce qui, en elle, est éparpillé. Ces similitudes sont, dans la terminologie de Vico, « generi fantastici » (des concepts généraux de la *fantaisie*) [4] : l'essence des divinités mythologiques donne forme à des représentations iconiques générales, auxquelles sont ramenées toutes les espèces ou apparitions particulières (ciel : Jupiter, terre : Cybèle, mer : Neptune). Ce qui caractérise la « catégorie de *fantaisie* », c'est le « *REDOUBLEMENT* de la métaphysique et de la topique » [5]. Vico synthétise trois lignes de la tradition : la topique de Vossius, la dialectique de Pierre de la Ramée, et la théorie des « signes naturels » de Bruno. Le principe de pensée de la topique et de la rhétorique humanistes, qui consiste à établir des rapports de similitude, a été par Vico « archaïsé en degré de connaissance anté-rationnel de l'humanité ancienne » [6]. Une indication est importante, celle selon laquelle « toutes les images linguistiques sont non pas [...] d'habiles inventions d'écrivains, mais des modes d'expression qui furent un besoin pour les premiers peuples poétiques [...] » [7]. Le vrai travail de Vico consiste à souligner cette force créatrice de culture de la *fantaisie* (comme organe social élémentaire) ; la théorie de la formation des mythes n'en est à proprement parler qu'une illustration.

1. G. VICO, *De nostri temporis studiorum ratione,* éd. lat.-all., 3e réimpr. inch. de l'éd. de Godesberg 1947. Darmstadt, 1984, 27-37.
2. G. VICO, *Principj di Scienza nuova,* II, 152 sq. [tr. fr. : 135 sq.].
3. *Ibid.,* II, 130 sq. [tr. fr. : 76, 124 : Phase de la "théologie poétique" (125)].
4. *Ibid.,* I, 26 [tr. fr. : 42 sq., 78, 136].
5. G. v. GRAEVENITZ, *Mythos,* 68.
6. *Ibid.,* 71.
7. G. VICO, *Principj di Scienza nuova,* II, 157 sq. [tr. fr. : 140].

Le cadre ou respectivement la condition de l'herméneutique des mythes par Vico est donné par les trois « genera » de la « theologia tripertia » : à la « théologie poétique » [...] des poètes théologiens font suite la « théologie naturelle » du néo-platonisme puis enfin la « théologie chrétienne » révélée [1]. Le traitement par Vico de la langue du mythe comme *analogon* de la langue poétique est donc inséparable de sa tentative (dont il est redevable à Varron et à Augustin) de penser conjointement histoire et théologie [2] ; sa « logique poétique » est édifiée en vue de sa philosophie de l'histoire : les mythes des dieux reflètent le combat de l'homme (« enfantin ») contre la nature hostile. Esquissée dans la section trois du premier livre, sa théorie de la genèse de la formation conceptuelle du myhe comme allégorie physio-philosophique des dieux, la première interprétation anthropologique de la religion [3], dévoile le procédé mythique comme interprétation de la réalité effective.

La mythologie est interprétée comme réaction de crainte devant la surpuissance des forces terribles de la nature, que l'homme a voulu désarmer en projetant sa propre essence sur la nature. Ainsi les « sauvages et les brutes », terrifiés par le coup de tonnerre qui succède à un long déluge, se sont-ils forgé un dieu qu'ils ont nommé Jupiter [4]. La *fantaisie* interprète les coups de tonnerre comme signes d'une force surhumaine. La représentation réagit sur le comportement des hommes : le respect devant la divinité conduit à la stabilisation des instincts par des communautés de vie obéissant à des lois. Avec la religion pensée comme imagination d'un dieu, avec les figures de Jupiter (*existant* dans toutes les religions), apparaissent donc l'ordre humain, la religion, le langage et la tradition, en bref : la civilisation. La généalogie des dieux qui surgit là est donc elle aussi interprétée en termes de philosophie de la nature : comme insensible émergence de l'esprit hors de la nature [5]. À la fin, la contemplation de Dieu a lieu dans l'histoire (dans la religion chrétienne). À l'arrière-plan, il y a la

1. *Ibid.*, II, 132 [tr. fr. : 125].

2. Cf. sa définition de la « Science nouvelle » comme « una teologia civile ragionata della provvedenza divina » (*Principj di Scienza nuova* I, 122 [tr. fr. : 107]).

3. M. HORKHEIMER, *Die Anfänge der bürgerlichen Geschichtsphilosophie.* Stuttgart, 1930, 104.

4. Cf. G. VICO, *Principj di Scienza nuova,* I, 86 ; II, 343 [tr. fr. : 75, 306].

5. Cf. *ibid.*, II, 337 [tr. fr. : 284] : Quatre éléments naturels forment le monde des « poètes théologiens ». Sur le système des dieux, cf. Livre II, section 8.

fondation autonome de la connaissance de l'historicité par la confrontation entre « verum » et « factum »[1] qui suppose, dans le champ des produits historiques (comme le mythe), une équivalence entre sujet connaissant et objet de connaissance. La vue fondatrice selon laquelle une signification historique revient aux mythes, *i. e.* comme conscience poétique initiale de l'humanité, reste donc liée à la clôture d'une conception (cyclique) de l'histoire, au sein de laquelle la « logique poétique » n'a sa valeur locale que comme « phase préalable » d'une rationalité pure. Vico se représente un cours universel (topiquement structuré) de l'histoire dans lequel le « logos » se déploie à partir du *mythos*[2]. Sur le modèle de la distinction *mythos/logos,* Vico attribue aux époques primordiales de l'humanité une « topique sensible », à laquelle succèdera dans les temps ultérieurs la capacité de « critique »[3]. Le « mode d'expression poétique » (= catégories de la *fantaisie* = *mythos*) a précédé le mode prosaïque (= *logos*)[4]. Au demeurant, la découverte de la *fantaisie* créatrice de mythes est insérée dans la « reconnaissance du rôle singulier de la tradition judéo-chrétienne »[5].

Si l'on ne tient pas compte de toutes ces restrictions, Vico illustre la vitalité du mythe (et donc de la conscience mythique) à travers l'époque antimythique des *Lumières* ; il a posé la première pierre de la notion moderne de mythe[6]. Que les mythes parlent là où le *logos* reste muet et qu'ils procèdent de l' « imagination », ceci est devenu une thèse courante. Toujours est-il que Vico n'a guère été accueilli en Allemagne avant 1830[7] ; il a trouvé chez les antiquisants (F.A. Wolf) une audience

1. Cf. à ce sujet : K. LÖWITH, "Vicos Grundsatz *verum et factum convertuntur*", in : K.L., *Sämtliche Schriften, 9.* Stuttgart, 1986, 195-227 ; F. FELLMANN, *Das Vico-Axiom : Der Mensch macht die Geschichte.* Fribourg/Munich, 1976.

2. Cf. G. VICO, *Principj di Scienza nuova,* II, 363 : transcription métaphorique de *mythos* et *logos,* sens et intelligence, comme succession historique d' « inventio » et de « iudicium ». Sur les structures topiques de l'histoire, cf. G. v. GRAEVENITZ, *Mythos,* 75 sq.

3. *Principj di Scienza nuova,* II, 205 [tr. fr. : 179].

4. *Ibid.*, 187 sq. [tr. fr. : 165 sq.].

5. O. PÖGGELER, "Vico und die humanistische Tradition", in : *Humanität und Bildung, en hommage à Clemens Menze pour ses 60 ans,* éd. par J. Schurr, K.H. Broecken et R. Broecken. Hildesheim/Zürich/New York, 1988, 46-61, ici 61.

6. Cf. H. GOCKEL, *Mythos und Poesie. Zum Mythosbegriff in Aufklärung und Frühromantik.* Francfort, 1981, 89.

7. Cf. R.W. SCHMIDT, *Die Geschichtsphilosophie G.B. Vicos. Mit einem Anhang zu Hegel.* Würzburg, 1982, 144 sq.

plus grande que chez les philosophes. Même si rien n'indique que Hegel ait lu Vico, la *Science nouvelle* est le pont qui conduit à l'idéalisme (ce pourquoi Croce a pu se rallier à lui et lui conférer pour la première fois son actualité sur le plan européen). L'historicisme allemand a eu de Vico une perception tronquée, sa perspective ne pouvant être comprise qu'à partir de la tradition historique [1]. Au XXe siècle, Vico a eu une influence assez importante sur la tentative par Cassirer de fonder les sciences de l'esprit [2] ; dans la philosophie allemande contemporaine, Gadamer, Apel et Habermas (celui-ci en référence à W. Hennis) se rattachent à la topique de Vico.

1. Cf. C. MENZE, "Metaphysik, Geschichte, Bildung bei Giambattista Vico. Ein Kapitel aus der Geschichte der Pädagogik der Urteilskraft", in: *Vierteljahresschrift für wissenschaftliche Pädagogik,* 61 (1985), 16-61, en particulier. 56 sq.

2. Cf. M. FERRARI, "Das Problem der Geisteswissenschaften in den Schriften Cassirers für die Bibliothek Warburg (1921-1923). Ein Beitrag zur Entstehungsgeschichte der *Philosophie der Symbolischen Formen*", in: *Über Ernst Cassirers Philosophie der symbolischen Formen,* éd. par H.J. Braun, H. Holzhey et E.W. Orth. Francfort, 1988, 114-133, ici 119.

II. L'ÉPOQUE DES *LUMIÈRES*

Les *Lumières* se trouvent dans une relation globalement ambivalente avec le mythe : elles sont d'un côté critique du mythe, de l'autre elles tendent, dans leur auto-stylisation absolutisante, vers le mythe [1]. Les *Lumières* ont, sur la base de leur pensée linéaire de l'histoire, vu et estimé le mythe « à partir du *terminus ad quem*; elles ont été incapables de tourner leur regard vers le *terminus a quo* et elles ont payé cette incapacité de leur défaite par rapport à l'historicisme » [2]. Les interprétations évhémèristes qui ont aperçu dans le mythe des récits des époques antérieures, transformés et élevés à la sphère des dieux, ont fait long feu. La réduction historique des mythes chez l'abbé Banier a exercé une grande influence (particulièrement en Allemagne,

1. H. POSER, "Zum Mythenverständnis der Aufklärung", in: *Philosophie und Mythos,* éd. par H.P. Berlin/New York, 1979, 130-155. Sur le XVIIIe siècle en général, cf. surtout: B. FELDMAN/R.D. RICHARDSON, *The Rise of Modern Mythology 1680-1860,* Avant-propos par Mircea Eliade. Bloomington/Londres, 1972 ; J. STAROBINSKI, "Le mythe au XVIIIe siècle, [recension de] B. Feldman/R.D. Richardson, The Rise of Modern Mythology 1680-1860", in: *Critique* (Paris), 33 (1977), 975-997 ; J. STAROBINSKI, "Fable et mythologie aux XVII et XVIIIe siècles. Dans la littérature et la réflexion théorique", in: *Dictionnaire des mythologies et des religions, des sociétés traditionnelles et du monde antique.* Sous la direction de Y. Bonnefoy, vol. 1. Paris, 1981, 390-400; J. ENGELL, "The Modern Revival of Myth: Its Eighteenth-Century Origins", in: *Harvard English Studies,* 9 (1981), 245-272. Sur le destin de la mythologie à l'époque des *Lumières,* cf. à présent aussi H.R. JAUß, *Studien zum Epochenwandel der ästhetischen Moderne.* Francfort, 1989, 24-66; H. KÜHLMANN: "Lustreise zum Sinn. Über einige Aspekte der Mythologie der Aufklärung", in: *Mythos zwischen Philosophie und Theologie,* éd. par E. Rudolph. Darmstadt, 1994, 142-166. Du point de vue de l'histoire de l'art, voir le catalogue: *Les amours des dieux. La peinture mythologique de Watteau à David.* Paris, 1991, en particulier XX sq. Sur les conséquences de la perte du mythe et de la critique des mythes au XVIIIe siècle sur la peinture et son langage, cf. W. BUSCH: *Das sentimentalische Bild.* Munich, 1993, 181 sq.

2. H. BLUMENBERG, *Arbeit am Mythos.* Francfort, 1979, 26.

grâce à la traduction du père des frères Schlegel [1]) : il prétendait faire voir dans les personnages mythiques des rois et des héros avec tout leur cortège [2]. Il a exercé sa critique contre le parallélisme développé du XV au XVIIe siècle entre les mythologies grecque et orientales (Bochart, Vossius, Huet). Chez Banier il apparaît évident que l'orthodoxie était ouverte sur les idées rationalistes. Les poètes n'étaient légitimés chez Banier qu'en tant qu'historiens de la première heure ; sa perspective, comme celle de nombre de ses contemporains, est déformée par le lorgnon d'une critique historique, au regard de laquelle le mythe apparaît comme forme passée et dépassée de la connaissance ; on voyait dans la mythologie les ténèbres de l'idôlatrie, la religion grecque passait pour être une superstition. Les mythes apparaissaient comme des erreurs, comme des aberrations de l'esprit humain ; ils étaient compris comme indigents, pré-rationnels, comme les premiers degrés de l'évolution d'un savoir en progrès. À la fin du XVIIIe siècle, le déisme se tourna contre cette tradition ; la thèse de la *tromperie des prêtres* ne vit plus désormais dans les mythes que l'œuvre de prêtres avides de puissance. Cette thèse de la tromperie des prêtres comme occasion de la formation des mythes se trouve mise en évidence surtout en 1756 chez Nicolas Fréret qui s'insurge contre une rationalisation évhémèriste rapide de la mythologie, insistant en revanche sur l'arbitraire des poètes, qui auraient privé la religion grecque de sa systématicité. Il comprend le mythe comme *fable* (et « fabula est fictio »), d'où il tire la conclusion : « l'analyse en est impossible » [3]. L'*Encyclopédie,* qui en son article *Prêtres,* reprend à son compte la thèse de la tromperie des prêtres [4], utilise abondamment en son article

1. Sur cette influence en Allemagne, cf. G.E. LESSING, *Werke,* éd. par K. Lachmann, 3e éd. rev. et aug. par F. Muncker, 23 vols. Stuttgart/Leipzig/Berlin, 1886-1924, vol. 5, 409 sq. En France, l'*Encyclopédie* (cf. la conclusion de l'article : "Mythologie" [t. 10, 926]) renvoie encore à Banier sur les question d'interprétation. Sa théorie a été rejetée par l'Académie sous l'influence de Fréret (qui en fut le secrétaire de 1743 à 1749). Sur l'intérêt de l'Académie royale des Inscriptions et Belles-Lettres pour la mythologie, cf. O. GRUPPE, *Geschichte der klassischen Mythologie,* 64 sq.

2. Abbé BANIER, *La mythologie et les Fables expliquées par l'histoire,* 3 vols. Paris, 1738-1740.

3. N. FRÉRET, "Réflexions générales sur la nature de la religion des Grecs, et sur l'idée qu'on doit se former de leur mythologie", in : *Histoire de l'académie royale des inscriptions et belles-lettres, XXIII,* Paris, 1756, 17-26.

4. *Encyclopédie,* éd. par D. Diderot/J.-B. d'Alembert, vol. 27, 2e éd. 1780, 345 sq. Sur ce qui suit, cf. vol. 10, 1765.

Mythologie les *Réflexions* de Fréret (ce que Fréret appelait « fable » n'est plus nommé à présent que « mythologie » [1]) et donne un compte rendu des théories de la formation des mythes (interprétations évhémériste, métaphysique, philosophique). Que ce soit les prêtres qui – « pour asseoir leur autorité » – aient introduit le « polythéisme, l'idôlatrie et la superstition », cette idée est reprise, en dehors de l'*Encyclopédie,* dans le *Dictionnaire philosophique* de Voltaire (1764) ainsi que dans le *Système de la Nature* de d'Holbach (1770) [2].

Si, dans son rationalisme, l'*Encyclopédie* dénie au mythe toute autonomie, elle montre néanmoins qu'il représente à l'évidence une source inépuisable pour les arts. La tendance des (premières) *Lumières* à canoniser et à regrouper tout le savoir voit dans la mythologie un savoir utile, lexicalement inventoriable, pour les artistes, les savants et tous les hommes cultivés [3]. Chez Sulzer encore, la mythologie est le *magasin* de la poésie [4].

Ainsi le XVIIIe siècle fut-il donc en général une époque extrêmement stérile pour l'investigation de la mythologie. Le système kantien, qui subordonne le principe esthétique au principe moral, n'a pas de place pour la mythologie. Dans l'interprétation qu'il donne en 1786 des *Débuts présumés de l'histoire humaine* [5], Kant reproche à son pourtant si cher Rousseau l'illusion de croire que le paradis puisse être

1. L'auteur est Jaucourt, un des collaborateurs les plus zélés de Diderot. Sur l'échange des concepts, cf. H. GOCKEL, *Mythos und Poesie,* 41.

2. Cf. VOLTAIRE, *Dictionnaire philosophique,* Paris, 1764, art. *Dieu, Dieux* et *Religion* ; P.T. d'HOLBACH, *Système de la nature (1770),* 2 vols. Paris, Fayard, 1990, II, 249 sq.. – Déjà LUCIEN (2e s. ap. J.C.) a voulu exposer, dans ses dialogues satiriques, que les mythes sublimes allaient à l'encontre de la raison ; cf. ses *Theon dialogoi* (conversations des dieux) [tr. fr. : *Œuvres complètes,* 3 vols. Paris, Garnier, 1933-1934].

3. Pour B. HEDERICH (*Gründliches mythologisches Lexicon.* Leipzig, 1724. Préliminaire du premier auteur § 10), il s'agit de préparer un savoir consultable aussi pour les couches sociales auxquelles traditionnellement il n'incombait pas ("Polit-homme"). Cf. *Universal-Lexicon* de Zedler, vol. 22 (1739), Sp. 1761 sq.

4. *Allgemeine Theorie der schönen Künste,* 2. Theil. Leipzig, 1774, 794. – Sur la compréhension du mythe comme matériau d'une poétisation, cf. H. GOCKEL, *Mythos und Poesie,* 27 sq.

5. I. KANT, "Muthmaßlicher Anfang der Menschengeschichte (1786)" in : *Kants gesammelte Schriften,* éd. par la Kgl. Preuss. Akad. d. Wiss., vol. VIII. Berlin/Leipzig, 1923, 109-123 [tr. fr. : *Conjectures sur le commencement de l'histoire humaine.* Paris, Gallimard, 1985, 495-520, "La Pléiade"]. – Cf. à ce sujet : F. GNIFFKE, "Die Gegenwärtigkeit des Mythos in Kants Mutmaßungen über den Anfang der Menschengeschichte", in : *Zeitschrift für philosophische Forschung,* 38 (1984), 593-608.

effectivement le jardin de l'humanité. Kant tient que la vie au paradis n'est qu'une imagination de la « raison qui pousse irrésistiblement » l'homme moderne en avant ; le retour à un état de nature primordial est historiquement obturé et éthiquement à déconseiller. C'est en termes différents de ceux de Rousseau que Kant affirme que peut être surmontée la contradiction entre les prétentions de la civilisation et celles de la nature humaine : avec le progrès de la civilisation, les individus doivent forcément réprimer leurs revendications instinctives. Dans la représentation de l'expulsion hors du paradis, Kant voit l'expression mythique de l'acte d'humanisation, qui ne consiste en rien d'autre qu'en l'émancipation nécessaire « de la tutelle de la nature pour l'état de liberté ». Il n'y a d'antériorité que pour une nature morale. Que derrière cette interprétation du récit paradisiaque comme proto-histoire de la conscience de soi et de la domination sur la nature, il y ait la représentation d'un mal radical dans la nature humaine, ceci est clair aussi dans la première partie de son texte *La religion à l'intérieur des limites de la simple raison,* où Kant *démythologise* l'histoire biblique de la chute originelle et du péché originel.

C'est l'ethnographie qui prélude à la révision de la notion traditionnelle de mythe. Elle élargit son horizon pour comparer des formes primitives de religion qui nous sont contemporaines ; c'est ainsi que, sur la base des récits sur la religion des Indiens de l'Amérique du Nord [1], on en est venu, au tout début du XVIIIe siècle, aux premiers rudiments d'une appréciation historique des religions classiques. Deux modèles – tout d'abord entrelacés, puis concurrents – ont expliqué l'arriération des peuples extra-européens : la théorie d'un progrès continuel de la raison humaine dans le sens d'une perfection toujours plus grande, et la théorie du conditionnement des inégalités culturelles entre les peuples par le milieu climatique et géographique respectif. Or, la société française de la seconde moitié du XVIIIe siècle n'a pas repris à son compte les vues des ethnologues, mais l'image rousseauiste

1. Cf. J.F. LAFITAU, *Mœurs des sauvages amériquains.* Paris, 1724 ; J. CARVER, *Travels through the Interior Parts of North America.* Londres, 1778 (all. 1788) (utilisé par Herder) ; G. RAYNAL, *Histoire philosophique et politique des établissements et du commerce des Européens dans les deux Indes,* 6 vols., 1770 (rev. 1774 et 1780). Cette première histoire coloniale critique risque un regard sur les peuples exotiques sans perspective européocentrique.

pieuse de l'« homme naturel »[1]. Un précurseur de la méthode comparative qui prévaudra au XIXe siècle a été Fontenelle : partant du matériau ethnologique, il veut démontrer la similitude des récits mythologiques grecs et indiens[2]. C'est en termes différents de ceux de Lafitau, le premier à avoir montré la similitude entre les mythes indiens et ceux de l'Antiquité classique, que Fontenelle voit dans les « fables » la simple « histoire des erreurs de l'esprit humain »[3]. Avec la « conformité étonnante entre les fables des Américains et celles des Grecs », il conclut « que les Grecs furent pendant un temps des sauvages aussi bien que les Américains ». Le traité de Fontenelle *De l'origine des fables* est entièrement empreint de l'argument étiologique suivant : l'histoire mythologique des peuples anciens est à ses yeux un « amas de chimères, de rêveries, et d'absurdités ». Cependant ces absurdités contiennent la philosophie des débuts de l'histoire humaine. Au lieu de fondations, les mythes grecs nous livrent les histoires des débuts, l'imagination mythique se distinguant là par l'exagération (amplification), l'anthropomorphisation et l'instinct ludique de la fabulation. Bien que la position de Fontenelle soit sur bien des points typique des *Lumières* (ainsi demeure-t-elle rationaliste lorsqu'elle admet que les fables grecques ont été empruntées aux Phéniciens et aux Égyptiens, ou lorsqu'elle prétend que, si la religion et la raison nous eussent sevrés des mythes grecs, la poésie et la peinture leur auraient permis de survivre[4]), son essai sur le mythe représente néanmoins une importante innovation ; Blumenberg le loue d'avoir été le premier à étudier la différence spécifique entre mythologie et théologie[5].

À côté de l'interprétation des mythes, un autre projet intervient au XVIIIe siècle, celui de l'établissement de leur origine. Dans son

1. Cf. W.E. MÜHLMANN, *Geschichte der Anthropologie (1948)*. Francfort, 1968², 50.

2. B. LE BOVIER DE FONTENELLE, *De l'Origine des fables*, 1724. – Cf. à ce sujet : J.R. CARRÉ, *La Philosophie de Fontenelle ou le Sourire de la Raison*. Paris, 1932.

3. *Œuvres complètes* II, 398. Sur ce qui suit, *ibid.* 395.

4. VICO *(Scienza Nuova)* et HERDER ont nettement contredit cette thèse ; celui-ci distingue dans son *Reisejournal* de 1769 entre le mythe comme « poésie » et la « simple affabulation de la mythologie » [tr. fr. : *Journal de mon voyage en l'an 1769*. Paris, Aubier, 1942].

5. H. BLUMENBERG, "Wirklichkeitsbegriff und Wirklichkeitspotential des Mythos", in : *Terror und Spiel. Probleme der Mythenrezeption*, éd. par M. Fuhrmann, Munich, 1971, 11-66, ici 42. Cf. du même auteur : *Arbeit am Mythos*, 25, 491 sq.

ambitieuse comparaison entre les cultes naturels de l'Antiquité et le « culte fétichiste » ouest-africain, l'ouvrage de 1760 du politicien et historien des religions Charles de Brosses, *Du culte des Dieux Fétiches*[1] tente pour la première fois de montrer qu'il existe dans la religion grecque des éléments primitifs. Dans sa critique des interprétations évhémèristes et de l'emprunt de l'allégorie comme principe d'explication de l'histoire des religions, il dépasse les vues représentées en 1760 à l'Académie française sous l'influence de N. Fréret. Comme Freud plus tard, de Brosses voit dans l'ignorance et dans la crainte les forces propulsives des concepts religieux primitifs sous lesquels il reconnaît les mythes, selon le goût rationaliste de son époque. Il consacre la notion de « fétichisme » (encore fréquente aujourd'hui dans le champ de la science des religions) comme la première phase de l'expérience religieuse. Ce fétichisme, c'est-à-dire la vénération d'objets sensibles, ressortissant à une étape infantile barbare – par laquelle même les peuples les plus civilisés sont passés –, serait en conséquence nécessaire sur le plan de l'histoire de l'évolution : il ferait partie du « siècle d'enfance » des peuples, auquel succèderait le « siècle de raison »[2].

Lorsque de Brosses identifie la personnification de phénomènes naturels à une forme primitive de comportement religieux et qu'il explique la systématicité mythologique en disant que la répartition des domaines de la nature en domaines de compétence de dieux particuliers vise une plus grande certitude, il reprend des idées de Hume. Les œuvres de Hume sur la science des religions (*The natural history of religion* [1757] et ses dialogues édités à titre posthume, *Dialogues concerning natural religion* [1779]), en appliquant l'étude de l'histoire et de la psychologie à la religion, inaugurent une ère nouvelle dans la recherche scientifique sur la religion[3]. Hume veut expliquer l'origine factuelle de la religion dans la nature humaine. Contre la fiction (déiste) d'une religion naturelle originelle (monothéiste), qui aurait eu pour contenu la foi rationnelle des *Lumières*, il voit dans le polythéisme la forme primordiale de toute religiosité et dans la

1. [ANONYME], *Du culte des Dieux Fétiches, ou Parallèle de l'ancienne Religion de l'Égypte avec la Religion actuelle de Nigritie*. Genève, 1760.

2. *Ibid.*, 193.

3. Sur l'évolution du travail de Hume sur le thème de la religion naturelle, cf. G. GAWLICK, "Einleitung", in: *D. Hume, Dialoge über natürliche Religion.* Hambourg, 1980, IX-XXXVIII.

mythologie son reflet direct. Hume interprète le polythéisme comme un système de protection parfait contre l'angoisse vitale. Les causes inconnues du monde et l'existence de l'individu sont objet constant de « hopes and fears » [1] : « The primary religion of mankind arises chiefly from an anxious fear of future events » [2]. Si les causes du polythéisme résident donc dans la *psychè* humaine, ses formes d'apparition concrètes se laissent expliquer alors (conventionnellement) au moyen de l'allégorèse : certains domaines de la nature conçus comme animés par des entités divines sont attribués à diverses divinités [3].

On peut constater une influence de Hume en particulier sur Herder, d'abord faite d'adhésion, puis de critique. Savoir si les idées de Vico viennent interférer en sus chez le jeune Herder, la question est controversée [4]. Quoi qu'il en soit, en son *Reisejournal* de 1769 Herder voyait, dans la mythisation des phénomènes naturels l'origine des récits grecs relatifs aux dieux [5]. Tandis qu'il traversait la mer en direction de Nantes, il éprouva dans l'horreur que suscitait chez lui la tempête la puissance primitive de la nature, avec ses signes effrayants et consolateurs. Chez Heyne, dont l'analyse du mythe est empreinte de rhétorique [6], l'influence de Herder est décisive et le parallèle avec Vico frappant. L'argument apotropaïque de l'origine de la religion et de la mythologie grecque se rencontre aussi chez lui : l'homme primitif est

1. D. HUME, *The natural history of religion and Dialogues concerning Natural Religion,* éd. par A.W. Colver et J.-V. Price. Oxford, 1976, 31 [tr. fr. : *Histoire naturelle de la religion.* Paris, Vrin, 1971. *Dialogues sur la religion.* Paris, Vrin, 1987]. Cf. J.C.A. GASKIN, *Humes Philosophy of Religion.* Londres, 1978, 143-158.

2. *Ibid.*, 81 [tr. fr. cit.].

3. Cf. *ibid.*, ch. V [tr. fr. cit.].

4. I. BERLIN (*Vico and Herder.* Two Studies in the History of Ideas. New York, 1977, 147) admet une connaissance au moins globale de la *Scienza Nuova.* – Sur la relation Herder/Vico, cf. E. AUERBACH, "Vico und Herder" (1931), in : E. A., *Gesammelte Aufsätze zur romanischen Philologie.* Berne/Munich, 1967, 222 sq. ; à présent aussi W. PROß, "Herder und Vico, Wissenssoziologische Voraussetzungen des historischen Denkens", in : *Johann Gottfried Herder (1744-1803),* éd. par G. Sauder. Hambourg, 1987, 88-113.

5. J.G. HERDER, *Journal meiner Reise im Jahre 1769.* Stuttgart, 1976, 22 [tr. fr. cit.]. Cf. à ce sujet : H. GOCKEL, *Mythos und Poesie,* 24 sq.

6. Sur la parenté entre les vues de Hume sur l'origine de la religion et la conception que Heyne se fait du mythe, cf. CH. HARTLICH/W. SACHS, *Der Ursprung des Mythos in der modernen Bibelwissenschaft.* Tübingen, 1952, 169-171. Sur Herder et Heyne, cf. *ibid.*, 172 sq. et H. GOCKEL, *Mythos und Poesie,* 34.

frappé d'étonnement à la vue des phénomènes grandioses de la nature, et plongé dans un état d'âme religieux qui transforme le perçu objectif en une image sensible (le « sermo symbolicus et mythicus »).

Avec le *topos éclairé* de Heyne sur le « sermo mythicus » comme phase d'évolution historiquement nécessaire d'une « infantia generis humani »[1], la théorie du mythe devient dépendante d'une anthropologie précise. Parallèles au dernier Vico (sans qu'aucune influence ne soit décelable) et marquées par le préromantisme anglais d'un R. Wood, les leçons de Heyne sur Homère (qui débutent en 1766, bien avant la renaissance générale de l'intérêt pour Homère) intègrent pour la première fois la mythologie dans la sphère de la recherche philologique, en reconnaissant l' « aetas mythica » comme source historique (surtout pour l'intelligence des tout premiers poètes), ce qui exerça une grande influence sur la génération suivante des Schlegel, Humboldt et Creuzer qui entendirent ces leçons[2]. Les rudiments d'une théorie du mythe remonteraient à Posidonius[3] : dans le mythe se trouve conservé le savoir des temps primordiaux[4], le mythe est conforme à l'enfance, et la joie que l'on y éprouve – la joie d'apprendre – est le degré préalable de la philosophie[5]. C'est pourquoi manifestement, dans les « temps anciens », le mythe fut la forme adéquate et unique de l'enseignement, avant l'invention de la science historique et de la philosophie (Strabon, Maxime de Tyr). Le philologue classique Heyne renouait avec cette tradition dans sa thèse (soutenue pour la première fois en 1763 dans une conférence pour l'Université de Gœttingue[6]) sur le mythe comme forme de représentation et d'expression de l'enfance du genre humain. Les mythes sont à ses yeux des philosophèmes sur le

1. Sur Heyne, cf. A. HORSTMANN, "Mythologie und Altertumswissenschaft. Der Mythosbegriff bei Christian Gottlob Heyne", in : *Archiv für Begriffsgeschichte,* 16 (1972), 60-82 ; F. GRAF : "Die Entstehung des Mythosbegriffs bei Christian Gottlob Heyne", in : *Mythos in mythenloser Gesellschaft. Das Paradigma Roms,* éd. par F. Graf. Stuttgart/Leipzig, 1993, 284-294.

2. Sur cette influence, cf. l'étude exemplaire de : C. MENZE, *Wilhelm von Humboldt und Christian Gottlob Heyne.* Ratingen, 1966, 11 sq. Sur l'humanisme philologique de Heyne, cf. *ibid.*, 23 sq. Les notes de W. v. Humboldt ont été imprimées (sous forme d'extraits) à l'Akad. Ausg., VII 2, 550-553.

3. Cf. W. BURKERT, (Art.) "Mythos, Mythologie", in : *Historisches Wörterbuch der Philosophie,* vol. 6. Bâle/Stuttgart, 1984, 282.

4. Déjà PLATON, *Timée* 22 c ; ARISTOTE, *Metaphysique* 1074 b 1.

5. ARISTOTE, *Metaphysique* 982 b 18.

6. "Temporum mythicorum memoria a corruptelis nonnullis vindicata", in : *Comm. Soc. Reg. Gott.,* 8 (1787), 3 sq.

cosmos, c'est-à-dire qu'ils ont été dans une certaine mesure créés par des philosophes. Mais parce qu'ils ont agi au tout début des temps, leur langue est encore a-conceptuelle. L'homme primordial personnifie la puissance qui se tient derrière la nature ; plus tard le mythe s'est éloigné de son tout premier sol et il est devenu objet de création poétique. Heyne a lui aussi posé les bases de la notion moderne de mythe, en soutenant que nous ne pouvons plus connaître les mythes sous leur forme primordiale, mais seulement constater des similitudes. Il en déduit l'exigence d'éclaircir topographiquement toute la mythologie et d'exploiter les découvertes archéologiques comme détenant la même autorité que les témoignages littéraires. Heyne est essentiellement moderne dans son utilisation d'une théorie du symbole qui voit dans le mythe un produit artistique, et non plus une poésie naturelle. Ceci est clair en particulier dans son cours sur Homère de 1777, où il constate une chaîne évolutive allant des tout premiers philosophèmes jusqu'à Homère [1]. Le « plus grand mérite poétique » d'Homère, c'est « d'avoir inséré dans le récit épique les fables des cosmogonies et des théogonies anciennes, destinées primitivement à des explications physiques, et d'avoir su les présenter comme des événements véritables, puisés à l'histoire humaine archaïque ». Ce procédé est dit « à tort allégorique ». Le concept heynien d'allégorie semble avoir beaucoup de liens avec l'image sensible baroque – c'est une conception encore représentée par J.J. Winckelmann [2] (Heyne s'étant intensément *expliqué* avec ses écrits) : un concept esthétique de l'allégorie prend donc ici effet. Les autorités dont il se réclame sont pour l'essentiel les néo-platoniciens et les préromantiques anglais (Blackwell, Wood). Intéressante est donc aussi la seconde thèse défendue dans cette leçon, celle selon laquelle il y aurait eu dès *avant* Homère « des poètes et des œuvres poétiques à partir desquels il a enrichi sa *fantaisie* et ses poèmes ». Après un excursus historique sur la genèse de la religion grecque (étrangers immigrés d'Égypte, Phrygiens et Phéniciens importèrent leurs dieux propres – plus tard,

1. "Über den Ursprung und die Veranlassung der Homerischen Fabeln. Eine Vorlesung des Herrn Hofrath C.G. Heyne den 6ten September 1777 in der Göttingl. Königl. Societät der Wissenschaften gehalten, aus dem Lateinischen übersetzt", in : *Neue Bibliothek der Schönen Wissenschaften und der freyen Künste,* 23, 1. Leipzig, 1779, I, 5-53.

2. Sur la contribution de Winckelmann au projet mythologique, cf. à présent M. ENGEL : "Träume und Feste der Vernunft", in : *Schiller-Jahrbuch,* 36 (1992), 47-83, en particulier 71 sq.

chez Creuzer, ce seront les Indiens), il définit les mythes comme extase poétique : « La *fantaisie,* exaltée comme par le souffle d'une divinité à laquelle manquent les mots propres et précis, a voulu, dans cet état d'enthousiasme et de ravissement, présenter les objets en personne et les peindre sous nos yeux ». Les mythes sont donc interprétés ainsi que chez Vico comme phénomène linguistique, l'analyse du mythe est très fortement empreinte de rhétorique (« *SERMO* mythicus »). Celle-ci eut une grande influence ; dès la fin du XVIIIe siècle, la notion heynienne de mythe est systématiquement appliquée à l'exégèse de l'Ancien Testament et bientôt du Nouveau, ainsi par J.G. Eichhorn, J.Ph. Gabler et G.L. Bauer[1]. Dans la seconde moitié du XIXe siècle, la conception heynienne du mythe connut une grande renaissance.

1. Cf. à ce sujet : CH. HARTLICH/W. SACHS, *Der Ursprung des Mythosbegriffes in der modernen Bibelwissenschaft.* Tübingen, 1952 ; J.W. ROGERSON, *Myth in Old Testament Interpretation.* Berlin/New York, 1974.

III. LE PROGRAMME D'UNE *MYTHOLOGIE NOUVELLE*

Les préjugés anti-religieux des modernes *Lumières* ont fait que « la grande redécouverte du mythe, qui commence avec Winckelmann et Herder et forme l'un des grands courants occultés des XIX et XXe siècles, s'est vue violemment opposer à l'esprit des *Lumières,* alors que, bien comprise, elle enferme la partie des *Lumières* demeurée inaccessible au rationalisme »[1]. L'examen de toutes les découvertes relatives à la première histoire de l'humanité et des mythes, qui à la fin du XVIIIe siècle – d'abord chez Herder, puis chez les Romantiques –, provoqua bientôt une véritable ivresse, évolue sur la base d'une métacritique du criticisme des *Lumières* : il veut pallier les carences du concept *éclairé* de rationalité, ainsi que permettre derechef la légitimation de la société (moderne), perdue avec la critique *éclairée* de la religion, tout en garantissant l'universalité et la communicabilité[2]. L'étude romantique des mythes est à envisager sur le même fond d'histoire des mentalités, tel qu'il est aussi constitutif de l'esthétique, de l'anthropologie et de la philosophie de l'histoire, celles-ci ne s'établissant également comme disciplines autonomes que dans la seconde moitié du XVIIIe siècle. Il est ici question, comme le dit Odo Marquard, de « philosophies d'une redéfinition de l'homme, qui tentent de compenser la perte par l'homme d'un monde de la vie caractéristique de ce demi-siècle »[3].

1. G. PICHT, *Kunst und Mythos,* Stuttgart, 1986, 488.

2. Cf. M. FRANK, *Der kommende Gott. Vorlesungen über die Neue Mythologie,* I. Teil. Francfort, 1982 [tr. fr.: *Le Dieu à venir.* Arles, Actes Sud, 1989].

3. O. MARQUARD, *Abschied vom Prinzipiellen.* Stuttgart, 1981, 42. – Sur la *nouvelle mythologie,* cf. en outre : O. PÖGGELER, "Idealismus und Neue Mythologie", in : *Europäische Romantik I,* éd. par K.R. Mandelkow. Wiesbaden, 1982, 179-204 ; M. COMETA, *Iduna. Mitologia della ragione. Il progretto di una « neue Mythologie » nella poetologia preromantica : Friedrich Schlegel e F.W.J. Schelling.* Palermo, 1984.

Ce travail de compensation nous renvoie aussi à l'idée, proclamée par le jeune Hegel, par Schelling et Friedrich Schlegel, d'une « mythologie nouvelle ». C'est une protestation contre l'idée de constructibilité et de manipulabilité de la nature intérieure et extérieure, il répond donc également au « désenchantement » *éclairé* du monde tel qu'il s'inscrit d'emblée dans un cadre non seulement esthétique, mais aussi d'émancipation politique : il doit restaurer l'unité perdue du peuple. La tâche incombera par la suite à la littérature d'arracher la Mythologie Nouvelle aux efforts de la *fantaisie* pure elle-même. En d'autres termes : la poésie doit succéder en personne au mythe. Quant à cette mythologisation de la poésie, elle ne peut être comprise que sur l'arrière-plan de la question soulevée par Kant, à laquelle il n'a cependant pas apporté de réponse satisfaisante, celle de l'unité de la philosophie, et à la question – étroitement liée à cette dernière, comme pour tenter d'y répondre – de la détermination de la différence entre Anciens, grecs, et Modernes, chrétiens, au sein des débats sur la « querelle des Anciens et des Modernes » [1]. Ainsi le programme de la « mythologie nouvelle » se laisse-t-il déchiffrer comme synthèse d'au moins trois composantes : l'interprétation esthétique de la mythologie grecque, la problématique philosophique d'un système, et la « querelle ». La visée d'une conscience mythopoétique à construire est, pour sa part, tout aussi impensable sans les réalisations préalables des philosophies spinoziste et (néo-)platonicienne de la nature – transmises par Herder et Jacobi –, sans la doctrine böhmienne du langage de la nature, ni sans les tentatives de Milton et de Klopstock pour imputer à la conscience mythique les récits bibliques du Salut et ainsi créer une nouvelle conscience (christiano-)mythique, ce qui aurait été impensable sans la levée par Vico de l'interdit pesant sur la mythologie [2].

Cette « levée de l'interdit mythologique en faveur de sa fonction esthétique dans la Modernité » [3] s'accomplit en plusieurs étapes. Jürgen Habermas a tenté de l'interpréter au sens où l'élément d'émancipation qui, dans ce que l'on appelle le *Plus vieux programme de système de l'idéalisme allemand* de 1797, accompagne encore la proclamation de

1. Cf. à ce sujet : H. FREIER, *Die Rückkehr der Götter. Von der ästhetischen Überschreitung der Wissensgrenze zur Mythologie der Moderne*. Stuttgart, 1976.

2. Cf. H. GOCKEL, *Mythos und Poesie*, en particulier 248 sq.

3. H. BLUMENBERG, "Wirklichkeitsbegriff und Wirklichkeitspotential des Mythos", in : *Terror und Spiel*, 28.

la « mythologie nouvelle », irait en s'amenuisant. Habermas indique un chemin en quatre étapes, allant du Romantisme au Dionysisme [1] : l'art doit, dans le *Programme de système,* régénérer la « totalité éthique du peuple » et assurer, par la « mythologie nouvelle », la relève de la philosophie, ce qu'accepte, selon lui, Schelling dans son *Système de l'idéalisme transcendantal* (1800), lorsqu'il élève l'art au rang de « fin et avenir de la philosophie ». Une rupture décisive s'accomplit ensuite chez Friedrich Schlegel : la « mythologie nouvelle » perdrait sa fondation historico-philosophique et, « d'attente *PHILOSOPHIQUEMENT FONDÉE,* se transformerait en une *espérance* MESSIANIQUE se laissant ébranler par des signes historiques ». Il ne resterait plus alors qu'un petit pas pour arriver à Nietzsche, avec lequel nous aborderions les « postmodernes ». Celui-ci reprend, dit-il, la « purification romantique du phénomène esthétique de toutes les scories théoriques et morales », avec lui « la critique des Modernes résilie pour la première fois sa teneur d'émancipation » [2]. Habermas a sans doute raison en ceci que le projet mythologique du premier Romantisme renvoie à un cadre historique plus grand, qui pourrait être défini sous le titre de critique de la philosophie de la subjectivité. On peut aussi souscrire à son interprétation de la notion de mythologie dans le *Programme de système,* où la nouveauté décisive réside en son rapport critique avec la Révolution française. La notion ici sous-jacente de « mythologie nouvelle » sera radicalisée vers 1800. Chez Schelling, la mythologie nouvelle doit opérer le reflux de toutes les sciences dans l' « océan de la poésie », chez Friedrich Schlegel elle doit, en tant qu' « œuvre artistique de la nature », être médiatisée par la poésie et garantir une nouvelle totalité (au sens de la nature organique). Il est frappant de voir que la « mythologie nouvelle » ne parle plus des dieux, mais de la relation entre fini et infini. La conception de Schlegel, et cela Habermas n'y attache pas assez d'importance, vise au premier chef un *procédé* [3] défini – poétique – qui, par rapport aux projets mythologiques antérieurs – et avant tout ceux de Herder, Garve et

1. Cf. à ce sujet : J. HABERMAS, *Der philosophische Diskurs der Moderne. Zwölf Vorlesungen.* Francfort, 1985, 111 sq. [tr. fr. : *Le discours philosophique de la modernité.* Paris, Gallimard, 1982, 109].

2. *Ibid.*, 117 [tr. fr. cit.].

3. *Kritische Friedrich-Schlegel-Ausgabe,* éd. par E. Behler avec la collab. de J.-J. Anstett et H. Eichner. Munich/Paderborn/Vienne, 1958 sq. (par la suite : KSA), vol. II, 318 [tr. fr. in : LACOUE-LABARTHE–NANCY, *L'Absolu littéraire.* Paris, Seuil, 1978, 315].

Klopstock – limite tout autant leurs impulsions qu'il les accueille et les prolonge.

Il faut ici nommer en premier lieu Herder, auquel le *Programme de système* est encore directement associé. Il s'agit pour Herder, non plus de définir le mythe, mais simplement de s'en servir, de l'utiliser poétiquement. Dans son débat avec Klotz sur la question de savoir si les noms mythologiques peuvent trouver place dans un poème de l'époque moderne, il prétend réhabiliter le mythe comme instrument poétique. Un document de la querelle littéraire menée sans compromis entre Herder, auteur alors encore inconnu, et Christian Adolph Klotz, écrivain mondain très en vogue, est le premier grand ouvrage critique de Herder, publié en 1767 sous le titre *De l'usage moderne de la mythologie,* en tant que troisième partie de ses *Fragments* (lesquels se comprennent comme tentative pour écrire une histoire de la littérature de son époque et formuler le programme d'évolutions littéraires à venir) [1]. La question est ici de savoir comment la mythologie antique peut être rendue utilisable par la méthode poétique, étant donné la prévalence de la théorie rationaliste de la poésie au XVIIIe siècle. Klotz avait récusé la mythologie non seulement en tant qu'illustrant la superstition, mais aussi parce que, comme matériau iconique traditionnel, elle n'était plus acceptable pour les productions poétiques modernes. Herder s'attache avant tout à la question de l'image ; les critères de poéticité qu'il cite étaient courants dans la théorie littéraire du XVIIIe siècle. Il invite « les poètes parmi nous, à étudier comme heuristique poétique [...] la mythologie des Anciens [...] afin, eux-mêmes, de devenir inventeurs » [2]. Cette théorie de l'utilisation n'est pas intrinsèquement originale au XVIIIe siècle ; ce que son exigence a de novateur se trouvera seulement dans la section V : puisque cette « invention » suppose la convergence rare des talents philosophiques et poétiques, « les difficultés sont ici nombreuses pour nous forger en quelque sorte une mythologie tout à fait nouvelle. – Il est, pour ainsi dire, plus facile d'en trouver une nouvelle à partir du monde d'images

1. J.G. HERDER, *Sämtliche Werke,* éd. par B. Suphan. Berlin, 1877 sq. (par la suite: Suphan), vol. I, 426-449. – Cf. à ce sujet: H. GOCKEL, *Mythos und Poesie,* 68 sq., 113 sq.; M. FRANK, *Der kommende Gott,* 123 sq. [tr. fr. cit.]. Sur les représentations plus anciennes, cf. F. STRICH, *Die Mythologie in der deutschen Literatur von Klopstock bis Wagner,* 2 vols. Halle, 1910 (réimpr. Berne/Munich, 1970), vol. I, 41 sq.

2. Suphan I, 443, 444.

des Anciens »[1]. La « mythologie nouvelle» doit rassembler ce qui jusqu'ici demeure séparé : histoire, allégorie, religion et pur échafaudage poétique. L'exigence d'une « mythologie [qui serait] nationale, et familière » aux contemporains[2], comme la mythologie grecque l'était effectivement aux Anciens – cette exigence implique celle d'une nouvelle littérature nationale. Ceci requiert en même temps de mettre en œuvre l'interprétation *SENSIBLE* du monde comme principe d'une poésie nouvelle. Ce qui est novateur, c'est le ralliement de la production des mythes à la *fantaisie* et à la subjectivité. La « mythologie nouvelle» est liée à un matériau iconique mythique non plus ancien, mais libre de varier et susceptible d'assumer la figure de chaque époque. Le mythe ne fonctionne plus ici comme objet de désir d'une raison tronquée, il expose une totalité représentationnelle qu'il est possible de découvrir tant dans les drames shakespeariens que chez Homère. Cet aspect, opposé à la théorie allégorisante des mythes défendue par les *Lumières* (qui voient dans le mythe le revêtement d'une vérité), se trouve aussi souligné dans l'essai des *HEURES, Iduna ou la pomme de jouvence*, de 1796[3]. L'interprétation mytho-poétique par Herder de deux domaines de création dans son étude *Sur les documents les plus anciens du genre humain* (1774 sq.)[4] prépare, avec l'interprétation symbolique d'un document appréhendé comme poésie, la « mythologie nouvelle» des Romantiques. La tentative personnelle de Herder, celle des para-mythes, est peu convaincante[5] ; il était, en tant que théologien chrétien, par principe incapable de créer une telle « mythologie nouvelle» (le théologien peut bien l'accepter dans l'exégèse, non dans la production) – son scepticisme à l'égard de Klopstock trouve ici ses racines.

En désaisissant les *Lumières* de leur critique du mythe, Herder devient l'un des fondateurs de la science mythologique ultérieure. Plus

1. *Ibid.*, 444.

2. *Ibid.*, 432.

3. *Ibid.*, XVIII, 483-502. – Cf. à ce sujet: M. FRANK, *Der kommende Gott*, 143 sq. [tr. fr. cit.].

4. Cf. à ce sujet: H. GOCKEL, *Mythos und Poesie*, 131 sq.

5. Cf. la critique du *Godwi* de BRENTANO: «Une mythologie nouvelle est impossible, tout aussi impossible qu'une ancienne, car toute mythologie est éternelle; si on la nomme ancienne, c'est que les hommes ont rapetissé, et ceux qui parlent de promouvoir ce qu'ils appellent une mythologie nouvelle, prophétisent une culture qui n'est pas viable» (*Sämtliche Werke und Briefe*, vol. 16. Stuttgart, 1978, 380 [tr. fr.: extraits de *Godwi*, in: *Les Romantiques allemands*. Paris, Gallimard, 1973, "La Pléiade"]).

encore, par son approche esthétisante il pose la première pierre du programme préromantique d'une « mythologie nouvelle », tel qu'il se trouve formulé au début de l'année 1797 par le jeune Hegel dans le fragment UNE ÉTHIQUE (connu sous le titre malheureux : *Le plus vieux programme de système de l'idéalisme allemand*)[1]. Lorsque J. Habermas situe les projets du jeune Hegel au sein du processus de la « dialectique des *Lumières* »[2], il a raison en ce que la notion hégélienne de « mythologie nouvelle » est inséparable de son diagnostic de l'âge des *Lumières*[3]. Hegel élabore les thèmes et les sujets que lui ont préparés Rousseau et la période de l'*Empfindsamkeit* (surtout la revalorisation de la *fantaisie* par rapport à l'entendement), sous forme de programme d'universalisation des *Lumières*, c'est-à-dire de leur extension à la multitude du peuple, pour ainsi leur conférer toute leur efficience. Ce que Hegel veut surmonter, c'est la séparation rigoureuse entre une caste intellectuelle supérieure, de plus en plus détachée des vieilles traditions et régie par la raison, et le petit peuple (essentiellement la paysannerie), véhicule authentique aussi de la tradition religieuse. La première formulation de ce programme se trouve dans le *Fragment de Tubingue* (1792-1793), ainsi intitulé. On y lit qu' « une religion qui doit en somme être pour le peuple, ne saurait se composer de vérités universelles », que bien plutôt « les principes les plus purs doivent être camouflés *SOUS UN VOILE SENSIBLE* plus grossier, pour être compris et acceptables par la sensibilité »[4]. Que ce « voile sensible » vise en fait les mythes, c'est ce qui ressort d'autres

1. Cf. la documentation : *Mythologie der Vernunft. Hegels "ältestes Systemprogramm des deutschen Idealismus"*, éd. par Ch. Jamme et H. Schneider. Francfort, 1984 (comprenant aussi la littérature plus ancienne publiée jusqu'en 1984). Parmi les études récentes, cf. B. DINKEL, "Neuere Diskussionen um das sog. *Älteste Systemprogramm des deuschen Idealismus*", in : *Philosophisches Jahrbuch,* 94 (1987), 342-361 (et ma réplique, *ibid.*, 95 [1988], 371-375) ; F.P. HANSEN, *Das älteste Systemprogramm des deuschen Idealismus : Rezeptionsgeschichte und Interpretation.* Berlin, 1989.

2. J. HABERMAS, *Der philosophische Diskurs der Moderne,* 110-115 [tr. fr. : 61-66].

3. Cf. pour ce qui suit mon essai : "Ist denn Judäa der Tuiskonen Vaterland ? Die Mythos-Auffassung des jungen Hegels (1878-1807)", in : *Philosophisch-literarische Streitsachen I : Früher Idealismus und Frühromantik. Der Streit um die Grundlagen der Ästhetik (1795-1805),* éd. par H. Holzhey et W. Jaeschke. Hambourg, 1990, 137-158.

4. G.W.F. HEGEL, *Theorie-Werkausgabe,* éd. par E. Moldenhauer et K.M. Michel. Francfort, 1969-70, 1979 (par la suite TWA), vol. I, 24 *[Religion populaire et christianisme]* (c'est nous qui soulignons). Sur ce qui suit, *ibid.*, 37.

passages un peu plus tardifs : « toute religion, pour être religion populaire, est forcément constituée de manière à intéresser le cœur et la *fantaisie*. La religion rationnelle la plus pure est, elle aussi, incorporée dans l'âme des hommes, bien plus dans celle du peuple, et il serait bon, pour masquer les débordements de la *fantaisie*, de lier les mythes à la religion même, avant d'indiquer à la *fantaisie* une belle voie qu'elle puisse joncher de fleurs. » La religion ne devient donc *religion populaire* que parce qu'à la raison sont également liées des représentations de la *fantaisie*, parce que par exemple les espérances transcendantes d'immortalité, etc., sont revêtues de mythologie. Si Hegel voulait donc exprimer des contenus nouveaux, révolutionnaires, faisant bouger les multitudes, il lui fallait en quelque sorte leur donner un *vêtement* mythologico-religieux, car la mythologie (chrétienne) dominait autrefois le mode de pensée de la multitude, ainsi que justement le mode de pensée des classes inférieures, négligées par les publicistes littéraires.

Cette idée est celle qui forme le noyau de ce qu'on nomme le *Programme de système* [1] : la philosophie doit devenir mythologico-sensible, c'est-à-dire qu'il faut que l'intelligence fasse bouger la multitude, le peuple doit devenir intelligent, le « monothéisme de la raison » doit être complété et achevé par le « polythéisme de l'imagination », c'est-à-dire par les mythes de la religion *fantaisiste* des Grecs, il faut « rendre les Idées esthétiques, c'est-à-dire mythologiques ». Le *Programme* projette la philosophie comme « éthique », c'est-à-dire comme « système complet de toutes les Idées », qui – conformément au système kantien – s'articule en trois parties. La philosophie théorique basée sur l'Idée de nature ; la philosophie pratique (« l'œuvre des hommes ») traite trois Idées : l' « Idée d'humanité », puis « les principes d'une *HISTOIRE DE L'HUMANITÉ* », enfin les « Idées [kantiennes] d'un monde moral, de la divinité, de l'immortalité ». Mais les deux champs, celui de la nature comme celui de l'histoire, sont synthétisés dans la troisième et dernière Idée, l' « Idée de Beauté », qui, comme la *kalokagathie* platonicienne, embrasse « la vérité et le bien ». Puisque « l'acte le plus élevé de la raison [...] est un acte esthétique », la philosophie se trouvera

1. Citations du *Programme de système* selon la première édition critique, in : *Mythologie der Vernunft,* 11-14. Tr. fr. de cette éd. par Olivier Depré : "Éclairages nouveaux sur « le plus vieux programme de système de l'idéalisme allemand »", in : *Rev. philos. de Louvain,* 88 (1990), 79-98, ici 81-83.

forcément esthétisée ; avec cet achèvement de la philosophie dans l'esthétique, est en même temps assurée la relève de toute philosophie : « La poésie [...] redevient à la fin ce qu'elle était au commencement – *ÉDUCATRICE DE L'HUMANITÉ* : car il n'y a plus de philosophie, plus d'histoire, l'art poétique seul survivra à toutes les autres sciences et à tous les autres arts. » Tout semblablement, nous lisons en 1800 chez Novalis : « Le genre humain, à la fin, sera tout entier poétique. Nouvel âge d'or. »[1] Hegel annonce, comme « idée qui n'est venue à l'esprit de personne encore », le paradoxe d'un devenir-sensible de la raison dans une « mythologie nouvelle », ou bien encore une « mythologie de la *RAISON* ».

Si le *Programme de système* voyait dans l'esthétisation d'un système d'idées régulatives le noyau d'une « mythologie nouvelle », la conception de Friedrich Schlegel, fondée dans son *Discours sur la mythologie* de 1800 (tout d'abord paru dans le tome III de l'*Athenäum* comme partie centrale des *Entretiens sur la poésie*), vise en premier lieu la production poétique[2]. La fondation philosophique de la conception artistico-théorique ici développée se trouve dans les conférences de Iéna sur la philosophie transcendantale[3]. Dans l'Antiquité, la « belle mythologie » était le centre de la poésie : la poésie actuelle, en revanche, souffrirait de la carence d'une telle mythologie : « notre poésie manque de ce centre qu'était la mythologie pour les Anciens, et [...] tout l'essentiel en quoi l'art poétique moderne le cède à l'antique, tient en ces mots: nous n'avons pas de mythologie »[4]. Schlegel indique les voies d'une « mythologie nouvelle », qui – à la différence de la mythologie ancienne, rattachable à ce que le monde sensible avait de plus vivant – doit s'assurer de la conscience : sa

1. NOVALIS, *Schriften,* vol. 3 : *Das philosophische Werk,* II, éd. par R. Samuel. Stuttgart, 1960, 677 [*Fragments et études 1799-1800,* n° 631, 26-27 ; tr. fr. in *Œuvres complètes*, 2 vols. Paris, Gallimard, 1975].

2. KSA II, 311-328 [tr. fr. : 311-321]. – Cf. à ce sujet : F.N. MENNEMEIER, *Friedrich Schlegels Poesiebegriff.* Munich, 1971, 328 sq. ; H. DIERKES, *Literaturgeschichte als Kritik. Untersuchungen zu Theorie und Praxis von Friedrich Schlegels frühromantischer Literaturgeschichtsschreibung.* Tübingen, 1980, 233-286 ; H. GOCKEL, *Mythos und Poesie,* 267 sq. ; K.H. BOHRER, "Friedrich Schlegels Rede über die Mythologie", in : *Mythos und Moderne. Begriff und Bild einer Rekonstruktion,* éd. par K.H. B. Francfort, 1983, 52-82 ; J. FRIED, *Die Symbolik des Realen. Über alte und neue Mythologie in der Frühromantik.* Munich, 1985, 66-125.

3. Cf. H. GOCKEL, *Mythos und Poesie,* 178 sq.

4. KSA II, 312 [tr. fr. : 311-312] ; sur ce qui suit, *ibid.*

source, ce sont le style artistique et l'intellectualité modernes. « La nouvelle mythologie, au contraire, doit s'extraire du tréfonds de l'esprit ; il faut qu'elle soit la plus artistique de toutes les œuvres d'art parce qu'il faut qu'elle englobe toutes les autres et qu'elle soit le bassin et le lit nouveaux où puisse s'écouler l'éternelle source originaire de la poésie, – et le poème infini lui-même qui enferme le germe de tous les autres poèmes. » Derrière les mots « la plus artistique de toutes les œuvres d'art », il y a non seulement l'idée d'une construction symbolico-mythique du monde (que l'on rencontre aussi chez Novalis), mais aussi le scepticisme par rapport à tout système (au sens d'une architectonique du savoir) s'érigeant en absolu. Par le lien qu'elle établit entre philosophie et poésie, la « mythologie nouvelle » répond à l'exigence du fragment 53 de l'*Athenäum,* d'accommodement entre système et absence de système : de l'autodestruction (cartésienne et fichtéenne) de la réflexion, jaillit une totalité infinie qui est intuitionnée comme art et mythe. Seule la *fantaisie,* et non la raison, peut saisir la vie en toute sa complexité, sans toujours pouvoir être entièrement représentée dans l'art. Ainsi, c'est la thèse de Bohrer et de Habermas, Schlegel affranchit-il l'art, comme champ autonome, de la sphère de la raison ; la mythologie nouvelle n'étant plus – comme chez le jeune Hegel – en tant que devenir-sensible de la raison, un instrument d'émancipation politico-religieuse, elle s'affranchit de sa fondation historico-philosophique. Ce qui dorénavant la remplace, c'est une mythologie physio-philosophique, ou, plus exactement : on demande à la mythologie qu'elle donne une vue hiéroglyphique de la nature : « Qu'est-ce qu'une belle mythologie, sinon une expression hiéroglyphique de la nature environnante dans ce rayonnement de *fantaisie* et d'amour ? »[1] Schlegel veut ici introduire sa représentation d'une physique magique, dont il voit la possibilité cautionnée par Spinoza (Schlegel qualifie ici l' « amor dei intellectualis », de « sentiment spirituel »), la nouvelle physique et l' « idéalisme ». Une telle position laisse à la nature – vue sous l'angle théologique – son caractère secret, ou bien – dans une perspective philosophique – un caractère de subjectivité lui est attribué – en tout cas elle ne reste plus pour longtemps un simple objet exploitable.

Bien que Schlegel se soit dès 1802, à Paris, lui-même éloigné des représentations de son *Discours sur la mythologie,* celles-ci eurent une

1. *Ibid.*, 318 [tr. fr. : 315 (mod.)].

énorme influence [1] – non pas tant à cause de son exigence de matériaux nouveaux pour la poésie (faute de quoi les Grecs restaient inatteignables), que par l'accent qu'il met sur un horizon donateur de sens, pouvant également prendre la forme d'une œuvre d'art totale. Il ne voit pas bien loin, celui qui se contente de souligner les implications, critiques vis-à-vis de la Modernité, de l'idée d'une « mythologie nouvelle » : la thèse du mythe s'inscrit en effet au moins tout aussi essentiellement dans l'évolution de la Modernité. C'est pourquoi nous ne devons lire le *Discours* lui-même que comme un document ironique, comme *Fragment* qui, par son exigence d'un nouveau « centre » pour la poésie des temps modernes, démontre justement en termes implicites l'impossibilité d'une telle unité pour le présent, ainsi que l'impossibilité d'un renouveau de la mythologie antique. Trois indices surtout plaident en faveur de cette hypothèse. Tout d'abord l'articulation avec un entretien sur la *POÉSIE* (c'est donc une fondation métaphysique de la poésie qui se trouve visée). Puis la structure rhétorique. Ce qui présente enfin aussi une importance, c'est la forme d'entretien, le dialogue entre différents personnages, qui a conduit à soupçonner également, derrière les parties isolées des *Entretiens sur la poésie*, différents personnages comme *co-auteurs* (conformément au principe romantique du « Symphilosophieren ») : tout comme on a vu dans la *Lettre sur le roman* Fr. Schlegel lui-même, on a aussi aperçu Schelling dans le *Discours sur la mythologie* [2].

En fait, la position de Schelling à Iéna est impensable sans les stimulations venues du cercle des Romantiques, singulièrement de Friedrich Schlegel. Surtout, sa définition de la mythologie comme « le moyen-terme de ce retour de la science à la poésie » dans son *Système de l'idéalisme transcendantal* de 1800, interdit toute impasse sur l'influence de Schlegel [3]. À l'époque de sa jeunesse, Schelling avait encore défendu une tout autre position. Dans sa dissertation *Sur les*

1. Sur l'influence du *Discours*, cf. F. STRICH, *Die Mythologie in der deutschen Literatur*, vol. I, 394 sq./vol. II, 62 sq.; H. GOCKEL, *Mythos und Poesie*, 83 sq.

2. Cf. à ce sujet : E. BEHLER, "Grundlagen der Ästhetik in Friedrich Schlegels frühen Schriften", in : *Philosophisch-literarische Streitsachen I : Früher Idealismus und Frühromantik*, 112-127.

3. F.W.J. SCHELLING, *Sämtliche Werke*, éd. par K.F.A. Schelling. Stuttgart/Augsburg, 1856-61 (par la suite : WW), I. Abt., vol. 3, 629 [tr. fr. : *Le système de l'idéalisme transcendantal*. Louvain, E.I.S.P., 1978, 260]. Cf. F. SCHLEGEL, KSA XII, 62 et II, 311 sq. [tr. fr. : 311 sq.].

mythes, les légendes historiques et les philosophèmes du monde antique (1793), il acceptait encore la notion heynienne du mythe comme forme de pensée de l'enfance de l'humanité : il avait souligné la force d'énoncé historique de la mythologie et – à la suite de Heyne également – rejeté l'interprétation allégorique [1]. Dans les *Lettres sur le dogmatisme et le criticisme* (1795), d'obédience fichtéenne, les mythes étaient soumis à la critique, car on s'y trouvait sommé de renoncer à la liberté. Or, sa critique de Fichte se précisant, la position de Schelling se modifie au tournant du siècle. Si en 1794 Fichte avait encore visé dans l'esthétique la médiation entre philosophies théorique et pratique, par la suite il renonça fondamentalement à la médiation esthétique pour la localiser dans le seul système du droit [2]. Pour Schelling en revanche, l'art, dans le *Système de l'idéalisme transcendantal* (1800), doit rendre présentes la réconciliation et la médiation dans l'histoire ; c'est comme son étoffe que la mythologie est définie. De la coïncidence entre l'infini et le fini, Schelling conclut à un sens infini de l'art, qu'il élucide au moyen de la mythologie grecque : celle-ci est invention non pas d'un individu, mais d'une race. C'est ce qui confère au mythe son objectivité [3].

La distance prise par Schelling vis-à-vis de Fichte est fondée non seulement par la mythologie, mais aussi par la philosophie de la nature [4]. Dans le *Système de l'idéalisme transcendantal,* Schelling pose la question de la pré-histoire de la conscience de soi – une question qui aux yeux de Fichte était erronée. À ses yeux, la conscience de soi ne peut être abusée – il se heurte alors à la nature comme somme des conditions de possibilité du Moi (ce pourquoi philosophie de la nature et philosophie transcendantale ont les mêmes droits). Dans

1. F.W.J. SCHELLING, *Werke,* vol. I. Stuttgart, 1976, 195-246. – Cf. à ce sujet : Ch. HARTLICH /W. SACHS, *Der Ursprung des Mythosbegriffes,* 56-58 ; H. GOCKEL, *Mythos und Poesie,* 55-58.

2. Cf. W.G. JACOBS, "Geschichte und Kunst in Schellings *System des transzendentalen Idealismus*", in *Philosophisch-literarische Streitsachen I : Früher Idealismus und Frühromantik,* 201-213.

3. Cf. D. JÄHNIG, *Die Kunst in der Philosophie,* 2 vols. Pfullingen, 1966/69 ; O. MARQUARD, "Zur Funktion der Mythologiephilosophie bei Schelling", in : *Terror und Spiel,* 257-264.

4. Sur ce qui suit, cf. mon essai : "Aufklärung via Mythologie. Zum Zusammenhang von Naturbeherrschung und Naturfrömmigkeit um 1800", in : *Idealismus und Aufklärung. Kontinuität und Kritik der Aufklärung in Philosophie und Poesie um 1800,* éd. par Ch. Jamme et G. Kurz. Stuttgart, 1988, 35-58, en particulier 50-55.

l'Introduction de ses *Idées pour une philosophie de la nature* (1797), Schelling pose la question des conditions de possibilité de la réflexion philosophique. Un *besoin* de philosophie naît, dit-il, lorsque l'homme se trouve confronté au monde extérieur. La philosophie présuppose un « état de nature », « dans lequel l'homme [est] encore uni à soi-même et au monde environnant » [1]. Lorsqu'il se départit de cet état de nature, « commence la réflexion ; il sépare désormais ce que la nature avait à jamais uni, il sépare l'objet de l'intuition, le concept de l'image, enfin [...] soi de soi-même » [2]. La philosophie « part de cette séparation originelle, pour unir derechef par la *LIBERTÉ* ce qui dans l'esprit humain était uni de façon originelle et *NÉCESSAIRE*, c'est-à-dire lever définitivement cette séparation ». La fin de la philosophie, la levée de la scission entre sujet et objet, se situe hors d'elle ; la philosophie est en conséquence un phénomène de transition dont le *telos* est de se rendre à soi-même superflu ; « aussi, vue sous cet angle, travaille-t-elle à son propre anéantissement » [3].

Dans son essai *De la relation entre philosophie de la nature et philosophie en général* (1802), Schelling projette la vision selon laquelle la levée du différend entre Dieu et le monde, le « temps du véritable Évangile ou de la vraie réconciliation entre le monde et Dieu » [4] est venu : « la *RELIGION NOUVELLE* [...] est reconnue dans la palingénésie de la nature comme symbole de l'unité éternelle [...] » [5]. Ce qui est requis, c'est un nouveau, un second « tournant » de la philosophie [6]. Le premier tournant a eu lieu au moment de la victoire du Christianisme sur l'Antiquité : la « scission absolue » fut érigée en principe de la philosophie, mettant un terme à l'étude antique homogène de la nature qui était celle des Grecs ; la physique moderne, isolant la nature, naquit alors : « L'unité sous-jacente à la mythologie grecque peut être vue comme une identité non encore relevée, c'est d'elle que part la première intuition. Sa domination, comme celle de l'âge de l'innocence, ne peut durer que peu de temps, et elle apparaît forcément irrémédiablement perdue. La tâche du christianisme

1. WW I/2, 12 [tr. fr. : in *Essais*. Paris. Aubier, 1946, 46 (mod.)].
2. *Ibid.*, 13 [tr. fr. : 47 (mod.)].
3. *Ibid.*, 14 [tr. fr. : 48 (mod.)].
4. WW I/5, 120.
5. *Ibid.* (c'est nous qui soulignons).
6. *Ibid.*, 121.

suppose déjà la séparation absolue [...] » [1]. La désacralisation de la nature qui se produit avec la constitution de la subjectivité chrétienne, doit forcément être surmontée. Le second tournant de la philosophie vers une unité nouvelle et donc derechef vers une investigation holistique nouvelle de la nature, n'est possible que d'une façon : en surclassant la philosophie de la nature, ce qui seulement veut dire que l'instauration d'une mythologie nouvelle est liée aux préalables d'une philosophie de la nature : « Il n'y a aucun espoir de revenir du sérieux inculte et du sentimentalisme trouble [qui caractérisent] l'étude moderne de la nature, à la sérénité et à la pureté de l'intuition grecque de cette nature, comme si c'était là le seul moyen de restaurer l'unité perdue par la spéculation, aucun espoir donc de *lever derechef* la scission à une puissance *(Potenz)* supérieure, car il est exclu de revenir à la première puissance, une fois ses limites franchies. » [2] Schelling exprime l'espoir que la philosophie de la nature deviendra « une source nouvelle d'intuition et de connaissance de Dieu » [3].

Cette fondation physio-philosophique de la Mythologie Nouvelle, qui indique le dessein mythologique de la philosophie de la nature [4], est particulièrement nette dans l'annexe de *Philosophie et Religion*. Une religion spirituelle comme le christianisme – Schelling s'exprime ainsi en termes tout à fait analogues à la notion hégélienne de religion du peuple –, est incapable « de devenir vraiment publique et de se donner une objectivité mythologique » [5]. C'est pourquoi Schelling proclame une mythologie nouvelle : « La vraie mythologie est une symbolique d'Idées qui n'est possible qu'au moyen de formes naturelles, et qui est une finitisation parfaite de l'infini [...] Cherchez-vous une mythologie universelle ? rendez-vous alors maîtres de la vue symbolique de la nature, laissez les dieux en reprendre possession et la remplir à nouveau [...] » [6].

Le programme de Schelling s'explique à partir de la destruction de la conception grecque de la nature et peut être décrit comme tentative

1. *Ibid.*, 119
2. *Ibid.*, 121
3. *Ibid.*, 122
4. Cf. à ce sujet : H. FREIER, *Die Rückkehr der Götter,* 182 sq. ; L. HÜHN, "Die Idee der neuen Mythologie. Schellings Weg einer naturphilosophischen Fundierung", in : *Evolution des Geistes : Jena um 1800,* éd. par F. Strack. Stuttgart, 1994, 393-411.
5. WW I/6, 67 [tr. fr. : in *La liberté humaine*. Paris, Vrin, 1988, 136].
6. *Ibid.*

pour redonner vie à la conception symbolique ancienne de la nature. Il lui faut, pour cela, passer de la médiation opérée par Kant de manière seulement symbolique entre moralité et nature, à une construction philosophique de l'identité entre esprit et nature. La fin est une synthèse entre mythologie antique et mysticisme chrétien, ou bien encore la synthèse entre unité (Antiquité) et séparation (Christianisme) dans un « Évangile absolu » [1]. Le modèle schellingien d'une unité d'intégration à venir entre nature et histoire se laisse interpréter comme transposition des dieux historiques modernes dans la nature. Ce programme est formulé pour la première fois par Schelling en hiver 1802/03, dans sa conférence prononcée à Iéna sur la *Philosophie de l'art*: «Tout comme dans la mythologie du premier style les dieux de la nature se sont métamorphosés en dieux historiques, ainsi dans celle de l'autre style, doivent-ils forcément transiter de l'histoire à la nature.» [2] Schelling reprend ici tout à fait le genre de critique que Friedrich Schlegel avait exercé contre l'appréciation négative du mythe chez Schleiermacher [3], il exige que la religion *virtuose* reçoive une forme objective, en rattachant ses représentations à un mythe obligatoire – ou bien qu'elle devienne catholique : « la véritable Église » doit être « nécessairement catholique » [4]. La mythologie chrétienne n'est cependant traitée dans la version de Iéna que dans une annexe, *Opposition du paganisme et du christianisme*.

La mythologie devient ensuite le thème prioritaire de la *Philosophie de l'art* dans la version de Würtzburg de 1804/05. L'art, respectivement le mythe et la philosophie ont, c'est la thèse conductrice de Schelling, le même objet: Dieu. «Les dieux de toute mythologie ne sont rien d'autre, en fait, que les Idées de la philosophie, mais perçues intuitivement de manière objective ou réelle. » [5]. La philosophie conçoit l'absolu idéalement (la Métaphysique), l'art conçoit Dieu

1. WW I/5, 120.

2. E. BEHLER, "Schellings Ästhetik in der Überlieferung von Henry Crabb Robinson", in: *Philosophisches Jahrbuch,* 83 (1976), 133-183, ici 164 (§ 73).

3. Cf. la recension par F. SCHLEGEL du "Discours sur la religion" (in: *Athenäum,* vol. 2, 2e partie, 1799, 288-300).

4. E. BEHLER, *Schellings Ästhetik,* 164 (§ 66). – Cf. F. SCHLEGEL, KSA XIII, 55: «la plus haute loi, selon laquelle toute poésie est forcément *mythologique* et catholique». – Cf. actuellement: E. BEHLER: "«Das Christenthum (...) ist notwendig Kirche und Catholicismus». Eine Miszelle zur kritischen Edition von Schellings Philosophie der Kunst (1802/03)", in: *Athenäum,* 1993, 284-297.

5. WW I/5, 14.

réellement (en le représentant dans l'œuvre). Schelling définit la mythologie comme « la totalité des poèmes sur les dieux, en laquelle ils parviennent à l'objectivité parfaite et à l'existence poétique indépendante », comme « condition nécessaire » et « matériau originel de tous les arts », comme « le véritable *Universum* en soi », comme « poésie absolue ». Le principal critère de distinction entre « mythologie grecque » ou bien « antique » et mythologie « moderne, chrétienne » réside en le matériau qui autrefois était formée de la « nature », mais chez les Modernes de l' « histoire » [1]. Il s'agit désormais de créer un art symbolique NOUVEAU et une mythologie NOUVELLE de divinités de la nature – une inversion de la capacité d'intégration archaïque d'Homère.

Si le travail d'Homère avait consisté à historiciser dans des récits les « dieux de la nature » en représentation symbolique, et si le christianisme avait allégorisé les « dieux historiques », alors – en liaison avec la philosophie de la nature – la tâche impartie à la mythologie nouvelle est celle d'une synthèse entre nature et histoire (les dieux historiques deviennent forcément dieux de la nature, ils doivent reprendre possession de la nature) : « Il ne faut pas vouloir imposer à la culture chrétienne la mythologie réaliste des Grecs. Il faut plutôt, à l'inverse, enraciner ses divinités idéales dans la nature, comme les Grecs ont enraciné leurs divinités réalistes dans l'histoire. Telle me semble être l'ultime destination de la poésie moderne » [2]. En d'autres termes : la fin de l'histoire est « une synthèse de l'histoire avec la nature [...]. Le final est l'*Homeros* pur » [3], car chez Homère s'est déjà accomplie l'interpénétration de la nature et de l'histoire, encore que dans le sens opposé à celui aujourd'hui requis [4].

Avec cette question du nouvel *Homeros,* la notion de Mythologie Nouvelle débouche sur la question de la configuration d'une nouvelle épopée, plus précisément sur la question de savoir à quelles conditions pourrait se constituer une épopée moderne, capable de soutenir la comparaison esthétique avec l'épopée antique. La mythologie nouvelle

1. *Ibid.*, 405 sq., 427, 449 sq. [tr. fr. in *Textes esthétiques.* Paris, Klincksieck, 1978, 50, 69 sq.]. – Une bibliographie complète de la *Philosophie de l'art* de Schelling se trouve chez L. SZIBORSKY, in : F.W.J. SCHELLING, *Über das Verhältnis der bildenden Künste zur Natur,* introd. et éd. par L. S. Hambourg, 1983, 81-92.

2. WW I/5, 449 [tr. fr. *(Textes esthétiques)*: 69].

3. *Ibid.* [tr. fr.].

4. Cf. *ibid.*, 457.

est le point d'orientation physio-philosophique pour l'art des Modernes [1]. Une mythologie ne se constituera qu'avec une véritable épopée, or, « le monde moderne n'a pas de véritable épopée » [2]. La conception de l'art à venir, plus exactement de l'épopée moderne, a donné lieu à une étude, publiée en 1803 dans le *Kritisches Journal,* et qui peut être lue comme une réalisation de l'exigence formulée dans le *Programme de système : Über Dante in philosophischer Beziehung* [3]. La *Divine comédie* de Dante y est célébrée comme œuvre d'art totale, ayant, sur le fondement du lien qu'elle établit entre religion et poésie, fonction d'archétype pour l'art moderne. Du point de vue formel, le poème exposerait la synthèse de genres poétiques connus de longue date, sur le plan matériel, il réaliserait la synthèse de la culture historique totale. Pour variable que soit la situation historique, la formation d'une mythologie (c'est-à-dire l'intuition qui est chaque fois celle de la culture d'une époque) demeure, elle, invariable. Avec Fr. Schlegel, Schelling définit ici l'essence de la Nouvelle Mythologie qui consiste à exposer, sous un vêtement poétique, des idées philosophiques et des découvertes scientifiques de l'époque : « À l'époque moderne, la science précède la poésie et la mythologie, celle-ci ne pouvant être mythologie sans être universelle, sans attirer dans son cercle tous les éléments de la culture *donnée,* la science, la religion, l'art même, ni sans rattacher en une unité parfaite non seulement le matériau des temps actuels, mais celle aussi des temps passés » [4].

S'il est un Romantique pour avoir pris au sérieux l'idée d'une « mythologie nouvelle », c'est bien Philipp Otto Runge, dans son cycle des *Heures du jour.* Il réalisait les exigences fondatrices de Schlegel et

1. Cf. *ibid.*, 91 sq.

2. *Ibid.*, 442 [tr. fr. *(Textes esthétiques)*: 63].

3. Édition critique in: G.W.F. HEGEL, *Jenaer kritische Schriften,* éd. par H. Buchner et O. Pöggeler. Hambourg, [Meiner], 1968 (= *Gesammelte Werke,* vol. 4), 486-493. – Sur l'interprétation, cf. A. ALLWOHN, *Der Mythos bei Schelling.* Berlin, 1927; P. SZONDI, *Poetik und Geschichtsphilosophie II.* Francfort, 1974, 185 sq.; aujourd'hui surtout, Cl. BECKER, "*Im Allerheiligsten, wo Religion und Poesie verbündet.* F.W.J. Schellings Aufsatz *Über Dante in philosophischer Beziehung* im Kontext der idealistischen Bemühungen um eine Neue Mythologie", in: *Poetische Autonomie ? Zur Wechselwirkung von Dichtung und Philosophie in der Epoche Goethes und Hölderlins,* éd. par H. Bachmaier et T. Rentsch. Stuttgart, 1987, 308-328.

4. GW 4, 487.

de Schelling – en tout cas sous l'angle de l' « allégorique » [1]. En dehors de cela, la mythologisation de la poésie à l'époque moderne a trouvé de nombreuses formes d'effectuation, le plus souvent plutôt précaires. Il n'est que de rappeler l'absolutisation de la poésie comme art religieux (par exemple dans le symbolisme français), la renaissance, due à Richard Wagner et à ses épigones, du festival sacré orienté sur la Tragédie antique – jusqu'à la fête sacrée des travailleurs et au *Thingspiel* des nationaux-socialistes – enfin les fantasmagories politiques du « politicien-fondateur d'État » nietzschéen (dans lequel on sait qu'Hitler s'est reconnu), l' « Église nationale » allemande de Paul de Lagarde, et le *Mythe du vingtième siècle* d'Alfred Rosenberg [2]. Dans l'histoire de cette influence, on peut suivre comment, à partir de thèmes issus de la raison pratique kantienne, on allait s'inscrire en faux contre la bisection des *Lumières* qui se dessinait, et comment à la fin la raison s'est elle-même enlisée dans la conception fasciste du mythe. À la différence de toutes les variantes romantiques tardives, le mythe est en 1800 tenu encore « par l'idée d'une libre communauté de communication à prétention universaliste », il joue « au sein d'un ordre symbolique, donc communicationnel, fondé sur le dialogue et l'échange de convictions [...]. Seul un ordre symbolique pourrait véhiculer une communauté de communication sur un horizon commun de production imaginaire [...]. » [3] C'est en cela que réside l'intérêt actuel de ces débats préromantiques.

1. Cf. Th. LEINKAUF, *Kunst und Reflexion. Untersuchungen zum Verhältnis Philipp Otto Runges zur philosophischen Tradition.* Munich, 1987, 277.

2. Cette histoire de l'influence de l'idée préromantique d'une Mythologie Nouvelle est étudiée par M. FRANK, *Gott im Exil. Vorlesungen über die Neue Mythologie,* Teil II. Francfort, 1988.

3. M. FRANK, in : *Denken, das an der Zeit ist,* éd. par F. Rötzer. Francfort, 1987.

IV. L'ÉPOQUE DE GŒTHE ET LE ROMANTISME

L'œuvre de Karl Philipp Moritz publiée en 1795, *Théologie ou poèmes mythologiques des Anciens,* est la mythologie classique de l'époque de Gœthe. Elle a une grande importance, tant pour le classicisme que pour la mythologie romantique [1]. Elle nous offre le moyen de représenter originellement, à partir de la *fantaisie,* ce qu'il y a en nous de divin – à la manière dont Winckelmann avait appréhendé les statues grecques.

Ce livre est le fruit du séjour de Moritz en Italie, de 1786 à 1788. Son récit, intitulé *Voyages d'un Allemand en Italie* (1792/93), nous rend compte de la formation esthétique qu'y expérimenta Moritz [2] : il se libéra de la conception rationaliste dominante et parvint, sous l'impression de l'art italien, à se représenter l'autonomie de l'art. Le premier document de ce geste novateur décisif pour l'esthétique des temps modernes est l'étude, parue en 1788, *De l'imitation formatrice du Beau* [3]. L'esthétique de Moritz s'enracine ici dans le théorème (dirigé contre l'esthétique de l'effet de Sulzer) de l' « achevé dans soi-même » *(« das in sich selbst Vollendete »)*: ce qu'il y a de beau dans l'œuvre d'art, c'est l'achevé dans soi-même. Cette thèse centrale sur la

1. K. Ph. MORITZ, *Götterlehre oder mythologische Dichtungen der Alten. Mit Abb. nach antiken geschnittenen Steinen u. anderen Denkmälern des Altertums,* 1795 (nouvelle éd., Francfort, 1979). Ce livre a été lu jusqu'au milieu du XIXe siècle (10e éd., 1861). Cf. à ce sujet: F. STRICH, *Die Mythologie in der deutschen Literatur,* I, 288 sq., en particulier 291 ; P. SZONDI, *Poetik und Geschichtsphilosophie I.* Francfort, 1974, 82 sq. ; H. GOCKEL, *Mythos und Poesie,* 213 sq.

2. Cf. à ce sujet: A. BEHRMANN, "Karl Philip Moritz' *Reisen eines Deutschen in Italien in den Jahren 1786 bis 1788*", in: *Zeitschrift für deutsche Philologie,* 107 (1988), 161-190.

3. La première tentative de recherche spéciale exhaustive sur cet écrit est celle présentée par E. MENZ (*Die Schrift Karl Philipp Moritz "Über die bildende Nachahmung des Schönen".* [Göttingen], 1968). Sur l'esthétique de Moritz en général, cf. H.-J. SCHRIMPF, *Karl Philipp Moritz.* Stuttgart, 1980, 94-117.

valeur de l'art comme configuration autonome devient le point de départ de tout son travail ultérieur, en particulier de son interprétation de la religion romaine, ΑΝΘΟΥΣΑ (qui a été une source importante dans l'appréhension par Hegel de la religion romaine [1]) et la *Théologie*. La fondation et la reconstruction de la mythologie sont rendues possibles par la distinction rigoureuse, révolutionnaire, entre symbole et allégorie dans l'essai de 1789, *De l'allégorie* [2]. Moritz récuse ici l'interprétation allégorique comme principe formel de l'art et ne concède à l'allégorie qu'un rôle subordonné, ornemental. Dans l'œuvre d'art achevée, dans l'image sensible poétique, coïncident le signifiant et le signifié [3] – précurseurs de la notion classique et préromantique de symbole dans la forme artistique autonome. Le rejet de toute interprétation allégorique ou philosophique scelle aussi son appréhension du mythe telle qu'elle est exposée en particulier dans le chapitre introductif de la *Théologie* : *Point de vue pour les poèmes mythologiques* [4]. Le mythe (antique) est ici défini comme « langage de la *fantaisie* » établi dans l'essence de la poésie, c'est-à-dire de l'art, et non pas à déchiffrer au moyen de « notions abstraites et métaphysiques », ce pourquoi Moritz se tourne aussi avec véhémence contre toute interprétation allégorique. Les mythes, en tant que force plastique, agissent sur le monde, sur l'existence humaine, ils peuvent, en tant qu'œuvres d'art, prétendre à une autonomie esthétique : « Une œuvre d'art véritable, une belle poésie est quelque chose de fini et d'achevé dans soi, se tenant là de par soi, sa valeur réside en elle et dans

1. K. Ph. MORITZ, *ANTHOUSA oder Roms Alterthümer. Ein Buch für die Menschheit. Die heiligen Gebräuche der Römer. Mit achtzehn in Kupfer gestochenen Abbildungen nach antiken geschnitteten Steinen und Denkmälern des Alterthums*. Berlin, 1791. – Hegel se réfère encore à ce livre, en 1821, dans le manuscrit de son cours sur la philosophie de la religion, cf. G.W.F. HEGEL, *Gesammelte Werke,* vol. 17, 189 sq. [tr. fr. : *Leçons sur la philosophie de la Religion*. Paris, Vrin, 1959, vol. II, 2, 176 sq.]. Cf. également l'extrait éd. par H. Schneider, in : *Hegel-Studien,* 7 [1972], 33-35.

2. Publié in : *Monats-Schrift der Akademie der Künste und mechanischen Wissenschaften zu Berlin,* éd. par H.-J. Schrimpf. Tübingen, 1962, 112-115. Sur les conceptions de l'« allégorie » et du « symbole » chez Moritz, cf. à présent : B. FISCHER, "Kunstautonomie und Ende der Ikonographie. Zur historischen Problematik von *Allegorie* und *Symbol* in Winckelmanns, Moritz' und Goethes Kunsttheorie", in : *DVjs,* 64 (1990), 247-277.

3. T. TODOROV (*Théories du symbole*. Paris, 1977, 179 sq.) parle d'un « signe intransitif ».

4. K. Ph. MORITZ, *Götterlehre,* nouvelle éd., 9-15. Pour les citations suivantes, cf. 9, 11 et 12.

la relation bien ordonnancée de ses parties. [...] Tout ce qu'une belle poésie signifie réside certes en elle [...] ». C'est pourquoi les mythes n'obéissent aussi qu'à des critères esthétiques, et non pas éthiques ; on ne saurait chercher en eux quelque « doctrine » fabriquée, « si tout le tissu de ces poèmes ne doit pas nous apparaître comme une mascarade ». Il faudrait « aussi considérer simplement comme tel ce qui est langage de la *fantaisie* ou poème mythologique et se garder de toutes les interprétations historiques hâtives », ce que Moritz illustre par l'exemple du poème de Gœthe *À ma déesse, la Fantaisie*. La *Théologie* est le pendant mythologique de la description de l'idéal esthétique dans *L'imitation formatrice du Beau* ; le but principal de la mythologie est la beauté : la *Théologie* devient esthétique[1] et s'avère ainsi être entièrement écrite dans l'esprit de Winckelmann, mais aussi dans celui de Herder.

Cette conception ESTHÉTIQUE du mythe antique a surtout mûri à Rome à partir de conversations avec Gœthe, avec lequel Moritz s'était étroitement lié à la fin de 1786. Son texte *De l'imitation* est la source la plus importante pour la première conception classique de l'art par Gœthe[2], et la *Théologie* a été directement influencée par la participation de Gœthe, comme le prouve le *Voyage en Italie*. Que Gœthe ait tout au long de sa vie tenté d'exprimer son point de vue religieux dans les figurations de la mythologie grecque, sans toutefois renoncer – à la différence de beaucoup de ses contemporains – à ses convictions sur la motivation esthétique du mythe et de la mythologie, de leur essence finalement historique, ceci est fondé tout à fait essentiellement dans sa collaboration avec Karl Philipp Moritz en Italie. La conscience de la mythologie antique comme poésie, l'intelligence des figures de la mythologie comme étant la production d'une opération poétique, empreignent la fréquentation poétique-distante, parfois ludique du mythe, de l'esprit des *Lumières* dans les œuvres du classicisme gœthéen *(Iphigénie)* ainsi que les mythes de la dernière période (surtout dans le *Second Faust*). Mais il est clair aussi, dans les *Élégies romaines,* que Gœthe a une sensibilité pour le mythe : une mythologie reçue de la tradition exhale à nouveau un souffle mythique: le renchérissement de la métaphore aboutit à une immédiateté lyrique nouvelle,

1. H. GOCKEL (*Mythos und Poesie,* 216) parle pour cette raison de « mythologie esthétique ».

2. Cf. H. PYRITZ, "Goethes römische Ästhetik", in : *Goethe-Studien,* éd. par I. Pyritz. Köln/Graz, 1962, 17-33.

à un type d'expérience mythique nouveau qui expérimente les forces de la vie (Rome, l'art, la poésie, l'amour) comme puissances divines [1].

Si Gœthe a donc été conforté par Moritz dans l'idée qu'il est possible de parler rationnellement du mythe, il en va de même pour la révision poétique schillérienne de la mythologie grecque sous l'angle des *Lumières* [2]. Son poème – écrit pour la revue de Wieland *Teutscher Merkur* et publié en mars 1788 – *Les dieux de la Grèce,* identifie, en analogie avec les conceptions de Moritz, les visions mythologique et esthétique du monde. Il déplore que l'intrusion du Dieu chrétien ait fait disparaître avec les figures mythologiques le principe esthétique de la vie [3]. Cette mise en opposition des dieux antiques et du Dieu chrétien a valu à Schiller le reproche d'athéisme [4], ce pourquoi dans une seconde version, plus tardive, il a supprimé les passages litigieux.

Si l'approche gœthéenne et schillérienne du mythe à partir de l'esprit des *Lumières* se caractérisait par une distanciation poétique, un côté par endroits ludique, le discours hölderlinien sur les dieux se caractérise, lui, par un saisissement qui coupe le souffle. Une situation d'identification hautement pathétique empreint avant tout ses œuvres de la première époque et de l'époque médiane, où la nature est conçue d'une manière qui nous est, à nous autres contemporains, inaccessible,

1. Cf. à ce sujet: mon étude: "Vom «Garten des Alcinous» zum «Weltgarten». Goethes Begegnung mit dem Mythos im aufgeklärten Zeitalter", in: *Goethe-Jahrbuch,* 105 (1988), 93-114.

2. Schiller développe ceci dans le cadre de sa représentation d'une «*idylle* de la civilisation», qui, à partir du regard rétrospectif, projette un avenir heureux; cf. A. GETHMANN-SIEFERT, "Schiller und Lessing. Aus Geschichte(n) lernen", in: *Idealismus und Aufklärung,* 238-258, en particulier. 245.

3. Sur l'interprétation de ce poème, cf. M. GERHARD, "Antike Götterwelt in Wielands und Schillers Sicht. Zur Entstehung und Auffassung der *Götter Griechenlands*", in: *Schiller 1759-1959. Commemorative American Studies,* éd. par J.R. Frey. Urbana, 1959, 1-11; G. FRIEDL, *Verhüllte Wahrheit und entfesselte Phantasie. Die Mythologie in der vorklassischen und klassischen Lyrik Schillers.* Würzburg, 1986; K.L. BERGHAHN, "Schillers mythologische Symbolik. Erläutert am Beispiel des *Götter Griechenlands*", in: *Friedrich Schiller. Angebot und Diskurs. Zugänge – Dichtung – Zeitgenossenschaft,* éd. par H. Brandt. Berlin/Weimar, 1987, 361-381.

4. Sur le débat autour de ce poème, cf. F. STRICH, *Die Mythologie in der deutschen Literatur, I,* 269 sq.; H. GOCKEL, *Mythos und Poesie,* 185 sq. Sur la critique de Hegel, cf. A. GETHMANN-SIEFERT, "Hegels These vom «Ende der Kunst» und der «Klassizismus» der Ästhetik", in: *Hegel Studien,* 19 (1984), 205-258, ici 243 sq.

c'est-à-dire en termes mythiques [1]. C'est ainsi qu'il voit à l'œuvre dans la religion des relations naturelles : il ramène les dieux aux puissances de la nature, la Trinité chrétienne aux « trois sacrés » : l'Éther Père (Ouranos), la Terre Mère (Gaïa) et la Lumière (Zeus). Dans les trois hymnes tardifs *Fête de la paix, L'Unique* et *Patmos,* Hölderlin fait passer ses intuitions panthéistiques dans des figures mythologiques, il donne à présent à la figure du Christ une signification époquale. Le Christ ne reste assurément qu'un dieu parmi d'autres, Hèraklès et Dionysos intervenant à son côté. L'idée de médiation est au cœur de ce syncrétisme des mythes [2]. Le poète prend ici d'ailleurs du recul par rapport au divin, par exemple dans l'hymne *Patmos* : sous les « rayons trop éclatants » *(« Am scharfen Straale »)* de la présence divine directe, les premiers aveuglés seraient les « yeux timides » ; c'est pourquoi ils peuvent s' « exercer » à la rencontre indirecte de Dieu, qui est possible par l'Écriture Sainte, jusqu'à ce qu'au jour nouveau des dieux, ils soient assez forts pour la rencontre directe de Dieu [3]. Hölderlin, dans la dernière période de son œuvre, voit de plus en plus clairement que la tâche de l'homme, c'est l'interprétation et la « restitution » des signes de Dieu qui se manifestent dans l'histoire [4]. Lorsqu'il est dit, dans la seconde version de l'hymne *Grèce,* en termes obscurs : « Gott an hat ein Gewand », « Dieu porte un vêtement » [5], ceci peut être compris à partir du *De servo arbitrio* de Luther, où au « deus nudus », qui est « terribilis », est opposé le « deus vestitus », parce que le Dieu dévêtu est un spectacle inconvenant et insupportable à l'homme. On peut lire non pas Dieu lui-même, mais son vêtement ; ce vêtement est une école à laquelle on doit apprendre. Par cette idée de Dieu comme celui qui se re-cèle en soi, le dernier Hölderlin s'oppose de manière tranchée à l'idéalisme d'un Hegel et d'un Schelling, aux

1. Cf. K. HÜBNER, "Wissenschaftliche und nichtwissenschaftliche Naturerfahrung", in : *Natur als Gegenwelt. Beiträge zur Kulturgeschichte der Natur,* éd. par G. Grossklaus et E. Oldemeyer. Karlsruhe, 1983, 43-57.

2. Cf. à ce sujet : J. SCHMIDT, *Hölderlins geschichtsphilosophische Hymnen 'Friedenfeier', 'Der Einzige', 'Patmos'.* Darmstadt, 1990, en particulier 106 sq.

3. StA 2, 1 ; 170 sq. (*Patmos,* v. 186-90) [tr. fr. in : *Œuvres.* Paris, Gallimard, 1967, 872. Coll. "La Pleïade"] ; *ibid.,* 163 (*Der Einzige,* 3e version) [tr. fr. : 866].

4. Sur ces connexions, cf. W. BINDER, *Hölderlin-Aufsätze.* Francfort, 1970, 17 sv, en particulier. 23 et 239 sq.

5. StA 2, 1 ; 256 [tr. fr. : cf. 3e version, 917 ; la 2e n'est pas traduite].

yeux de qui Dieu est le Caché, mais qui finira bien par se révéler[1]. Schelling, en différenciant fondement et existence, proposera en 1809, dans son traité sur la *Liberté,* quelque chose d'équivalent à la la pensée hölderlinienne de la différence. Cette idée a fasciné Heidegger en 1930 : dans ses cours sur Hölderlin, puis en particulier dans sa deuxième grande œuvre, les *Contributions à la philosophie,* il voit la grandeur de Hölderlin en ceci que le poète pense l'éternité des Célestes comme passage en ce qu'il devine dans le retrait du divin sa présence la plus profonde[2].

Les efforts théoriques de Hölderlin touchant l'essence du mythe reflètent, parallèlement à ses poèmes, le parcours d'un chemin qui lui fait mieux saisir dans la proximité du divin une menace contre l'identité, et sa destruction possible. L'essai rédigé en 1798 ou en 1797, *De la religion*[3] (aujourd'hui intitulé *Fragment de lettres philosophiques*), pose la question de la possibilité des représentations mythologico-religieuses en général. Il y va du problème transcendantal de la « représentation » des relations religieuses : ni « historique » ni « intellectuelle », ni la répétition dans le « souvenir », c'est-à-dire la science historique, ni la répétition dans la « pensée », c'est-à-dire la philosophie, ne peuvent saisir les relations religieuses, mais seulement la répétition dans une image poétique. Or, l'acte poétique de nommer et de dire Dieu était appelé chez les Grecs μυθέομαι, ce pourquoi Hölderlin qualifie de « mythique » la représentation qui est seule susceptible de saisir la double nature (kantienne !) des relations religieuses comme universelles-intellectuelles et particulières-historiques. Le souvenir mythique est donc de structure paradoxale : il unit

1. Cf. le mot de Hegel : « Alles heraus aus dem verschlossenen Gotte », in : H. SCHNEIDER, *Hegels Notizen zum absoluten Geist, in :* Hegel-Studien, 9 (1974), 9-38, ici 26 (Notice au § 468 de l'*Encyclopédie*). Sur la transgression hölderlinienne de l'idéalisme, cf. O. PÖGGELER, "Die engen Schranken unserer noch kinderähnlichen Kultur", in : *Jenseits des Idealismus. Hölderlins letzte Homburger Jahre (1804-06),* éd. par C. Jamme et O. P. Bonn, 1988, 9-52.

2. Cf. à ce sujet : O. PÖGGELER, "Der Vorbeigang des letzten Gottes. Die Theologie in Heideggers *Beiträgen zur Philosophie*", in : O.P., *Neue Wege mit Heidegger.* Fribourg, 1992, 465 sq.

3. StA 4, 1 ; 275-79/FHA 14 ; 11-50 [tr. fr. : 645-650]. Cf. à ce sujet : G. BUHR, *Hölderlins Mythenbegriff. Eine Untersuchung zu den 'Fragmenten über Religion' und 'Das Werden im Vergehen'.* Francfort, 1972. Cf. U. GAIER, "Hölderlin und der Mythos", in : *Terror und Spiel,* 295-340. Cf. mon ouvrage : *« Ein ungelehrtes Buch ». Die philosophische Gemeinschaft zwischen Hölderlin und Hegel in Frankfurt 1797-1800.* Bonn 1988², 162-171.

intellect et science historique, pensée et mémoire. Ce qui se prépare ici, c'est la théorie de l'histoire comme *parole* ou bien signe du divin, autour de laquelle est centrée la dernière « métaphysique de la mythologie » [1] de Hölderlin, développée dans sa théorie de la Tragédie. Dans les *Remarques sur* Sophocle, il considère comme tragique « que le Dieu-et-homme s'accouple [...] », mais qu'en même temps «le devenir-un illimité se purifie par une séparation illimitée » [2]. L'identification de l'homme avec Dieu est sacrilège. La loi poétique que Hölderlin formule ici théoriquement tout comme il tente de la réaliser en pratique dans ses traductions, est celle de la *traduction* de la forme artistique grecque en la forme chrétienne-occidentale (« du grec à l'hespérique »). Il faut que la compréhension de Dieu devienne plus intérieure, plus spirituelle qu'elle ne l'était chez les Grecs : puisque « Dieu [...] n'est rien que temps », Zeus devient le « Père du temps », et par là le « Zeus véritable ».

Hölderlin considère que la tâche de la poésie (moderne) est « de partout exposer les mythes [...] *de manière plus probante* » [3], car à son époque (de démonstration dans les sciences physiques), certaines représentations étaient attachées aux images des Grecs qui ne pouvaient plus être historiquement prises au sérieux (« Schaal ist Delphi » [4]). Hölderlin, selon la thèse importante de Bruno Liebrucks, ne procède

1. K. DÜSING, "Die Theorie der Tragödie bei Hölderlin und Hegel", in: *Jenseits des Idealismus,* 52-82, ici 69. – En partant de Blanchot, Foucault et Derrida, E. BOLLE tente d'ouvrir une nouvelle perspective sur la philosophie hölderlinienne du mythe, cf. "Die Kunst der Differenz. Ursprüngliche Gewalt in Hölderlins Auffassung des Mythos", in: E.B., *Die Kunst der Differenz. Philosophische Untersuchungen zur Bestimmung der Kunst bei M. Heidegger, Friedrich Hölderlin, Paul Celan und Bram van Velde.* Amsterdam, 1988, 65-98.

2. StA 5, 201 [tr. fr.: 957 sq.]. – Sur ce qui suit, cf. *ibid.,* 267, 202, 268 [tr. fr.: 961, 958, 962] . Sur la poétique immanente de la tragédie contenue dans les *Remarque* sur Sophocle, cf. G. KURZ, "Poetische Logik", in: *Jenseits des Idealismus,* 83-101.

3. StA 5, 268 [tr. fr.: *Remarques sur Antigone,* 962].

4. FHA 6, 259. – Cf. à ce sujet: A. THOMASBERGER, *Von der Poesie der Sprache. Gedanken zum mytho-logischen Charakter der Dichtung Hölderlins.* Francfort/Berne, 1982. Ce que signifient les «mythes poétiques» de Hölderlin, est à présent éclairé par l'œuvre de M. BEHRE, *« Des dunkeln Lichtes voll ». Hölderlins Mythokonzept Dionysos.* Munich, 1987.

pas à une remythisation, il crée « un mythe nouveau », qui « est logiquement possible »[1].

Hölderlin se trouve, tant par sa théorie que par sa *praxis* poétique, à la croisée de l'Idéalisme allemand et du Romantisme. Sa première théorie du mythe serait plutôt à rapprocher des idées de Novalis (qu'il avait aussi rencontré personnellement à Iéna). Celui-ci entend par mythologie l'histoire selon ses structures archétypales[2]. La tradition ici évidente du platonisme est caractéristique de la mythologie poétique du Romantisme en sa totalité. De cette mythologie poétique on peut distinguer la mythologie romantique *SCIENTIFIQUE*, dont la caractéristique principale consiste en la juxtaposition souvent fort peu médiatisée entre théorie du mythe spéculative et recherche historienne sur le mythe. Le programme est le suivant : Apprendre sur la poésie à partir des civilisations étrangères. Si la civilisation grecque était chez Hölderlin déjà transparente par rapport à la civilisation orientale, on s'interroge à présent (entre les années 1800 et 1840) sur les mythologies du monde. On salue tout d'abord – comme *medium* d'auto-distanciation de l'intelligence européenne vis-à-vis du christianisme – l'Inde comme patrie originelle de la sagesse et de la proto-religion philosophiques[3], avant de commencer à rechercher, en se tournant vers le Moyen-Âge chrétien, les principes de la civilisation propre *DANS* la civilisation propre (pour Humboldt, la *Bhagavad-Gîtâ* et le *Nibelungenlied* se situent au même niveau) : l'indophilie est contemporaine de la découverte de l'*Edda,* donc de la mythologie nordique ancienne (dans la *Deutsche Mythologie* de Jacob Grimm de 1835). Cet élargissement du regard a entraîné de profonds bouleversements dans l'ordre des valeurs, qui ne devraient pas nous faire oublier que l'idée de révélation primordiale d'une société naturelle ne représente que le reflet romantique d'un schéma *éclairé* de la philosophie de l'histoire[4].

1. B. LIEBRUCKS, *« Und ». Die Sprache Hölderlins in der Spannweite von Mythos und Logos, Realität und Wirklichkeit.* Berne/Francfort/Las Vegas, 1979, 151.

2. NOVALIS, *Schriften,* vol. 2, 456 [tr. fr. : *Petits écrits.* Paris, Aubier, 1947, 77 (*Grains de pollen,* n° 101)].

3. Cf. E. BEHLER, "Das Indienbild der deutschen Romantik", in : *Germanisch-Romanische Monatsschrift,* 49 (1968), 21-37.

4. H.-G. GADAMER, *Wahrheit und Methode.* [Tübingen, J.C.B. Mohr, 1960], 257 sq. [tr. fr. : *Vérité et Méthode.* Paris, Seuil, 1976, 110 sq.].

Après le livre de Friedrich Schlegel *Essai sur la langue et la sagesse des Hindous* (1808) [1], on a peut-être cherché à ramener les mythes grecs à des origines indiennes. L'*Histoire des mythes du monde asiatique* de Görres (1810), le *Panthéon de l'ancienne philosophie de la nature* de Kanne (1811) et enfin la *Symbolique et mythologie des peuples anciens* de Creuzer (1810 sq.) reçoivent une importance particulière – comme amorces de la recherche *SCIENTIFIQUE* sur le mythe. Dans la mythologie de Kanne, « le débat entre science historique empirico-inductive et Idée spéculative [...] est mené avec une rigueur extrême » [2]. Sa *Mythologie des Grecs* (1805), écrite encore sous l'influence de son maître Heyne (et de sa distinction entre mythologies pré-poétique et poétique) évite la question de la vérité et traite des mythes comme de phénomènes historiques [3]. Que la science de la proto-histoire mythique ait une fonction sotériologico-eschatologique, ceci est clair dans l'œuvre parue en 1808, *Premiers documents de l'histoire ou Mythologie universelle* [4]. Kanne a ici accompli le pas décisif qui conduit de la science historique à la philosophie : la reconstruction de l'avancée de l'histoire des religion à partir de la « proto-histoire » indienne ou bien anté-indienne lui sert à établir la thèse de la parenté entre les différentes mythologies nationales (surtout entre épopées indienne et grecque). Il utilise les méthodes de la mythologie comparée et étymologique pour prouver que tout est fondé dans un seul principe ultime d'unité. Avec le *Panthéon* paru en 1811, la théorie du mythe s'oriente en direction du christianisme [5]. Si – partageant les positions philosophiques de son ami J.J. Wagner – Kanne s'opposait au départ rigoureusement à la philosophie schellingienne de l'Identité [6], il tente à partir de 1805 de se rallier à Schelling, à Schubert et aux théosophes. La dérivation de toutes les mythologies à partir du peuple primordial et de la proto-religion (c'est-à-dire à partir de la mythologie indienne) reste ici aussi son but avéré prédominant ; il

1. KSA VIII, 105 sq. [tr. fr. : Paris, 1809 (2e part. seule); puis Paris, 1837].
2. D. SCHREY, *Mythos und Geschichte bei Johann Arnold Kanne und in der romantischen Mythologie.* Tübingen, 1969, 15.
3. J.A. KANNE, *Mythologie der Griechen,* Erster Teil, Leipzig, 1805.
4. J.A. KANNE, *Erste Urkunden der Geschichte oder Allgemeine Mythologie,* 2 vols., Avant-propos de Jean Paul. Baireuth, 1808. – Cf. sur la fonction : D. SCHREY, *Mythos und Geschichte,* 78-80.
5. J.A. KANNE, *Pantheum der ältesten Naturphilosophie. Die Religion aller Völker.* Tübingen, 1811.
6. Cf. D. SCHREY, *Mythos und Geschichte,* 133 sq.

s'agit de découvrir une « mythologie universelle » reconductible à la « proto-histoire », de découvrir une proto-religion dans la proto-histoire.

Cette construction n'est pas restée sans réponse. On a surtout critiqué la distinction entre « proto-histoire » méta-historique et « historiographie » historique, par exemple chez Jacob Grimm qui affirme l'égalité de l'homme contemporain et de l'*homo mythicus*[1]. L'idée d'histoire et de science historique chez Jacob Grimm se constitue justement dans la discussion sur les représentations de Kanne. La *Deutsche Theologie* de 1835 s'érige avant tout contre la thèse de la création des mythes primordiaux par des prêtres – c'est le premier exposé circonstancié de la mythologie nordique (qui eut pour assistant Ludwig Uhland), après que Philipp Buttmann eût signalé dès 1828 la possibilité d'une confrontation entre la mythologie grecque et la tradition nordique[2]. La thèse de Grimm, dirigée contre les théories de Kanne et l'école de Creuzer, et en faveur d'une origine multiple des mythes (physique, morale, esthétique, raisons), dans lesquels on a donc pu voir des poèmes d'un peuple tout entier – cette thèse fonde l'étude sociologique du mythe. C'est Grimm qui cautionne aussi la thèse de Gerhart von Graevenitz, selon laquelle « le Romantisme allemand est à comprendre dans la perspective du mythe [...] comme un héritier privilégié de la Renaissance européenne », avec cette particularité certes qu'il a tenté « de concilier synthétiquement une fois de plus l'hétérogénéité des traditions »[3].

C'est sur les documents littéraires de l'Inde ancienne, auxquels on venait tout juste d'avoir accès[4], que reposent aussi les recherches de Friedrich Creuzer. Il reprend à l'époque moderne la notion plotino-proclusienne du mythe, qui par son intermédiaire s'insinue dans le débat contemporain sur la démythologisation. La nostalgie de l'Orient mythique imprègne son œuvre. Il a tenté de synchroniser (à l'aide de l'astrologie) les traditions antiques et orientales qu'il connaissait ; il a ainsi vu dans les correspondances entre microcosme et macrocosme,

1. Cf. à ce sujet : *ibid.*, 104 sq.

2. PH. BUTTMANN, *Mythologus, oder gesammelte Abhandlungen über die Sagen des Alterthums*, 2 vols. Berlin, 1828/29.

3. G. v. GRAEVENITZ, *Mythos*, XXV. Cf. 209 sq. Comme exemple de ce syncrétisme mythologique, Graevenitz cite aussi Richard Wagner.

4. Creuzer s'est appuyé comme source capitale sur le livre très peu fiable de Mme. M.E. de POLIER, *Mythologie des Indous*, Roudolstadt/Paris, 1809.

entre le ciel et la terre, une relation non pas causale, mais symbolique, introduisant en conséquence dans les mythes des interprétations symboliques (les DIEUX DE LA MYTHOLOGIE symbolisent à ses yeux des aspects des corps célestes)[1]. C'est à partir de cette analogie que la « religion naturelle » se forme ses « domaines d'idées ». « Creuzer a été dans la mythologie du XIXe siècle le premier à avoir distingué les cultes chthonien, apollinien et dionysiaque, le premier à avoir totalement succombé à la fascination du *dionysiaque* »[2].

Une étude publiée dans les *Annales de Heidelberg* en 1808 *éclaire* la perspective spécifique de Creuzer[3]. Cette perspective peut être ramenée à trois thèses : la culture grecque est fondée sur le mythe ; ces mythes doivent être envisagés conjointement avec les mythes indiens ; ils doivent être interprétés symboliquement à l'aide de la philosophie néoplatonicienne. Cette vue s'est retournée contre les intuitions représentées par J.H. Voß dans ses *Lettres mythologiques,* et a en conséquence aussitôt déclenché un conflit (ou, comme on disait alors à Heidelberg, le combat entre Voß et « anti-Voß »). Creuzer a pu signaler, en 1809, dans les *Annales* son propre *Dionysos*[4], où il analyse le mythe de Dionysos selon ses propres intuitions, en le ramènant à l'Inde. Contre tout classicisme, Creuzer voit ici dans le « dionysiaque » (l'orgiastique, la frénésie, l'extase) un phénomène de la religion esthétique de l'Antiquité.

L'œuvre capitale de Creuzer est sa *Symbolique et mythologie des peuples anciens*[5], publiée à partir de 1810. Cette œuvre justifie

1. Sur la notion de symbole chez Creuzer, cf. G. POCHAT, *Der Symbolbegriff in der Ästhetik und Kunstwissenschaft.* Köln, 1983, 40-44. – Que la théorie creuzérienne du symbole réunisse Dupuis, Herder, la théorie kantienne du sublime Schiller, Novalis, Moritz, Blackwell/Lowth, c'est ce qu'a déjà montré M. SCHLESINGER (*Geschichte des Symbols. Ein Versuch.* Berlin, 1912, Repr. Hildesheim, 1967).

2. F. KRAMER, *Verkehrte Welten. Zur imaginären Ethnographie des 19. Jahrhunderts.* Francfort, 1977. Cf. 46 sq.

3. F. CREUZER, "Philologie und Mythologie, in ihrem Stufengang und gegenseitigen Verhalten", in : *Heidelbergische Jahrbücher der Literatur für Philologie, Historie, Literatur und Kunst,* 1/1 (1808), 3-24.

4. F. CREUZER, *Dionysos*. Heidelberg, 1808/09.

5. F. CREUZER, *Symbolik und Mythologie der alten Völker, besonders der Griechen,* vols. 1–4. Leipzig/Darmstadt, 1810–12 ; vols. 1–7, 2e éd. entièrement remaniée, Leipzig/Darmstadt, 1819–23 (vols. 5 et 6 éd. par F.J. Mone) ; 3e version améliorée, Leipzig/Darmstadt, 1822/43 (Repr. Hildesheim, 1973). Il existe aussi une version abrégée de la 2e édition. F. CREUZER, *Symbolik und Mythologie der alten Völker, besonders der Griechen,* im Auszuge von G.H. Moser. Mit Übersicht

l'importance de Creuzer par rapport à la notion de mythe développée par le Romantisme et l'Idéalisme allemands [1]. Creuzer y situe également au début de l'évolution mythologique la pensée indienne (élaborée et transmise par des prêtres) sur l'Être divin. Cette pensée est parvenue aux Grecs par l'intermédiaire de prêtres originaires de l'Orient. Comme les Grecs étaient encore trop primitifs pour que cette doctrine ait pu leur être communiquée sous sa forme pure, les prêtres forgèrent des symboles. Les mythes grecs sont donc nés ainsi de l'enveloppement du symbole et du secret des hiéroglyphes, mais aussi de circonstances historiques ou bien physiques. Les expressions de la langue qui étaient devenues inintelligibles ou souvent mécomprises jouèrent là un rôle important [2].

Les mythes sont pour Creuzer, dans sa vision néoplatonisante qui reprend la thèse patristique d'un monothéisme originel, des « théologoumènes » : ils contiennent « des croyances anciennes et une doctrine ancienne », ils sont de type théologique, éthique et philosophique, mais dans l'ensemble d'origine religieuse [3]. Les implications physiques, c'est-à-dire la relation entre l'homme et la nature, ne sont bien sûr pas négligées pour autant. Étant nous-mêmes nature, nous interprétons les objets et les événements de la nature selon le modèle de notre expérience propre : l'homme voit en lui-même le « centre de toute la création », il aperçoit « en conséquence toutes les natures en sa nature ». « Ce que l'intelligence abstraite nomme donc force OPÉRANTE est, pour le mode de considération originel naïf, *personne* » [4]. En conséquence, « les DIVINITÉS VÉRITABLES des Grecs sont [...] des parties de la nature et des forces naturelles personnifiées, mises en action avec une mentalité et des passions humaines, conçues de façon mythico-légendaire, ce sont des entités élémentaires tels que Zeus, Hèra,

der Geschichte des Heidenthums im Nördlichen Europa von F.J. Mone. Leipzig und Darmstadt, 1821 [tr. fr.: *Religions de l'antiquité considérées principalement dans leurs formes symboliques et mythologiques*. Ouvrage trad. de l'allemand du Dr. Frédéric Creuzer, refondu en partie, complété et développé, par J.D. Guignaut, 4 tomes en 10 vols., Paris, 1825-51].

1. Cf. à ce sujet: E. ALBIZU, "Un aporte a la concepción simbológica del mito: G.F. Creuzer", in: *Escritos de Filosofía,* Buenos Aires, 2/3 (1981), 87-94.

2. Ceci a exercé une grande influence sur F. Max Müller.

3. F. CREUZER, *Symbolik,* 3e éd., vol. III, 14 sq. [tr. fr. cit.].

4. *Ibid.*, vol. IV, 526 sq. Sur ce qui suit, cf. *ibid.*, 517, 521. Sur le « point de transition du service direct de la nature à la personnification », cf. *ibid.*, vol. I, 29 sq. [tr. fr. cit.].

Dèmèter, etc. (anthropisme) »[1]. Creuzer donne également un sens au moment poétique du mythique : le récit d'un mythe est sans cesse repris pour servir de modèle à une situation vitale actuelle ; ainsi la fable centrale se trouve-t-elle enjolivée en fonction de la situation. Creuzer tient pour mythe « la *SIGNIFICATION FONDAMENTALE* de la *PENSÉE NON ENCORE EXPRIMÉE, MAIS ENFERMÉE DANS L'ÂME* », le *« DISCOURS,* comme *EXPRESSION DE LA PENSÉE ». Logos* voudrait ainsi dire, « en toute rigueur, représenter le particulier », et Platon utiliserait encore *mythologein* « dans le sens tout à fait antique de *PARLER, RACONTER* en général ».

Le centre de la *Symbolique* est dans la différence qu'elle établit entre les catégories interprétatives de *symbole* et de *mythe* : les mythes sont vis-à-vis du symbole quelque chose de secondaire, ils remplissent une fonction d'explication. À l'époque de Creuzer, l'usage des mots *allégorie* et *symbole* n'était pas encore très clair, c'est pourquoi il entreprend de les fixer définitivement. Il esquisse une émancipation progressive du mythe par rapport au symbole[2]. Creuzer voit « les produits de la religion et de la philosophie anciennes se diviser en deux blocs, l'un *SYMBOLIQUE,* l'autre *MYTHIQUE* [...] ». Par *symbole* il entend l'expression de la vérité à un instant et dans une image *(« ÉVIDENCE (Anschaulichkeit) MOMENTANÉE »).* Si l'allégorie signifie « simplement une notion générale, ou une Idée distincte d'elle-même », « le symbole est, lui, l'Idée même rendue sensible, personnifiée [...]. En un instant une Idée se campe tout entière dans le symbole, saisissant toutes les forces de notre âme ». Dans le mythe, la « totalité momentanée » du symbole est dissoute en une « série [épique] de moments », l' «évidence la plus sensible » est transférée au « mot vivant » : les « mythes antiques » ne sont « originellement rien que des *SYMBOLES ÉNONCÉS (angesprochene Symbole)* ». Au lieu de l'image, règne à la fin la « [dimension] historique de la poésie ». « Le mythe, en son vol le plus libre, pourrait être comparé au papillon, dont les ailes légères jouent de leurs couleurs sous la lumière du soleil ; son symbole est la chrysalide qui retient cachée sous une dure coque la créature légère et ses ailes encore indéployées ». La racine historique de la langue symbolique magique ou mythique doit être cherchée en Orient, en Asie

1. *Ibid.*, 103 [tr. fr. cit.].

2. Cf. *ibid.*, 479 sq. (Annexe à la partie générale). Sur ce qui suit, cf. *ibid.*, 496, 512, 540, 541, 539, 561, 569 [tr. fr. cit.]. – Cf. à ce sujet : M. FRANK, *Der kommende Gott,* 91 sq. [tr. fr. cit.].

et en Égypte. « La discussion des symboles [...] », selon le résumé de Kramer « cesse [...] d'être esthétique, elle devient une recherche ethnographique ou historienne sur la pensée des autres peuples »[1]. Creuzer fonde par là une tradition dans l'ethnologie allemande, qui, passant par Bachofen et Frobenius, aboutit à Jensen.

L'œuvre de Creuzer a reçu un si large accueil qu'on l'a tout aussi violemment attaquée que portée aux nues[2]. Plaidant pour une philologie scientifique, Gottfried Hermann dénonça ses « idées mystiques » et ses « visions directes »[3]. J.H. Voß flaira le complot catholique[4] ; c'est sous l'influence de Voß que Ch. A. Lobeck qualifia, pour la démolir, la thèse creuzérienne d'une proto-religion et d'une sagesse primordiale du nom de « mythologia originalis », afin de préserver l'hellénité classique de l'envahissement orientaliste[5]. K.O. Müller formula en 1821 ses critiques dans une recension de la seconde édition de la *Symbolique*. « Monsieur Creuzer » a, dit-il, fait « de la recherche et de l'étude de la translation des idées et des symboles d'un peuple à l'autre, et de la parenté plus ou moins grande des religions qui en résulte dans le plus vaste périmètre, de l'Inde à l'Étrurie, un thème mythologique » ; il établit une « distinction entre symbole et allégorie », qui lui paraît « développée avec beauté ». Il trouve cependant que l'exposé des religions particulières « laisse trop de champ à la subjectivité »[6]. Creuzer a surtout été admiré du côté de la philosophie idéaliste : Hegel a expressément reconnu à Berlin tout ce

1. F. KRAMER, *Verkehrte Welten,* 46.

2. Sur la réception de l'idée creuzérienne, cf. O. GRUPPE, *Geschichte der klassischen Mythologie,* 133 sq. ; F. STRICH, *Die Mythologie in der deutschen Literatur, II,* 339 sq. ; *Der Kampf um Creuzers Symbolik. Eine Auswahl von Dokumenten,* introd. et éd. par E. Howald. Tübingen, 1926. Creuzer traite déjà de sa propre influence, dans les préfaces des 2e et 3e éditions.

3. *Briefe über Homer und Hesiodus, vorzüglich über die Theogonie,* von Gottfried HERMANN und Friedrich CREUZER, Heidelberg, 1818 ; G. HERRMANN, *Über das Wesen und die Behandlung der Mythologie. Ein Brief an Herrn Hoffrath Creuzer.* Leipzig, 1819 ; cf. à ce sujet : H. GOCKEL, *Mythos und Poesie,* 27 sq.

4. J.H. VOSS, *Antisymbolik.* Stuttgart, 1824(-26).

5. Ch.A. LOBECK, *Aglaophamus sive de Theologiae mysticae Graecorum causis libri III,* 2 vols. Königsberg, 1829. – Ce livre était dans la bibliothèque de Hegel.

6. K.O. MÜLLER, *Kleine deutsche Schriften über Religion, Kunst, Sprache und Literatur, Leben und Geschichte des Alterthums,* rev. et éd. par E. Müller, vol. 2. Breslau, 1848, 3-25, ici 3, 6 et 23. Cf. R. SCHLESIER : "Olympische Religion und chthonische Religion", in : R.S., *Kulte, Mythen und Gelehrte.* Francfort, 1994, 21-32.

que son *Esthétique* – notamment – devait à la *Symbolique* de Creuzer[1] ; il a, dans ses cours, toujours soutenu Creuzer contre les attaques, et défendu sa thèse de l'origine égyptienne de la religion et de la mythologie grecques[2]. Hegel, à l'encontre par exemple de Hans-Georg Gadamer, utilise la notion de *symbole* non pas au sens de Creuzer (comme constitutif de l'art grec), mais dans le sens tout à fait opposé (comme signe caractéristique de l'art oriental préclassique)[3].

Les constructions historico-philosophiques de F. Ch. Baur se tiennent sous l'influence de Hegel. Dans sa *Symbolique et mythologie, ou La religion naturelle de l'Antiquité* (1824/25), celui-ci tente de prolonger la perspective creuzérienne, en tenant compte de la critique qui s'était élevée contre lui. Sont également influencées par Creuzer les *Idées sur la mythologie de l'art* de C.A. Böttiger, parues en 1826-36, où, à la suite de B. von Mauntfaçon et de Heyne, Böttiger expose une histoire de l'évolution de la croyance grecque aux dieux, sous une thèse globale évhémèriste[4]. À l'instar de K. Ph. Moritz, il dérive lui aussi les représentations mythologiques des Grecs de leurs œuvres plastiques.

Joseph von Görres, qui fait partie du cercle romantique de Heidelberg, est proche de l'interprétation symbolique creuzérienne du

1. Cf. *Briefe von und an Hegel*, vol. II, éd. par J. Hoffmeister. Hambourg, 1953, 217 sq. (lettre du 30.10.1819 : « Votre nouvelle description, ainsi que votre nouvelle façon de traiter la mythologie, présente infiniment d'intérêt pour moi et pour le monde ») [tr. fr. : *Correspondance*, 4 vols. Paris, Gallimard, 1962-1967. Cf. vol. 2 (1963), ici 194].

2. Cf. TWA 13 ; 402 sq. [tr. fr. : *Esthétique*, 7 vols. Paris, Aubier, 1964-1965; cf. vol. 3, *L'art symbolique*, 24 sq.], 517/TWA 14 ; 72, 76 [tr. fr. : vol. 4, *L'art classique*, 82, 89], 278, 281 [tr. fr. : vol. 6, *Les arts plastiques*, 49, 53]/TWA 12 ; 292 [*Philosophie de l'histoire : Le monde grec*, ch. non trad.]/TWA 18 ; 103 [tr. fr. : *Leçons sur l'histoire de la philosophie*. Paris, Gallimard, 1954, introd.], 322 [tr. fr. : *Leçons sur l'histoire de la philosophie*. Paris, Vrin, 1961, vol. I, 155]. Cf. *Rechtsphilosophie* (note du § 203) ; TWA 7 ; 356 [tr. fr. : *Principes de la philosophie du droit*. Paris, Vrin, 1975, 227]. Cf. l'extrait in *Berliner Schriften*, éd. par J. Hoffmeister. Hambourg, 1956, 706 sq.

3. Cf. à ce sujet : J. HOFFMEISTER, "Hegel und Creuzer", in : *Deutsche Vierteljahrsschrift für Literaturwissenschaft und Geistesgeschichte*, 8 (1930), 260-282 ; H.-G. GADAMER, "Hegel und die Heidelberger Romantik", in : H.-G. G., *Hegels Dialektik. Fünf hermeneutische Studien*. Tübingen, 1971, 71-81 ; O. PÖGGELER, "Hegel und Heidelberg", in : *Hegel-Studien*, 6 (1971), 65-133, en particulier 109.

4. C.A. BÖTTIGER, *Ideen zur Kunst-Mythologie. Erster Cursus : Stammbaum der Religionen des Alterthums. Einleitung zur vor-homerischen Mythologie der Griechen*. Dresden/Leipzig, 1826. – Cf. à ce sujet : la critique de K.O. MÜLLER, in : *Kleine deutsche Schriften II*, 46-54. Cf. par ailleurs : O. GRUPPE, *Geschichte der klassischen Mythologie*, 137 sq., 140 sq.

mythe. Après avoir donné, dans *Foi et savoir* (1805) une esquisse de ses intuitions, il a tenté dans son *Histoire des mythes du monde asiatique* [1] de peindre un tableau d'ensemble de l'évolution des religions. Tout comme Kanne et Creuzer, Görres trouve aussi dans dans la tradition indienne « sacrée », le « poème divin » des temps inauguraux, conservé par les nomades ; c'est à partir de l'Inde que les peuples du voyage auraient donc porté le mythe divin dans toutes les contrées. Tout notre savoir reposerait sur ces traditions sacrées ; l'avenir serait déjà tout entier inclus dans le mythe, toutes les vérités de la philosophie et des religions y seraient déjà énoncées (notamment le panthéisme : une divinité opérant dans l'univers tout entier). Görres acquit plus tard une grande importance comme inventeur et éditeur de la littérature germanique ancienne ; c'est lui qui attira l'attention de Friedrich Schlegel sur la théologie des *Eddas*. À partir de 1826 Görres fut à Munich au cœur du dernier Romantisme catholique ; dans ses conférences *Sur le fondement, l'articulation et la chronologie de l'Histoire universelle* [2], la perspective de Creuzer, que le jeune Görres avait encore suivie, est à jamais transgressée. Görres veut ici restaurer la connexion perdue entre les documents mythologiques les plus antiques et la Révélation chrétienne, en même temps qu'éclaircir l'énigme du *telos* de l'histoire. Partant de la religion chrétienne comme forme ultime du savoir sur Dieu, le mythe reçoit une fonction du fait de sa jonction avec le présent qui est le nôtre. Dans sa recension parue en 1831 dans les *Annales de critique scientifique,* Hegel oppose une fin de non-recevoir à ce type d'interprétation historique de la mythologie comme « rhétorique de la réflexion sans forme » : l'opposition entre force de la nature (grecque) et Providence (chrétienne), avec laquelle Görres opère pour interpréter l'Histoire universelle, est « trop superficielle pour la réalité effective concrète de l'histoire et la connaissance rationnelle ». Au lieu de la scientificité, Görres s'abandonnerait « au confort de la contemplation ». Le reproche de Hegel ne s'adresse pas aux seules représentations mythologiques (en

1. J. von GÖRRES, *Mythengeschichte der asiatischen Welt,* 2 vols. Heidelberg, 1810. Sur Görres, cf. F. STRICH, *Die Mythologie in der deutschen Literatur II,* 318 sq. ; P. MICHELSEN, "Der Sog der Mythe. Joseph Görres' *Mythengeschichte der asiatischen Welt*", in : *Heidelberg im säkularen Umbruch. Traditionsbewußtsein und Kulturpolitik um 1800,* éd. par F. Strack. Stuttgart, 1987, 444-465.

2. Publiées en 1830 à Breslau.

partie grotesques), mais aussi au premier chef à la philosophie politique représentée par Görres et à sa vision des relations entre l'État, la religion et l'Église, qu'il partage « avec Friedrich von Schlegel et autres écrivains catholiques », par exemple l'abbé Lamennais[1]. « Les deux adversaires ne pouvaient prévoir que Schelling, quand il briguerait en 1841 à Berlin la succession de Hegel, allait prononcer ses conférences sur la Philosophie de la Mythologie et de la Révélation, en s'attachant à réfuter la conception hégélienne de l'Histoire universelle ainsi que ses implications politiques »[2].

1. TWA 11 ; 487-513, ici 510, 491, 496, 493. – Cf. à ce sujet : O. PÖGGELER, *Hegels Kritik der Romantik.* Bonn, 1956, 309-18 ; K.R. MEIST, "Mythologie und Geschichte", in : *Hegel in Berlin. Preußische Kulturpolitik und idealistische Ästhetik,* éd. par O. Pöggeler. Wiesbaden, 1981, 122-130.

2. K.R. MEIST, "Mythologie und Geschichte", in : *Hegel in Berlin,* 130.

V. G.W.F. HEGEL ET LA DERNIÈRE PHILOSOPHIE DE SCHELLING

Alors que l'on peut décrire la relation de Hegel avec le mythe comme historicisation conséquente, la mythologie se fait chez Schelling ontologie. L'intérêt que représente le fait de reconstruire le lieu (biographique et systématique) sur lequel leurs deux chemins se sont définitivement séparés, ne doit pourtant pas amener à sous-estimer l'importance de cette séparation pour l'histoire globale du *projet de la Modernité*. Le jeune Hegel a suivi la notion herdérienne de mythologie, le jeune Schelling, lui, a développé une notion *éclairée* du mythe : le mythe comme état d'une époque précise de l'enfance de l'humanité [1]. Schelling défend toujours cette position à l'époque d'Iéna, quand il caractérise par exemple la mythologie grecque comme « schématisme historique de la nature, que l'on n'a pas encore commencé d'expliquer » [2]. Au commencement il y a l'histoire, la théorie ne vient qu'ensuite – comme en physique. Le *schéma* ici vise avec Kant la représentation sensible d'un concept ; le mythe est en conséquence le concept des lois de la nature, présenté dans une histoire des dieux (Hésiode). Dans sa *Philosophie de la nature,* Schelling distingue entre schéme, allégorie et symbole [3].

Si Schelling voit ici encore dans le mythe un élément du passé, il se produit en 1803/04 à Iéna un retournement notable : Hegel affirme à présent l'historicité de la mythologie, tandis que Schelling espère désormais la venue d'une « nouvelle mythologie ». Sa conception de la mythologie à cette époque culmine dans la conception d'un « troisième âge » (johannique). Les poètes qui sont ses contemporains n'offraient qu'une mythologie individuelle (Gœthe). Or, ces mythologies

1. Cf. à ce sujet : supra, 46.
2. WW I/1, 472.
3. Cf. WW I/5, 407 [tr. fr. *(Textes esthétiques)* : 45].

individuelles sont à comprendre comme révélations de la mythologie nouvelle comprise dans le devenir [1]. Suivant F. Schlegel, Schelling, non content de définir la philosophie comme surgie de la poésie, exige à présent – et ceci est nouveau – que la philosophie en revienne aussi à celle-ci [2].

À l'encontre de cette thèse de l'art comme « organon » de la philosophie, Hegel développe – depuis la fin de l'époque d'Iéna également – une théorie de l'art (de fondation historico-philosophique) au sein de laquelle la forme artistique grecque est entendue comme une phase effondrée sur elle-même ainsi qu'à jamais perdue [3]. Toutes les tentatives pour renouer avec cet art, par exemple toute tentative pour créer une nouvelle épopée nationale (comme Schelling l'avait esquissée en 1803 dans son essai sur Dante) sont aux yeux de Hegel un impossible anachronisme : « Puisque de nos jours le monde vivant ne forme pas l'œuvre d'art en lui-même, l'artiste est obligé de se transposer par l'imagination dans un monde perdu, de se rêver un monde, conférant ainsi absolument à son œuvre un caractère de rêverie, d'absence de vie, de passé » [4]. Avec des propositions de ce style, Hegel a fondamentalement révisé ses théories antérieures. Alors qu'il avait encore subordonné à Francfort la réflexion (séparatrice) à l'amour (fondateur d'unité) et à la beauté, il sur-ordonne à présent la philosophie à l'art : le concept *(Begriff)* est effectivement capable de saisir l'histoire, ce pourquoi l'art ne peut plus être, selon la formule célèbre, « la manière suprême et absolue d'amener l'esprit à la conscience de ses intérêts véritables » [5]. Ce changement de situation de l'art repose sur un

1. Cf. *ibid.*, 442 [tr. fr. *(Textes esthétiques)*: 63].

2. Cf. pour ce qui suit mon essai : "Ist denn Judäa der Tuiskonen Vaterland?", in : *Philosophisch-literarische Streeitsachen 1: Früher Idealismus und Frühromantik*, 137-158.

3. Cf. A. GETHMANN-SIEFERT, *Die Funktion der Kunst in der Geschichte. Überlegungen zu Hegels Ästhetik.* Bonn, 1984, 228 sq.

4. Cette constatation résignée émane de divers fragments de manuscrits de cours sur la *Philosophie de l'Esprit* (1803), dont la première publication est prévue in : G.W.F. HEGEL, *Gesammelte Werke*, vol. 5, éd. par M. Baum et K.R. Meist. Hambourg, 1996, 370-377. – Cf. à ce sujet : M. BAUM/K.R. MEIST, "Durch Philosophie leben lernen. Hegels Konzeption der Philosophie nach den neu aufgefundenen Jenaer Manuskripten", in : *Hegel-Studien*, 12 (1977), 43-81.

5. TWA 13 ; 23 [tr. fr. : *Esthétique*, vol. 1, 42 (mais cette traduction suit l'éd. allemande de 1835)]. – Cf. à ce sujet : O. PÖGGELER, "Die Enstehung von Hegels Ästhetik in Jena", in : *Hegel in Jena. Die Entwicklung des Systems und die Zusammenarbeit mit Schelling*, éd. par D. Henrich et K. Düsing. Bonn, 1980, 249-270.

changement fondamental de sa conception de la philosophie de l'histoire : la triade de Francfort, Nature = art–religion = grécité/religion chrétienne/religion nouvelle, est à Iéna transférée dans la triade religion de la nature = Orient/religion de l'art = Grèce/-religion chrétienne. La notion d'œuvre d'art est entièrement axée sur la Grèce ; Hegel parle, dans un fragment de l'année 1803, de la mythologie grecque comme œuvre d'art. Le contenu de cette mythologie grecque est la moralité. Les dieux sont des puissances morales qui gouvernent le monde. Il y a quantité de ces puissances morales, et un peuple se distingue comme individualité du fait qu'il représente et honore les seules puissances qui lui sont particulièrement proches. Hegel reste nettement sous l'influence du premier Romantisme, lorsqu'il écrit ici que les dieux grecs « ont l'ironie en eux-mêmes », ce qui veut dire qu'ils donnent véritablement à l'universalité de l'esprit une forme inadéquate – d'une inadéquation qui tient à l'essence même de l'art.

Hegel corrobore dans la *Phénoménologie de l'Esprit* sa conviction selon laquelle la religion grecque aurait perdu sa force re-lieuse : « Les statues sont maintenant des cadavres dont a fui l'âme vivifiante, de même que l'hymne n'est plus qu'une suite de mots dont toute croyance s'est enfuie. Les tables des banquets des dieux sont vides de breuvages et de nourriture spirituelle, et la conscience ne voit plus revenir, dans les fêtes et les jeux, la joyeuse unité de soi avec l'essence » [1]. Ce qui remplace le peuple grec, lequel a produit en lui de façon vivante les œuvres d'art, c'est l'être humain conscient de soi, qui ne peut plus voir en elles que des objets de Musée. Pour le regard philosophico-artistique, les dieux deviennent idéal, aujourd'hui idéal culturel : le mode de considération esthétique reconnaît que ces dieux ressortissent au « panthéon » [2] de notre conscience propre, savoir comme un mode de représentation des forces qui de fait régissent notre vie. Les conflits entre hommes et dieux sont réassumés dans la structure conflictuelle de la conscience propre elle-même.

Malgré l'élargissement des connaissances historiques (par exemple sur l'art médiéval), il n'y a dans la perspective de la vision hégélienne du mythe (grec), dans ses *Leçons sur l'esthétique* de Berlin (à partir de

1. G.W.F. HEGEL, *Phänomenologie des Geistes,* éd. par W. Bonsiepen et R. Heede. Hambourg, 1979 (= Gesammelte Werke, vol. 9), 702 [tr. fr. : *Phénoménologie de l'esprit.* Paris, Aubier, 1991, 489].

2. *Ibid.* [tr. fr.].

1820/21), pas de changement de principe (sauf la distinction systématique selon laquelle à présent l'accès théorique à l'esthétique, l'intuition, représente une forme autonome de l'Esprit absolu, alors qu'à Iéna l'esthétique était encore une partie de l'histoire des religions): il n'y a plus de mythe commun, mais seulement des parcelles dans la « Mnémosyne muséographique » (Gadamer [1]). Une conception centrale est celle déjà développée à Iéna, selon laquelle, dans la mythologie et l'art grecs, la mythologie naturelle du vieux monde oriental et la mythologie spirituelle (par exemple Hegel dans son débat avec Creuzer) se rattacheraient à la poésie dans une unité représentant adéquatement le génie du peuple et s'offrant à lui en médiatrice [2]. Mais un tel procès historique ne peut se répéter ; le schéma de la victoire des dieux nouveaux sur les anciens est le schéma fondamental permanent de Hegel, selon lequel l'art grec est traité suivant son insertion au sein de l'évolution des religions. Nous ne pouvons plus avoir de relation cultuelle aujourd'hui avec l'art et la religion des Grecs ; nous nous y rapportons bien plutôt comme les gardiens d'un Musée : « [...] nous sommes loin de pouvoir vénérer les œuvres d'art et les prier [avec un sentiment] divin. [...] La pensée et la réflexion ont surclassé les beaux arts » [3]. Hegel justifie la désintégration de la « totalité pure » de l'idéal classique comme présupposé du progrès de l'auto-conscience de l'esprit. Il concrétise ce progrès comme la formation de l'autonomie de la subjectivité, entendue comme démythologisation de la nature et comme émancipation de la contrainte exercée par une nécessité obscure, objectivée en termes de mythologie : « Il en résulte un panthéon de dieux détrônés, détruits par la flamme de la subjectivité et, au lieu de la polylâtrie *(Vielgötterei)*

1. Cf. Hans-Georg GADAMER, “Die Stellung der Poesie im System der Hegelschen Ästhetik und die Frage des Vergangenheitscharakters der Kunst”, in: *Welt und Wirkung von Hegels Ästhetik,* éd. par A. Gethmann-Siefert et O. Pöggeler. Bonn, 1986, 213-224; cf. H.-G. G., “Ende der Kunst? Von Hegels Lehre vom Vergangenheitscharakter der Kunst bis zur Antikunst von heute”, in: *Ende der Kunst – Zukunft der Kunst,* éd. par la Bayerische Akademie der Schönen Künste. Munich, 1985, 16-33.

2. Cf. G.W.F. HEGEL, *Vorlesung über die Philosophie der Kunst (1823).* Postface de H.G. Hotho, éd. par A. Gethmann-Siefert. Hambourg, 1995 [tr. fr.: *Cours d'esthétique I.* Paris, Aubier, 1995]

3. TWA 13 ; 24 [tr. fr. : *Esthétique,* vol. 1, 33-34 (mais cette traduction suit l'éd. allemande de 1835)]. – Dans son *Ästhetik oder Wissenschaft des Schönen* (Reutlingen et Leipzig, 1846-57), Friedrich Theodor VISCHER développe largement cette doctrine du caractère passé de l'art.

plastique, l'art ne connaît plus désormais qu'UN SEUL Dieu, qu'UN SEUL esprit jouissant d'UNE autonomie absolue, et qui, se voulant et se connaissant d'une façon absolue, se trouve en parfaite et libre union avec lui-même, au lieu de se décomposer en une foule de caractères et de fonctions particuliers, réunis par le seul lien d'une obscure nécessité »[1].

La religion (du polythéisme grec) ne peut plus répondre à la prétention d'une interprétation synthétique. La religion oppose à la synthèse surmontée de la religion la prétention de validité universelle de la raison, par où assurément elle risque – Hegel s'y est heurté – de redevenir elle-même mythe, ainsi que Habermas l'a noté : « Si la philosophie doit donc résoudre le problème de son unification, il faut surmonter jusqu'à la prétention d'interprétation unificatrice formulée par la religion, et restaurer l'unité que le mythe était jusqu'ici seul susceptible d'exprimer. [...] Cette unification, accomplie dans le mythe, des individus SINGULIERS avec leur communauté politique PARTICULIÈRE dans l'horizon d'un ordre cosmique UNIVERSEL, la philosophie doit la restaurer sous des conditions qui se sont entre-temps imposées aux idées modernes de liberté et d'individualité parfaite des individus »[2]. Dans ce qui apparaissait être à Hegel un progrès, la démythologisation de la nature, nous commençons à voir aujourd'hui un recul.[3]

À la différence de Hegel, Schelling s'en est tenu toute sa vie à l'idée d'une mythologie nouvelle. Lorsqu'il arriva après 1840 à Berlin avec sa *Philosophie de la mythologie* et son interprétation du Nouveau Testament (édités par le fils de Schelling à partir du *Nachlaß*), il renoua (eu égard par exemple à la religion astrale et à l'interprétation de Jésus) avec ses discussions de 1790. La *Philosophie de la mythologie* rejette toutes les interprétations *éclairées* de la mythologie en cherchant à démontrer la « nécessité d'entités effectivement réelles qui ne se contentent pas de signifier, mais SOIENT en même temps DES

1. TWA 14 ; 130 [tr. fr. : vol. 5, *L'art romantique,* 11 (légèrement mod.)].

2. J. HABERMAS, "Können Komplexe Gesellschaften eine vernünftige Identität ausbilden ?", in : J.-H./Dieter HENRICH, *Zwei Reden.* Francfort, 1974, 23-84, ici 44 sq.

3. Cf. seulement Robert SPAEMANN, "Technische Eingriffe in die Natur als Problem der politischen Ethik", in : *Scheidewege,* cah. 4. Stuttgart, 1979, 476-497, ici 491 : « [...] il n'y a que dans une relation religieuse toujours fondée avec la nature qu'il [sc. l'homme] est susceptible d'assurer à long terme la base d'une existence humaine digne de ce nom ».

PRINCIPES, DES NOTIONS UNIVERSELLES ET ÉTERNELLES »[1], c'est-à-dire à démontrer *PHILOSOPHIQUEMENT* que l'homme peut frayer *RÉELLEMENT* avec des principes personnifiés (dont l'art avait connaissance et dont il était rempli depuis l'Antiquité)[2]. Il y va pour Schelling – et en cela le dernier Schelling est aussi un philosophe idéaliste – de l'ultime éclaircissement de la vérité des religions singulières.

La *Philosophie de la mythologie* de Schelling (prononcée pour la première fois en été 1842) et sa *Philosophie de la Révélation* (exposée à partir de l'hiver 1841/42) procèdent très logiquement du débat récent sur la mythologie, sauf que Schelling – et ses contemporains lui en firent la critique – énonça ces idées à une époque où elles étaient débordées par d'autres perspectives, notamment par la limitation strictement historienne aux faits particuliers (Bruno Bauer). Schelling s'inscrit encore tout à fait dans la tradition des mythologues romantiques (Kanne, Görres) ; celui qui forgea ces théorèmes dans les termes qui lui paraissaient les plus autorisés était Creuzer. Malgré quelques critiques de détail, Schelling lui garde en son œuvre ultime toute son admiration d'antan, alors clairement exprimée[3]. La doctrine creuzérienne de la mythologie la plus profonde est celle de de l'Homme-Dieu, selon laquelle la nature se trouve réconciliée avec Dieu. Lorsque Schelling chercha à prolonger la *Symbolique* de Creuzer, il s'attacha avant tout à cette doctrine. Il le fit pour la première fois dans ses projets philosophiques des années 1811-13 pour les *Âges du monde*[4]. La tentative ici menée de rapprocher l'une l'autre la religion de la science constitue un tournant, peut-être *le* tournant décisif de la vie de Schelling, que l'on peut dater des premières années de Munich (vers 1809). Il s'ensuivit – dans la rencontre avec Baader – une attirance pour la gnose et pour une nature interprétée à partir de la théosophie,

1. WW II/11, 242 [tr. fr.: *Introduction historico-critique à la Philosophie de la mythologie*. Paris, Aubier, 1945, 293 (mod.)].

2. Cf. H. FREIER, *Die Rückkehr der Götter*, 207, 231, 263.

3. Cf. WW I/8, 355, 395 sq. [tr. fr.: (*Les Âges du monde*, suivis de) *Les divinités de Samothrace*. Paris, Aubier, 1949, 204]. Et WWII/11, 89, 226 sq. [tr. fr. *(Introd. hist.-crit.)*: 108, 274].

4. F.W.J. v. SCHELLING, *Die Weltalter. Fragmente, in den Urfassungen von 1811 und 1813*, éd. par M. Schröter. Munich, 1956 [tr. fr.: *Les Âges du monde*. Paris, Aubier, 1949. *Les Âges du monde. Premières versions de 1811 et 1813*. Bruxelles, Ousia, 1988; et Paris, P.U.F., 1992].

mais allant de pair avec un « retour au christianisme » [1]. Le premier document manifestant ce tournant est le texte paru en 1809, les *Recherches philosophiques sur l'essence de la liberté humaine*. C'est ici que se trouve formulée la vision nouvelle selon laquelle « Dieu est une vie, et non pas seulement un être *(Seyn)* ». Mais puisque « toute vie [...] a un destin, et [...] est soumise à la souffrance et au devenir », Dieu s'y est lui aussi « librement assujetti ». L'homme ne peut, quant à lui, se faire à cet état de dépendance, et là se trouve « la tristesse inséparable de toute vie finie [...]. De là vient le voile d'affliction qui s'étend sur toute la nature » [2]. C'est de l'irréductibilité de la composition fondamentalement historique de la conscience humaine que les projets des *Âges du monde* tirent leurs conclusions en vue d'une refonte de la science philosophique. Il y va du problème de l'identité historique de l'Absolu, et la conception schellingienne des *Âges du monde* expose dans cette mesure « la variante historico-poétique de la tentative idéaliste de *dévoilement* de l'Absolu » [3]. La succession cosmologique des époques dans les *Âges du monde* est entendue comme celle des époques de la vie de l'Absolu qui s'y objectivise dans l'histoire réelle. Or, cette vivification du simple idéal ne caractérise rien d'autre que l'essence de la mythologie, qui constitue le « caractère mytho-poétique » de la conception des *Âges du monde* » : « [...] c'est l'histoire des développements de l'Être originel *(Urwesen)* que nous nous sommes proposé de décrire [...] » [4]. La tâche de reconstruction de l'Archi-être divin en son évolution rend nécessaire une modification de la présentation formelle extérieure de la philosophie : l'émergence de Dieu hors de son éternité ne peut être que *RACONTÉE*, de telle sorte que « [...] la fable redevient toujours vérité, et la vérité fable [...] » [5]. Le programme ainsi dressé n'est autre que celui de l'établissement d'une Mythologie Nouvelle, car cette re-poétisation signifie le retour au mythe, non pas certes au sens d'une régression à l'immédiateté de la mythologie archaïque, mais du recours à un mythe philosophique.

1. H. FUHRMANS, *Schellings Philosophie der Weltalter. Schellings Philosophie in den Jahren 1806-1821. Zum Problem des Schellingschen Theismus.* Düsseldorf, 1954, 73 sq.

2. WW I/7, 403, 399 [tr. fr. *(La liberté)*: 199, 196].

3. P.L. ŒSTERREICH, *Philosophie, Mythos und Lebenswelt. Schellings universal-historischer Weltalter-Idealismus und die Idee eines neuen Mythos.* Francfort/Berne/N.Y./Nancy, 1984, 197. Pour ce qui suit, *ibid.* 20, 92.

4. SCHELLING, *Die Weltalter* (éd. Schröter), 10 [tr. fr. (P.U.F) : 21].

5. *Ibid.*, 112 [tr. fr. (P.U.F.) : 134 (mod.)].

Alors que les projets des *Âges du monde* sont portés par l'intérêt qui les guide « [...] de voir dans toute l'histoire du monde une révélation progressive de Dieu »[1], Schelling en 1815 appliqua l'idée fondamentale ici développée à l'interprétation de la doctrine des Kabires de Samothrace. Une thèse décisive pour Creuzer fut celle de la dévalorisation d'Homère : la doctrine sacerdotale aurait chez les Grecs précédé l'épopée homérique, doctrine ensuite reprise par les Égyptiens et les Asiatiques. Creuzer avait illustré cette idée en donnant l'exemple des Kabires, importés d'Égypte à Samothrace. Schelling montre dans son texte des *Divinités de Samothrace*[2] que les Kabires représentent les puissances *(Potenz)* du monde. Il n'y a qu'un point sur lequel il critique Creuzer : l'origine de la mythologie ancestrale est non pas émanation, mais élévation à la puissance supérieure[3]. L'Ancêtre, c'est Dèmèter – c'est elle qui est la nature en Dieu. De cette puissance inférieure surgiront Perséphone (la nature) et Dionysos (l'esprit). La tierce puissance est Hermès ou l'âme du monde comme synthèse entre spiritualité divine et naturalité. Au dessus de tout se tient le démiurge (Zeus), créateur transcendant du monde. Schelling unit ainsi deux éléments : le procès mythologique et la Révélation.

Dans ses conférences berlinoises, Schelling renoue précisément avec cette idée[4]. La base est ici aussi formée par la théorie des puissances, au moyen de laquelle Schelling tente – contre Hegel – de

1. WW I/305.

2. *Eine Abhandlung in der zur Feyer des allerhöchsten Namensfestes Sr. Majestät des Königs von Bayern gehaltenen öffentlichen Versammlung der Akademie der Wissenschaften am 12. Oktober 1815, vorgelesen von Fr. W. Jos. Schelling.* Stuttgart/Tübingen, 1815, 75 sq. [tr. fr. cit.]. – Sur l'explication de l'essence des Kabires, les « Grands Dieux » de Samothrace, et sur l'emplacement des ruines du sanctuaire des Kabires, cf. dans une optique récente : H. ERHARDT, *Samothrace. Heiligtümer in ihrer Landschaft und Geschichte als Zeugen antiken Geisteslebens.* Stuttgart, 1985, 98 sq.

3. Cf. WW I/6, 35 sq. [tr. fr. *(La liberté)* : 112 sq.]. – Creuzer a répondu à la critique de Schelling en lui exprimant toute sa reconnaissance, dans une grande recension (*Heidelbergische Jahrbücher der Literatur,* 47 [1817], 737-752 ; 48 [1817], 753-760. Cf. aussi : G.F. CREUZER, *Symbolik und Mythologie,* 3e éd. revue, 3e part., 1er cah., 34-36 (§ 6) [tr. fr. cit.]. – Gœthe a évoqué dans son second *Faust,* la doctrine des Kabires, avec une fine moquerie (v. 8070 sq. ; 8168 sq.).

4. Cf. sur la philosophie de l'Identité ou sur la dernière philosophie de Schelling : K.H. VOLKMANN-SCHLUCK, *Mythos und Logos. Interpretationen zu Schellings Philosophie der Mythologie.* Berlin, 1969 ; J. HENNIGFELD, *Mythos und Poesie. Interpretationen zu Schellings* Philosophie der Kunst *und* Philosophie der Mythologie. Meisenheim, 1973.

maintenir une différence entre l'Absolu et son apparition, sans vouloir construire de passage de l'infini au fini suivant le modèle de l'ancienne théologie [1]. Les modes de l'être donnés dans l'expérience sont par lui reconduits à des différences originelles : aux *puissances* de l'étant. Telles apparaissent être le sujet, l'objet et le sujet-objet. La potentialité de ces trois principes est ce qui fait le commencement de la science [2]. Schelling pense l'interrelation des trois puissances suivant le principe de *spoliation* : aucune puissance n'est à elle seule l'Absolu, elle se « médiatisent » les unes les autres [3]. Mais les trois puissances ne sont toujours pas ce qui est l'étant, elles ne sont que des attributs de l'Un. Elles « ne peuvent [...] qu'engendrer l'étant ».

La dialectique des puissances paraît en mesure de dériver le schéma apriorique de la succession historique des puissances : la série mythologie antique, philosophie grecque, christianisme et idéalisme allemand. Il faut entendre la mythologie au sens « tautégorique », « objectif » comme « théogonie », et « subjectif » comme « procès théogonique » dans la conscience humaine. Celle-ci, sans influer pour autant sur lui, est mue par les « puissances » dont Dieu est l'unité, celles qui, dans leur scission créèrent la nature, et qui, dans leur unité recouvrée, en tant que « principe théo-thétique » créèrent la « substance de la conscience humaine ». Elle n'est reconnaissable dans ce « procès mythologique » qu'à partir de la mythologie grecque unissant tous les moments de l'évolution, donc elle-même déjà « universelle » [4]. Dans l'*Introduction historico-critique à la Philosophie de la mythologie* [5], la perspective propre de Schelling part de la

1. Sur la théorie des puissances, cf. K. HEMMERLE, *Gott und das Denken nach Schellings Spätphilosophie*. Fribourg, 1968, 156 sq. ; H. FREIER, *Die Rückkehr der Götter*, 223 sq. ; aujourd'hui E.A. BEACH, *Schelling's Philosophy of Mythology*. N.Y., 1991, en particulier Part II. Sur le problème spécial de l'« exclusion », cf. L. PROCESI XELLA, "Ausschließen/Excludere/Parire" nella Filosofia della Mitologia di Schelling, in : *Lexicum Philosophicum*, 1 (1985), 94-115.

2. Cf. WW II/11, 317 [tr. fr. : *Introduction philosophique à la Philosophie de la mythologie*. Paris, Aubier, 1946, 74].

3. Cf. WW II/11, 292, 293, en particulier 317. Pour la citation suivante, 292 [tr. fr. *(Introd. hist.-crit.)* : 47, 48, en particulier 74. Pour la citation suivante, 47 (mod.)].

4. WW II/12, 591 sq., 646 sq. [tr. fr. : *Philosophie de la mythologie*. Grenoble, Millon, 1994, 392 sq., 415 sq.] ; Cf. WW II/13, 410.

5. Sur l'*Introduction historico-critique*, cf. L. PROCESI-XELLA, "Ipotesi sulla mitologia nel tardo romanticismo tedesco : La Schellinghiana introduzione storico-critica alla filosofia della mitologia", in : *Studi Storico Religiosi*, 6/1-2 (1982), 253-

question de savoir si la séparation des peuples a été la cause du polythéisme ou bien l'inverse. Pour cerner la réponse, il aborde la question : « comment des peuples sont-ils nés ? » [1] La puissance qui avant la séparation retenait un peuple dans l'unité d'une conscience était forcément un principe infini : un Dieu détenant en son unité l'humanité. Le polythéisme est né de ce monothéisme par un bouleversement de l'esprit, cause de la séparation des peuples. Au commencement il y a, précise Schelling dans la *Philosophie de la Révélation* (à laquelle il se réfère ici constamment), un monothéisme relatif : le Dieu unique initial est obscur, c'est un « fond sans fond dans le fond » *(« Abgrund im Grund »).* Lorsqu'il commence à sortir de soi, il n'est déjà plus tout seul, mais il contient une pluralité, c'est alors que naît l'histoire. L'histoire positive est elle-même l'évolution du divin, la procession du divin. Ainsi Dieu ne se trouve-il pas, en tant que Révélation primordiale, au début de l'histoire ni donc hors d'elle ; il n'est pas non plus une semence qui déjà porterait en elle tous les germes d'un déploiement (Hegel), mais le Dieu relativement unique (véritablement la première puissance) qui, aux yeux de Schelling, est un simple commencement que le procès de l'histoire emplira de contenu et de vie. Le vrai monothéisme ne peut donc pas être au commencement, il doit donc être le résultat d'une histoire de la conscience. Aussi la mythologie est-elle un « procès théogonique » [2]. La mythologie est par là indépendante de toute invention, elle n'est pas objet de vouloir ou d'opinion : « La mythologie est le fruit d'un *PROCÈS NÉCESSAIRE* » en considération de la conscience, son contenu, ce sont les puissances constitutives de la conscience même, elle a une réalité objective. Ces puissances étant des phénomènes naturels, la mythologie ne peut être philosophiquement expliquée qu'en connexion avec la philosophie de la nature. La vérité de la mythologie gît seulement dans le tout du *PROCÈS*. La philosophie est donc seule capable d'exposer la vérité de la mythologie. La mythologie est en conséquence un procès dialectique : la première phase d'unité (en termes historiques, une phase de monothéisme relatif) est suivie d'une seconde phase de pluralité, celle du polythéisme ainsi que de la *mythologie sensu stricto*. On retrouve à la fin l'unité, mais alors manifeste, se concevant elle-

285 ; X. TILLIETTE, *La mythologie comprise. L'interprétation schellingienne du paganisme*. Napoli, 1984, 65-77.

1. WW II/11, 94 [tr. fr. *(Introd. hist.-crit.)*: 114 (mod.)].
2. WW II/11, 198. Pour la suite, 193 [tr. fr. *(Introd. hist.-crit.)*: 241, 237].

même : le monothéisme qui intègre l'essence *(Essenz)* de la mythologie. Schelling désigne chacun des trois tournants du procès mythologique par l'un des trois Dionysos : Zagreus (adoration du Dieu réel comme Yahvé, Kronos, Molek), Bakkhos (adoration du monde des dieux) et Iakkhos (naissance du dieu orphique)[1].

Si la première *Introduction* a été exposée à partir de 1820, Schelling n'a donné la seconde, l'*Introduction philosophique,* qu'après sa nomination à Berlin. Il y esquisse son propre point de vue philosophique, selon lequel il faut distinguer entre une première et une seconde philosophie, l'une négative, science rationnelle pure, et l'autre positive. Le dernier Schelling rabattra donc, tant vis-à-vis de la logique spéculative hégélienne que de son propre système de l'Identité, les prétentions de la raison à connaître : la reconnaissance rationnelle de la quiddité *(Was-Seyn)* suppose une quoddité *(Daß-Seyn)* immémoriale – qui est en fin de compte la base de toute foi religieuse en la Révélation[2]. La première science déploie Dieu « EN TANT QUE principe », sans avoir Dieu « POUR principe ». Ce serait une seconde science, la philosophie positive ou la philosophie de la mythologie et de la Révélation, c'est-à-dire une philosophie qui ferait l'expérience de Dieu en tant que procès entièrement développé, théogonique, alors que la première philosophie, négative, l'analyse en tant que principe[3]. Dans la philosophie négative, la dialectique des puissances est consciente de sa négativité (c'est-à-dire de sa différence par rapport à la réalité effective) ; Dieu n'est que su. La crise dans laquelle cette science rationnelle tombe correspond à une crise de l'évolution historique universelle. La « CRISE ULTIME de la SCIENCE RATIONNELLE »

1. Cf. M. FRANK, *Der kommende Gott,* 311 sq. [tr. fr. cit.].

2. Cf. K. DÜSING, "Vernunfteinheit und unvordenkliches Dasein. Konzeptionen der Überwindung negativer Theologie bei Schelling und Hegel", in : *Einheitskonzepte in der idealistischen und in der gegenwärtigen Philosophie,* éd. par K. Gloy et D. Schmidig. Berne/Francfort/New York/Paris, 1987, 109-136. – Sur la relation entre philosophies positive et négative, cf. aussi : X. TILLIETTE, *Schelling : une philosophie en devenir,* 2 vols. Paris, 1970 ; vol. 2, 53 sq., 297-339, 343 sq., et aujourd'hui J.-F. COURTINE, *Extase de la raison.* Paris, 1990, 263 sq. ; Jh. BUCHHEIM, *Eins von Allem. Die Selbstbescheidung des Idealismus in Schellings Spätphilosophie.* Hambourg, 1992. – Les brouillons de la XVIIIe Leçon de l'*Introduction philosophique à la Philosophie de la mythologie,* inclus par Schelling dans son agenda de 1848, viennent d'être publiés par H.J. Sandkühler dans le volume par lui édité : F.W.J. SCHELLING, *Das Tagebuch 1848, Rationale Philosophie und demokratische Revolution.* Hambourg, 1990, 195-237.

3. WW II/11, 366 sq. [tr. fr. *(Introd. philosophique)* : 129].

est introduite par un vouloir « qui désire, par une nécessité interne, que Dieu ne soit pas simple Idée ». « La grande, l'ultime et véritable crise consiste [...] en ce que Dieu [...] est exclu de l'Idée, en ce que la science rationnelle même est par là abandonnée (rejetée). La philosophie négative aboutit ainsi à la destruction de l'Idée [...] ou à ce résultat que sera *(erst seyn)* le véritablement étant ce qui est hors de l'Idée, non pas ce qui est l'Idée, mais ce qui est plus que l'Idée [...] » [1].

C'est ainsi que Schelling a déterminé le lieu systématique de sa Philosophie de la mythologie et de la Révélation. Il y a, dans la *Recherche,* deux positions fondamentalement différentes. D'un côté, Walter Schulz : On peut à partir des puissances construire le monde tout entier, mais *QUE* Dieu et le monde soient, c'est là l'objet de la philosophie positive. En d'autres termes : l'unique positif *(Positum)* (qui ne peut pas être déduit), c'est la procession de Dieu hors de son éternité [2]. La position inverse est défendue par Horst Fuhrmans : la philosophie positive comme exposé d'un procès théogonique est une histoire qui ne se laisse pas construire. Les puissances mineraient tout, et Schelling aurait commis l'erreur de se tenir lui-même pour le terme de ce procès [3]. Heidegger, dans son cours de 1936 sur Schelling, défend une position à l'opposé de Schulz, en partant du texte sur la *Liberté.* Schelling aurait miné toute sa perspective du fait qu'il aurait repris et appliqué sans la critiquer une distinction conceptuelle traditionnelle (quoddité et quiddité). Il faudrait découvrir chez Hölderlin ce qui conduit à Schelling [4].

Dans les deux livres de sa *Philosophie de la mythologie,* Schelling renoue avec l'*Introduction historico-critique*. La tâche de la *Philosophie de la mythologie* est double : fonder le contenu et la signification du vrai monothéisme (Livre 1), et fonder la possibilité et la réalité effective d'un procès théogonique dans la conscience (Livre 2). Sa critique du déisme (« théisme ») et sa discussion sur la relation entre monothéisme et panthéisme laissent transparaître de nombreux emprunts au débat contemporain (le livre de Friedrich

1. *Ibid.*, 565, 566 [tr. fr. *(Introd. philosophique)*: 351 (mod.)].

2. W. SCHULZ, *Die Vollendung des deutschen Idealismus in der Spätphilosophie Schellings.* Pfullingen, 1955, 2e éd. 1975.

3. H. FUHRMANS, *Schellings lezte Philosophie. Die negative und die positive Philosophie im Einsatz des Spätidealismus.* Berlin, 1940.

4. M. HEIDEGGER, *Schelling : Vom Wesen der menschlichen Freiheit (1809),* éd. par I. Schüssler. Francfort, 1988 (= Gesamtausgabe, II. Abt., vol. 42) [tr. fr. : Paris, Gallimard, 1977].

Schlegel sur l'Inde, ainsi que les *Lettres* de Jacobi sur Spinoza). Ce qui est au centre, c'est la théorie des trois puissances, qui entretiennent avec le concept de Dieu un rapport de commencement éternel, milieu éternel et fin éternelle. Dieu est l' « uni-total », parce qu'il réassume ces trois puissances dans une unité [1]. Le point de départ de Schelling est l'analyse du phénomène du vouloir en soi : Dieu est libre de son être. Le concept de liberté ici sous-jacent avait été déjà déployé dans le texte sur la *Liberté*. Le passage à la réalité effective, à l'être actuel, se fait en vertu de la seule décision volontaire de Dieu, Dieu niant son pouvoir-être et préterposant ainsi les puissances hors de soi. L'homme ne voit que cette face déguisée de Dieu, et non Dieu dans soi. C'est la possibilité objective du vrai polythéisme, c'est-à-dire successif : les puissances *(aliquid praeter Deum)* sont considérées à faux comme dieux, Dieu est expérimenté par l'homme comme une série de dieux qui se succèderaient. L'Esprit absolu à lui seul *(für sich)* n'a, dit Schelling, pas besoin de procès théogonique, il ne s'en sert que pour poser librement sa volonté. Les puissances trouvent leur achèvement dans l'homme, chez lequel elles convergent en sorte d'engendrer la conscience. Le procès théogonique se répète en la conscience pour que la connaturalité inconsciente avec Dieu devienne une unité consciente. La mythologie est en conséquence le produit d'un procès de répétition dans la conscience [2]. Schelling part ici d'une sympathie immédiatc entre l'homme et le monde : les artistes, par exemple, ont en leur propre cœur le procès de la nature *(natura naturans)*. Chez l'homme, le procès érigé par la nature se répète en image : c'est le procès mythologique. À la fin, il y a le Dieu complètement déployé, récapitulé en un, ainsi qu'existant derechef de manière totalement libre.

Dans le second livre *(La mythologie)*, Schelling fait paradoxalement du mythe de Perséphone, qui est au centre des Mystères (d'Éleusis), la clef de la mythologie. Perséphone vierge tient lieu de commencement originel, de première puissance divine, de pouvoir-être. Il faut que cette virginité passe à la réalité effective, à la poésie. Ce premier malheur ou « archi-hasard » se présente aux yeux de Schelling dans le Sabisme, la religion astrale, le culte stellaire de l'humanité anté-historique, nomade. Il est célébré, dans la mythologie, comme Urania (à laquelle Hésiode a donné sa première expression).

1. WW II/12, 61 [tr. fr. : *Le monothéisme*. Paris, Vrin, 1992, 69].
2. Cf. *ibid.*, 127 [tr. fr. *(Le monothéisme)* : 69].

Dans la suite des Leçons, Schelling développe la manière dont va en se concrétisant toujours l'aspect de Dieu qui s'imprime à la conscience humaine, et dont un principe dualiste naît de l'unité. Il construit un procès mythologique en cinq étapes :

1. Le second dieu s'annonce, mais sans venir à apparaître (Babyloniens).
2. Le second dieu est entré dans le procès mythologique (Arabes).
3. À la place des dieux antérieurement pensés comme incorporels, sont vénérés des dieux concrets (Phéniciens).
4. Les dieux sont représentés comme organiques (Indiens).
5. La mythologie grecque connaît enfin des dieux spirituels.

Son interprétation d'Hèraklès éclaire très bien la situation de Schelling au sein de la philosophie idéaliste. Celui-ci est pour lui non pas une divinité originelle grecque, mais le Melkarth repris des Phéniciens. Cette interprétation va à l'encontre de celles de Hegel et de Hölderlin. Hegel s'était demandé avec Schiller comment l'humanité avait été divinisée, la figure d'Hèraklès prenant alors à ses yeux une importance prédominante (c'est là une interprétation évhémèriste-*éclairée* de la mythologie) [1]. Si Schelling pense (dans la *Philosophie de la Révélation* aussi) à partir de la préexistence du Christ qui, par une libre décision, se livre au monde, Jésus est pour Hegel, dans les *Leçons sur la philosophie de la religion,* celui qui a montré aux hommes qu'ils pouvaient assumer la finité et la mort, ce pourquoi il est devenu le Christ. Ce qui chez Hegel est l'émancipation de l'homme pour la divinité est chez Schelling un procès de dépotentiation, de déploiement de la conscience divine en l'homme.

Par opposition à la *Philosophie de la mythologie* où Dieu se cache encore et où, dans un procès naturel aveugle, il s'imprime à la conscience humaine, ce que la mythologie a déployé, savoir le Dieu trine du monothéisme (en forme de trois puissances), paraît dans la *Philosophie de la Révélation* comme Celui qui librement se décide pour le monde et veut en le Christ la liberté humaine, sans ériger le monde dans le sens humain, mais en se soumettant le monde et en le mettant

1. Cf. R. HABEL, "Schiller und die Tradition des Herakles-Mythos", in: *Terror und Spiel,* 263-294. Pour Hegel, cf. *Hegels theologische Jugendschriften,* 334 *[L'esprit du christianisme et son destin]*; pour Hölderlin, cf. StA I/1, 176 [tr. fr.: *Au génie de l'Audace,* 10], 184 *[Das Schicksaal],* 199 sq. *[An Herkules]* et StA III, 31 [tr. fr.: *Hypérion,* 158].

librement à ses pieds (Épitre de Paul au *Éphésiens*). La liberté finie de l'homme s'avère être le partenaire de la liberté divine infinie.

La philosophie religieuse du dernier Schelling n'a pas, sauf chez Steffens, exercé d'influence sur la fondation physio-philosophique de la notion de mythe [1]. La tradition du Romantisme, interrompue avec Schelling, sera reprise au XXe siècle par W.F. Otto (*Les dieux de la Grèce,* 1929), Walter Kasper étant celui qui aujourd'hui tente de redonner de l'élan à ces impulsions. Le peu d'influence que la dernière philosophie de Schelling a eu dans le passé n'allait pas être un verdict à son encontre. Les cours de Berlin tiennent surtout leur importance du fait que la mythologie y reçoit sa propre histoire et s'explique elle-même. Par sa théorie de la mythologie comme « histoire de la conscience » [2], Schelling a condamné sans retour la vision allégorique longtemps dominante, renvoyant le procès de la « mythologie comprise » au problème d'une évolution des religions. Si nous pouvons, au XXe siècle, lui attacher des penseurs comme Ernst Cassirer [3] essentiellement, c'est surtout parce que son programme d'une évolution des religions était fondé non pas métaphysiquement, sociologiquement ou psychologiquement, mais transcendantalement (au sens de la déduction transcendantale du polythéisme), voire phénoménologiquement.

Nous trouvons un accord frappant avec le dernier Schelling (surtout avec sa théorie de la tautégorie) dans les réflexions de Solger sur le symbole et le mythe, sans qu'il ait été sur ce point influencé par Schelling. Solger est pourtant fortement marqué par Schelling, mais cette empreinte date d'une phase antérieure à la *Philosophie de l'art* de Schelling (qu'il a entendue en 1801/02) [4]. Son œuvre principale, le dialogue *Erwin* (1815), fonde, au Livre trois, le centre de son esthétique, savoir la distinction entre arts symbolique et allégorique : si dans l'art antique l'Idée se déploie selon une forme close (symbole), elle se déploie dans l'art chrétien comme un système de renvois

1. H. STEFFENS, *Christliche Religionsphilosophie,* vol. 1 (1839), 283 sq. Cf. à ce sujet : F. STRICH, *Die Mythologie in der deutschen Literatur,* II, 142 sq.

2. W. SCHULZ, *Die Vollendung des deutschen Idealismus,* 264.

3. E. CASSIRER, *Philosophie der symbolischen Formen,* vol. 2. Darmstadt, 1977, 6 sq. [tr. fr. : *Philosophie des formes symboliques, vol. 2 : La pensée mythique.* Paris, Minuit, 1972, 15 sq.].

4. Cf. W. HENCKMANN, in : *Hegel-Studien,* 13 (1978), 53-74.

(allégorie)[1]. Après la parution d'*Erwin,* la relation entre art et religion reçoit – en particulier grâce aux conversations avec Tieck – davantage d'importance. Il projette une vaste conception de l'Histoire universelle comme Révélation de Dieu : toutes les mythologies auraient été une à l'origine, on ne saurait donc juger d'elles qu'à partir de la Révélation chrétienne. Solger se jette donc à corps perdu dans le débat romantique sur les mythes (il projette un livre personnel : *Idées sur la religion des Grecs*[2]). Il polémique tant contre la théorie schellingienne des archétypes que contre la science allégorique des mythes chez Creuzer. Conformément à sa définition de la religion comme « la parution de l'éternel et du divin en l'homme », il établit la thèse selon laquelle « l'homme » connaît ses dieux par une expérience aussi directe que celle par laquelle il se connaît lui-même et la nature environnante. « [...] Car la Divinité l'accompagne partout et en tous ses états. » Sa thèse selon laquelle « le divin se personnifie directement aux yeux de l'homme animé par la *fantaisie* » s'érige contre toutes les théories d'une production réfléchie et arbitraire de la mythologie ; le mythe est au contraire comme le symbole une expression autonome de l'Idée : « le mythe est [...] le moyen nécessaire par lequel l'Idée de la Divinité peut devenir apparition particulière. Le symbole est l'apparition de l'Idée dans le monde effectivement réel même ; non point une image arbitraire par où l'on mettrait une chose au lieu de l'autre, mais une image organiquement connexe à l'Idée[3] ». Ceci ne changera qu'avec la conscience plus grande des temps modernes – éclose avec le christianisme ; il y a désormais entre être et connaissance (de l'Absolu) un insurmontable abîme (l'ironie devient principe ontologique). C'est pourquoi Solger voit dans l'allégorie la forme de l'art moderne (ce qu'il illustre par l'exemple de Dante) : aucune tranquillité d'esprit ne peut plus être atteinte (comme dans le symbole encore). L'art moderne se tient donc à un plus haut niveau que l'art antique. Dans cette vision des *sources,* Solger dépend non seulement de la définition par August

1. Cf. à ce sujet : W. HENCKMANN, "Symbolische und allegorische Kunst bei K.W.F. Solger", in : *Philosophisch-literarische Streitsachen I : Früher Idealismus und Frühromantik,* 214-240 ; G. PINNA, "Alle origini degli studi mitologici di K.O. Müller : Karl Wilhelm Ferdinand Solger", in : *Annali della Scuola Normale Superiore di Pisa. Classe di Lettere e filosofia,* Serie III, Vol. XIV, 3, Pisa, 1984, 1021-1029.

2. *Solgers' Nachgelassene Schriften und Briefwechsel,* éd. par L. Tieck et F. v. Raumer, vol. 2. Leipzig, 1826 (Repr. Heidelberg, 1973), 719-761.

3. *Ibid.*, 681 sq.

Wilhelm Schlegel de la relation entre art classique antique et art moderne romantique (développée dans ses cours de Berlin), mais il se voit allant sur ce point aussi dans la même direction que la dialectique hégélienne[1].

1. Cf. sa lettre à Tieck du 26 avril 1818.

VI. LE XIXe SIÈCLE

Les notes sur la mythologie laissées par Solger ont été éditées en 1826 par K.O. Müller – le chercheur que l'on tient à l'heure actuelle pour le précurseur de la critique scientifique des mythes, celui qui fait le pont entre le Romantisme et le XIXe siècle. Même si le XIXe siècle n'a eu que peu de compréhension pour les mythes comme expression naturelle du sentiment religieux, il a, en développant ces sciences auxiliaires que sont la chronologie, l'archéologie et la géographie de l'Antiquité, jeté les bases d'un traitement scientifique des problèmes mythologiques [1]. La mise en place de formes nouvelles et de discours nouveaux dans la science universitaire du début du XIXe siècle peut être interprétée comme réalisation, grâce à la production d'une science nouvelle *libre de préjugés,* du projet de démythisation des *Lumières,* comme « démythisations par opposition à la prétention démythisante des sciences issues des *Lumières* » [2]. Or, on en vient, au sein même de ces démythisations annexes, à ébranler de plus en plus la croyance aux sciences, pour déboucher sur des « mythisations nouvelles », celle par exemple de la technique même [3]. La critique historique parvient à un résultat tout à fait ambivalent : tout en dissolvant l'évidence du mythologique, demeurée valide jusqu'au XVIIIe siècle, elle met au jour sa teneur numineuse (ceci surtout en rapport avec l'essor de l'histoire

1. Cf. J. de VRIES, *Forschungsgeschichte der Mythologie,* 199 sq.

2. H.U. GUMBRECHT, "Deconstruction Deconstructed", in : *Philosophische Rundschau,* 33/1, 2 (1986), 5 (en annexe à *Foucaults Rede von der « crise de la représentation » in Les mots et les choses*).

3. H. KOOPMANN, *Vorbemerkung* au vol. édité par lui : *Mythos und Mythologie in der Literatur des 19. Jahrhunderts.* Francfort, 1979, 7-10, ici 9. – Sur les « manières habituelles de voir la mythologie » au XIXe siècle depuis la Révolution française, cf. G. v. GRAEVENITZ, *Mythos,* 165 sq. Il est clair ici que « plus que la notion de peuple [...] le *mythe* est un produit de la réflexion méthodiquement spécialisé, en continuité de la perception journalistique » et que la « mythologie actuelle et éphémère des journaux » est marquée par la topique (206).

génétique des visions religieuses aux XIX et XXe siècles, promue par la théorie darwinienne de l'évolution). Tout ceci aboutit également à une marginalisation progressive de la science mythologique. Jusqu'en 1825, les mythologues du style de Creuzer étaient à la fois philologues et archéologues ; de la science de l'Antiquité, d'orientation philologique, se détachèrent en 1830 les disciplines de l'archéologie, de l'histoire de l'art, de l'histoire des religions et de l'historiographie ancienne, chacune allant dorénavant son chemin. La mythologie fut sans lieu, elle perdit, par exemple, ses chaires dans les Universités (bien que son étude fût la condition de toute intelligence d'Homère, ainsi que de la sculpture et de l'architecture antiques). Une seconde étape de son banissement a été franchie en 1850 du côté de l'histoire génétique des religions, qui – comme par exemple les *Mythes germains* de Mannhardt (1858) – dénia aux mythes toute fonction religieuse. « La mythologie scrupuleusement séparée de la religion a dû être [...] rejetée vers les races inférieures et imputée aux peuples naturels. En tant que langue oubliée des origines, en tant que forme de folie et de sauvagerie, la mythologie n'a pu être pensée de nos jours que comme vestige : comme discours scatologique et simple interprétation de restes abandonnés. »[1] De fait, l'ethnologie naissante, fortement imprégnée de darwinisme, a vu dans les mythes les rêveries et les créations *fantaisistes* de primitifs (E. Tylor). Ce n'est qu'après la fin de l'ère coloniale que l'ethnologie a pu cesser de mépriser les sociétés exotiques.

Derrida a signalé que la naissance de l'ethnologie est « systématiquement et historiquement contemporaine de la destruction de l'histoire de la métaphysique » : elle se produit « au moment où la culture européenne – et par conséquent l'histoire de la métaphysique et de ses concepts – a été *DISLOQUÉE,* chassée de son lieu, devant alors cesser de se considérer comme culture de référence »[2]. Lorsque James Hunt et Richard Burton fondèrent en 1863 à Londres l'une des premières Sociétés d'anthropologie, ils créèrent, parallèlement à cette organisation scientifique, un « Cannibal Club » privé, supposant donc – bien que sous une forme ludique – une affinité secrète entre sujet et objet de la recherche folklorique. Le principe qui caractérise

1. M. DETIENNE, "Mythologie sans illusion", in : *Le temps de la réflexion,* éd. par J.-B. Pontalis. Paris, Gallimard, 1980[6], début du ch. II.

2. J. DERRIDA, "La structure, le signe et le jeu dans le discours des sciences humaines", in : *L'écriture et la différence*. Paris, Seuil, 1967, 409-428, ici 414.

fondamentalement l'attitude des premiers ethnologues du XIXe siècle par rapport à l'étranger, c'est un ethnocentrisme massif : on *découvrait* en Europe chez les peuples étrangers et dans leurs civilisations tout l'inverse des nôtres – d'abord à la table de travail, puis au cours de fébriles voyages d'étude (Bastian), enfin dans un patient travail sur le terrain (Malinowski) [1]. Quand, au XIXe siècle, G. Grey étudie l'un des premiers les rites et la langue des Polynésiens, il constata que sa connaissance du vocabulaire ne suffisait pas pour comprendre tout à fait les indigènes. Ils argumentaient en effet à partir d'un mythe qui également exerçait son influence sur les formes linguistiques. Quand Grey aura assimilé ce mythe, la barrière de la compréhension tombera, pensait-il. Le regard se fit aussi de plus en plus aigu en ce qui concerne l'art des peuples naturels ; leurs œuvres exhibées dans des Musées folkloriques et dans des cabinets de curiosités virent leur valeur esthétique reconnue, surtout grâce à van Gogh et Gauguin, tous deux enthousiasmés par l'Exposition coloniale de 1888 à Paris. Gauguin accomplit en 1891 son premier voyage dans les mers du sud, qui allaient être son destin – avec beaucoup d'autres transfuges, las de la civilisation européenne, il finira par se voir douloureusement renvoyé à lui seul [2].

Il faut mentionner encore, à côté de la naissance de l'ethnologie, une autre donnée décisive du XIXe siècle, touchant l'évolution de la mythologie : la découverte de la préhistoire avec ses œuvres d'art et la naissance de la science préhistorique. Si l'époque idéaliste classique localise le mythe chez les Grecs, la génération suivante éprouva comme un choc le fait qu'il y ait eu en vérité une longue période sans écriture avant les Grecs et que peut-être même le récit des mythes représentait une forme tardive (d'une praxis originellement mythique ou rituelle). La découverte des premiers crânes de Neandertal (1833, 1848) mit longtemps à dessiner l'image actuelle de l'homme préhistorique, ayant vécu à l'ouest de l'Europe avec le renne et l'éléphant ; quel haut niveau de civilisation avait été celui de ce type d'homme, c'est ce que révèlera la découverte de la peinture rupestre (la grotte d'Altamira fut inventée en 1868), dont on mit dans un premier temps fortement en doute

1. Cf. F. KRAMER, *Verkehrte Welten. Imaginäre Ethnographie des 19. Jahrhunderts*. Francfort, 1977.

2. Sur la « désertion culturelle », depuis la seconde moitié du XIXe siècle (conséquence de la répression de l'instinct, surtout à l'ère victorienne), cf. K.H. KOHL, *Abwehr und Verlangen*, 26 sq.

l'originalité. L'ancienneté du paléolithique était longtemps restée sous-estimée (les datations décisives sont dues à Boucher de Perthes en 1846, à Cartet en 1862 et à Lubock en 1863). Vinrent ensuite les résultats de l'archéologie. Dès 1863, Charles François Noël Champoiseau amorça l'étude archéologique du sanctuaire des Kabires de Samothrace ; les premières fouilles de Schliemann sur les sites de Troie (1871-90) et de Mycènes (1876) conduisirent à réapprécier le mythe comme information sur la préhistoire des Grecs. Toutes ces trouvailles et ces sources nouvelles, au nombre desquelles on peut compter le déchiffrement de l'écriture mésopotamienne cunéiforme, confirment la vue des Romantiques selon laquelle le mythe gréco-romain n'a pas été l'unique témoignage de la pensée et de la poétisation des temps primordiaux. Une mythologie comparée est née, où la différence en partie sérieuse entre les thèmes de légendes issus de différentes sphères culturelles est considérée comme seulement accessoire. La désignation de mythe a été étendue aux traditions les plus précoces des peuples anciens et aux traditions actuelles de peuples passant pour *primitifs*. Là-derrière, il y avait la croyance (postulée par exemple par Bachofen) selon laquelle tous les peuples auraient traversé un « âge mythique », et que l'évolution de l'humanité conduisait nécessairement de ces commencements mythiques à la rationalité.

C'est Karl Otfried Müller qui tenta d'élever la mythologie au rang d'une vraie science. Sous l'influence de August Boeckh et de K.W.F. Solger, que nous avons déjà mentionné, ses *Prolégomènes à une mythologie scientifique* (un titre démarqué de Kant), parus en 1825 – une œuvre fondamentale de la *recherche* sur les mythes et l'étape la plus essentielle de son déploiement entre Görres et Creuzer d'une part, Bachofen de l'autre – visent à « rendre intelligibles aux non spécialistes mêmes les notions d'essence et de genèse des mythes grecs qu'il tient pour vraies et justes, et à ériger sur elles les principes d'un traitement méthodique et critique du mythe »[1]. Lorsque Müller eut, dans son *Histoire des lignées et des cités hellènes* (1820-24), pris conscience du lien qui unit les mythes grecs aux lignées, paysages et lieux[2], il tire ici

1. K.O. MÜLLER, *Prolegomena zu einer wissenschaftlichen Mythologie. Mit einer antikritischen Zugabe*. Göttingen, 1825, IV sq.

2. Müller nie ici toute influence phénicienne sur la Grèce; M. BERNAL (Athena, Black, 1987) y voit une subtile construction antisémite. L'Antiquité telle que nous la connaissons est, selon lui, une invention du XIXe siècle, et le lieu de naissance de la Grèce classique a nom Göttingen.

de ses vastes recherches historiques les conclusions systématiques pour une notion nouvelle du mythe. Il entend par mythe les « récits des gestes et des destins d'individus personnels qui, suivant leur connexion et leur entrelacement, concernent une époque antérieure, assez rigoureusement séparée de l'histoire de la Grèce proprement dite ». Les mythes réunissent « des indices de ce qui s'est passé et pensé », et ils ne peuvent, sur la base de ce « mélange d'idée et de fait qui leur est propre », représenter aucune « invention » délibérée de prêtres ou de poètes. À la genèse des mythes préside « une certaine nécessité et une certaine inconscience » [1]. Si, dans ses efforts pour analyser cette période de la genèse des mythes grecs en fonction de ses lois d'évolution, Müller n'était pas très éloigné de Hegel (qui avait les *Prolégomènes* dans sa bibliothèque) – ce pourquoi Schelling prit aussi ses distances par rapport à lui [2] –, sa thèse du parallélisme entre mythe et symbole stimula Bachofen (qui avait suivi ses cours à Gœttingue) [3]. Tous deux, mythe et symbole, veulent exposer « des idées sur la Divinité » : le mythe par le récit d'un fait manifestant l'Être divin (c'est l'occasion pour Müller de distinguer les mythes « théogoniques » des mythes « héroïques ou locaux », incomparablement plus nombreux), le symbole par un objet associé à la Divinité [4].

Dans le sillage de ces idées et de celles de Creuzer, Bachofen développera, en interprétant certaines représentations sur des tombes antiques, la thèse selon laquelle le symbole est au commencement, l'interprétation linguistique sous forme de mythe ne venant qu'ensuite. Ceci repose sur une différence d'essence fondamentale entre possibilités d'expression symboliques et linguistiques : « Le symbole éveille le pressentiment que la parole ne peut qu'expliquer. [...] Le symbole plonge ses racines dans les profondeurs les plus secrètes de l'âme, tandis que la parole effleure comme un souffle léger la surface de

1. *Ibid.*, 59, 67, 110, 111.

2. Cf. F.W.J. SCHELLING, WW II/11, 199 sq. [tr. fr. *(Intr. hist-crit.)*: 243]. – Cf. le jugement de NIETZSCHE (Werke IV/1, 146) : « Comme il faut être loin des Grecs pour leur attribuer une autochtonie aussi bornée que celle que leur attribue O. Müller ! » [tr. fr. cit. infra : vol. II**, 310].

3. Dans sa préface à la nouvelle édition des *Prolégomènes* (Darmstadt, 1970, V–20), Kerényi situe cette œuvre dans l'histoire spirituelle du XIXe siècle. Sur K.O. Müller, cf. A. MOMIGLIANO, "K.O. Müller's *Prolegomena zu einer wissenschaftlichen Mythologie* and the Meaning of « Myth »", in : *Annali della Scuola Normale Superiore di Pisa, Cl. di Lettere e Filosofia,* Ser. III, vol. XIII, 3 (1983), 672-689.

4. Cf. K.O. MÜLLER, *Prolegomena,* 266, 333, 335.

l'intelligence. L'un est tourné vers l'intérieur, l'autre vers l'extérieur »[1]. La symbolique ancienne enferme la langue primordiale de l'humanité, elle est le mode d'expression religieux le plus originel de l'homme ; le mythe commente sous forme de récit la pensée ramassée dans le symbole selon une imagerie abstraite : « le mythe est l'exégèse du symbole »[2].

Bachofen défend la thèse selon laquelle les mythes représentent une forme d'écriture religieuse de l'histoire. Il tente de la justifier dans son *Matriarcat* publié en 1861, un des livres célèbres du XIXe siècle dont l'influence persiste de nos jours, la question étant encore incertaine de savoir s'il faut voir en Bachofen celui qui achève le Romantisme allemand ou l'un des principaux représentants de l'évolutionnisme (si Engels et Bebel se sont réclamés de lui comme du précurseur de l'étude historico-matérialiste de l'histoire, Klages et Wolfskehl ont loué chez lui l'évocation d'un monde englouti de symboles et d'images)[3].

1. J.J. BACHOFEN, *Gesammelte Werke,* éd. par K. Meuli, *vol.IV: Versuch über die Gräbersymbolik der Alten (1859).* Bâle, 1954, 62 sq., et pour la suite, 61 [tr. fr.: *Pages choisies.* Paris, 1938]. – O.F. BOLLNOW critique cette conception (en signalant que le symbole même est déjà médiatisé par la parole), *Studien zur Hermeneutik, vol. 1 : Zur Philosophie der Geisteswissenschaften.* Fribourg a.M./Munich, 1982, 321 sq.

2. Sur l'opposition entre symbolique et mythologie (Creuzer, Bachofen, Nietzsche), cf. M. FRANK, *Gott im Exil,* 35 sq. Sur la distinction essentielle entre symbole et langage chez Bachofen, cf. A. CESANA, *Johann Jakob Bachofens Geschichtsdeutung. Eine Untersuchung ihrer geschichtsphilosophischen Voraussetzungen.* Bâle/Boston/Stuttgart, 1983, 118 sq.

3. D'ores et déjà la littérature secondaire sur Bachofen embrasse plus de 1000 titres; l'essai de A. BAUEMLER revêt une importance particulière: "Bachofen, der Mythologe der Romantik", in: *Der Mythus von Orient und Occident. Eine Metaphysik der Alten Welt – Aus den Werken von J.J. Bachofen,* éd. par M. Schröter. Munich, 1926, XXIII–CCXCIV. Dans la première conférence de Thomas MANN tenue en 1929 à l'Université de Munich sur Freud, *Die Stellung Freuds in der modernen Geistesgeschichte,* celui-ci justifie par cet essai le type opposé du « grand retour» *(« Großen Zurück »)* (*Schriften zur Literatur, Kunst und Philosophie,* vol.I. Francfort, 1968, 367-385). Pour son influence sur la pensée juridique dans les mythes de l'origine chez Carl Schmitt, cf. R. FABER, *Nicht tellus mater, sondern Heros Aeneas und Caesar Augustus.* "Über Carl Schmitts « Virilität »", in: *Kultur-Revolution,* n°16 (décembre 1987), 46-49. – L'histoire unique de l'influence de l'œuvre principale de Bachofen (jusqu'ici sur le féminisme actuel) est retracée dans le volume: *Das Mutterrecht von J.J. Bachofen in der Diskussion,* nouvelle éd. remaniée, éd. par H.J. Heinrichs. Francfort, 1987. Un compte rendu du *Matriarcat* est donné par le philosophe-artiste français, ami de Rilke, Pierre KLOSSOWSKI, *Kultische und mythische Ursprünge gewisser Sitten der Römischen Damen* (1968). Berlin, 1979 [version fr.: *Origines cultuelles et*

Bachofen interprète ici la tradition mythique comme souvenir de grands événements historiques, et surtout comme témoignage sur le débat entre formes de vie matriarcales et principe de paternité ultérieur. S'appuyant sur l'héritage de la tradition mythique, qui contient de nombreux renseignements sur les premières relations gynécocratiques, il s'inscrivit en faux contre l'image dominante d'un âge classique défini par une famille dominée par l'homme, avec une succession paternelle. La succession se serait faite au début de l'histoire antique, voire de l'histoire humaine par la mère, la famille humaine étant forcément passée par différents degrés du « principe matriarcal ». Ainsi la « gynécocratie se [serait-elle] [...] formée, établie et maintenue dans une résistance consciente et prolongée des femmes contre l'hétaïre qui les rabaissait »[1]. Le « droit paternel » viendra plus tard : la « paternité romaine » et l'idée romaine de l'État avec son *imperium* masculin. Bachofen redécouvre ainsi l'institution du droit matriarcal, sur lequel Lafitau avait le premier déjà attiré l'attention (en rapprochant la succession maternelle chez les Iroquois des renseignements d'Hérodote sur les Lykaoniens)[2]. Il en eut la confirmation en 1877 par Lewis H. Moritz (sur lequel Marx se lança lui aussi à corps perdu dans les dernières années de sa vie[3]), avec lequel il eut un vivant échange d'idées[4]. La construction par Bachofen de l'histoire de l'évolution humaine apparaît de nos jours irrecevable, ce qui n'amoindrit pas son mérite d'avoir ébranlé la croyance à une universalité de la famille patriarcale.

mythiques d'un certain comportement des dames romaines. Fontfroide-le-Haut, Fata Morgana, 1986]

1. J.J. BACHOFEN, *Das Mutterrecht. Eine Untersuchung über die Gynaikokratie der alten Welt nach ihren religiösen und rechtlichen Natur. Eine Auswahl*, éd. par H.J. Heinrichs. Francfort, 1975, 1982⁴, 30 [tr. fr. : *Le droit de la mère dans l'antiquité*. Trad. par le Groupe français d'études féministes, Paris, 1903].

2. Cf. W.E. MÜHLMANN, *Geschichte der Anthropologie*. Wiesbaden, 1986⁴, 44, 69.

3. L.H. MORGAN, *Ancient Society, or Researches in the Lines of Human Progress from Savagery through Barbarism to Civilization*. Cambridge, 1877, Neudr. 1964 [tr. fr. : *La société archaïque*. Paris, Anthropos, 1971]. – Sur MARX, cf. *Die Ethnologischen Exzerpthefte*, éd. par L. Krader (Assen, 1972). Francfort, 1976. En s'appuyant sur ces cahiers de citations et en s'inspirant de Morgan, ENGELS introduira après la mort de Marx, ces études ethnologiques dans le matérialisme historique, dans son écrit sur *L'origine de la famille* (1884).

4. J.J. BACHOFEN, *Gesammelte Werke*, vol. VIII : *Antiquarische Briefe (1880)*. Bâle, 1966.

Si l'on peut ranger, sans leur faire trop de tort, les mythologues du XIXe siècle, dont nous avons traité jusqu'ici, au nombre des derniers rejetons de la pensée romantique, un autre paradigme de la recherche commence avec Friedrich Max Müller, le sanskritiste allemand qui vécut en Angleterre. Müller fait partie, avec A. Kuhn et F.L.W. Schwarz, des fondateurs de la *mythologie comparée* [1]. Ce que l'on retiendra surtout, c'est la signification centrale qu'il accorde au langage lors de la mytho-genèse. Pour Müller, « la mythologie est [...] inévitable ; elle est une nécessité inhérente du langage, si nous reconnaissons dans le langage la forme extérieure de la pensée : elle est [...] l'ombre obscure que projette le langage sur la pensée, et qui ne pourra disparaître tant que le langage et la pensée ne coïncideront pas totalement, c'est-à-dire jamais » [2]. Les principes de la religion résidaient à ses yeux non pas dans la religion, mais dans l'effort de l'homme primitif pour trouver les mots (ou bien les noms) pour exprimer son sentiment religieux diffus. Se fondant sur les recherches de G. Herrmann, il voit la phraséologie mythologique née de transcriptions erronées. La *fantaisie* créatrice de mythes aurait été, en particulier, stimulée par le spectacle du soleil levant. « La galerie des archétypes de l'esprit humain a nécessairement dû requérir, à une époque très reculée, un signe ou un nom pour qualifier un objet d'une telle suréminence ». La racine commune de toutes les désignations ariennes du *soleil* est dans le sanskrit, et comme le sanskrit « *sûrya-s* a été formé au masculin, il a marqué la langue une fois pour toutes dans la nomination d'une entité masculine, exactement comme s'il se fût agi d'un nom de guerrier ou de roi. Dans d'autres langues, où le nom du soleil est féminin [...], toute la mythologie des aventures amoureuses des corps célestes se transforme d'un seul coup ». Or, ces significations premières ont été perdues, les concepts ont été traités comme les noms d'entités divines, et ce qui à l'origine était information sur le soleil qui se lève dans la grisaille du matin et assigne son terme au règne de la nuit, s'est métamorphosé en mythes du combat entre les dieux.

La théorie de Müller, longtemps restée très populaire (surtout en Angleterre, par exemple chez G. W. Cox) a trouvé de nombreux

1. F.M. MÜLLER, *Comparative Mythology*. Londres, 1856 [tr. fr. : *Essai de mythologie comparée*, trad. E. Renan. Paris, 1859].

2. F.M. MÜLLER, *Einleitung in die vergleichende Religionswissenschaft. Vier Vorlesungen nebst zwei Essays*. 2e éd. inch. Strasbourg, 1876, 316. Pour ce qui suit, 328, 332 [tr. fr. : *La science de la religion*. Paris, Germer-Baillière, 1873].

adeptes ; son critique le plus éminent a été A. Lang [1]. La thèse de Max Müller selon laquelle la condition de la genèse de dieux personnels serait un processus historico-linguistique, rallia, à la fin du XIXe siècle, le philologue classique et historien des religions Hermann Usener, mais qui se détourna de la « mythologie comparée », car il pensait que les « noms mythologiques » n'avaient eux-mêmes été établis que tardivement. Disciple de F.G. Welcker, Usener reprit sur plus d'un point les idées de David Hume, et influença de manière féconde Aby Warburg (dont il dirigea les études à Bonn) et Cassirer [2]. Partant du groupe des divinités romaines de Varron, Usener défendit la thèse selon laquelle les hommes n'ont à l'origine conçu comme divins que les événements *(Geschehnis)* les plus simples, voire les événements *(Ereignis)* d'un unique instant. « Lorsque la sensation instantanée impartit à la chose que nous avons sous les yeux et qui nous fait prendre conscience de la proximité directe d'une divinité, à l'état dans lequel nous nous trouvons, ou à l'action de la force qui nous transporte, la valeur et le pouvoir d'une divinité, le *DIEU DE L'INSTANT* *(Augenblicksgott)* est alors ressenti et créé. C'est dans la pleine immédiateté que l'apparition singulière est divinisée [...] » [3]. Ce concept de chose singulière – ultérieurement confirmé par Lévy-Bruhl – réfute l'hypothèse d'un monothéisme primordial. Bien plutôt le monothéisme ne s'impose-t-il qu'au terme d'une longue série évolutive, qui commence par faire des « dieux instantanés » des « dieux particuliers » : chaque fois que la même occasion se présentait en effet, les « dieux particuliers » réapparaissaient, recevant ainsi un caractère durable. Ces « dieux particuliers » *(« Sondergötter »)* auront insensi-

1. Sur l'histoire de cette théorie, cf. R.M. DORSON, "The Eclipse of Solar Mythology", in : *Myth – A Symposion*, éd. par Th.A. Sebeok. Bloomington, 1958, 15-38. – Paul Valéry est encore sous l'ascendant de cette théorie de F. Max Müller ; cf. sa : "Petite lettre sur les mythes", in : Paul VALÉRY, *Œuvres,* 2 vols. Paris, Gallimard, 1957 et 1960, Coll. "La Pleïade", I, 961-967.

2. Sur Usener et son influence profonde sur la recherche, cf. B. LIEBRUCKS, *Sprache und Bewußtsein, vol. I : Einleitung. Spannweite des Problems.* Berne/Francfort/Las Vegas, 1964, 405-418. Le concept des « Götternamen » d'Usener subit un nouveau traitement approfondi chez R. KANY, *Mnemosyne als Programm. Geschichte, Erinnerung und die Andacht zum unbedeutenden im Werk von Usener, Warburg und Benjamin.* Tübingen, 1987 ; R. SCHLESIER, "Arbeiter in Useners Weinberg", in R.S., *Kulte, Mythen und Gelehrte,* 193-242.

3. H. USENER, *Götternamen. Versuch einer Lehre von den religiösen Begriffsbildung.* 1ère éd. 1896, 3e éd. inch. Francfort, 1948, 280 (en petits caractères originaux). Pour la suite, *ibid.*, 303, 316.

blement évolué en dieux de plus haute dignité. « Pouvons-nous [...] nous représenter le processus par lequel, de la quantité innombrable des dieux particuliers, transparents pour l'intelligence, un petit nombre de dieux singuliers, relatifs, s'est dégagé avec une pleine personnalité plastique, pour devenir centres d'un culte public et privé ? ». Usener trouve la réponse dans le développement du langage : « La condition de la genèse des dieux personnels est un processus historico-linguistique. En perdant, par altération phonétique ou par disparition du radical correspondant, sa connexion avec le trésor vivant du langage, en perdant son intelligibilité, le nom d'une divinité particulière importante devient nom propre. C'est après avoir été lié à un nom propre que le concept d'un dieu acquiert la capacité et l'impulsion en vue d'un arrangement personnel dans le mythe et le culte, dans la poésie et l'art ». Comme ces derniers mots l'indiquent clairement, Usener admet pour la mythologie et la religion, comme pour le langage et la poésie, une origine commune – vision dont il est redevable, il le soulignera expressément en 1904, à Vico : « Le symbole et le mythe reconduisent tous deux à la même source. [...] Les deux processus principaux de toute représentation mythique consistent à prêter une âme (personnification) et une forme sensible (métaphore). [...] Du tréfonds de la conscience doit nécessairement monter une image qui se combine à la représentation douée d'âme pour donner une représentation iconique. Ainsi naît l'image ou le thème mythique, tantôt symbole, tantôt représentation iconique concrète du dieu. [...] Il ne s'agit rien moins que de reconnaître la composition et la forme de mouvement spirituelle qui trouve son antithèse dans la pensée conforme à l'entendement et dans la science et que l'on peut laconiquement appeler semi-mythique »[1]. Quelle que soit leur parenté, les différentes formes de symbole, de mythe et de légende sont à analyser selon toutes leurs particularités, ce dont Usener a fourni une démonstration exemplaire dans son livre sur *Les légendes du Déluge*[2].

1. H. USENER, "Mythologie (1904)", in : H.U., *Vorträge und Aufsätze*. 2e éd. inch. Berlin, 1914, 37-65, ici 57 sq. – Cassirer loue encore Usener pour cette intelligence de la « correspondance réciproque » entre création de mythe et de langage, cf. E. CASSIRER, *Philosophie der symbolischen Formen, vol. 2, 1923*. Darmstadt, 1977, 30 [tr. fr. : 39-40]. Cf. E.C., "Sprache und Mythos (1925)", in : *Wesen und Wirkung des Symbolbegriffs*. Darmstadt, 1893 [7], 85 sq. [tr. fr. : *Langage et mythe*. Paris, Minuit, 1973, 24 sq., 29 sq.].

2. H. USENER, *Die Sintfluthsagen*. Bonn, 1899, 181 sq.

En dépit de ses erreurs, et nous les savons aujourd'hui nombreuses, notamment quand il affirme qu'il y a bien eu en Grèce « des dieux fonctionnels [...], mais pas de dieux particuliers » [1], et que les mythes ne seraient apparus qu'après la formation des grands dieux, Usener a cependant exercé une grande influence [2]. Hermann Diels, Albrecht Dieterich, Ludwig Radermacher et surtout Wilamowitz comptent parmi ses disciples. Wilamowitz reconnaît toute sa dette envers Usener dans une lettre du 7.XII.1895 : « Au tour maintenant de votre livre sur les dieux [...] ; je lui ai consacré une journée entière [...]. L'impression ne m'en a quitté ni nuit ni jour, et je sais que, dans le calme, je discuterai sur de nombreux points avec vous, que, si cela est nécessaire, je me battrai avec vous, prêt à extirper aussi les racines des bonnes vieilles erreurs » [3].

La position de Usener, dominante en dépit de toutes ses erreurs, s'éclaircira aussi pour peu que l'on jette un regard sur d'autres théories du mythe dans la seconde moitié du XIXe siècle. L'interprétation des mythes par Schopenhauer, dont on sait que la philosophie n'exercera d'influence qu'après 1850, ne saurait rien offrir de neuf à cette époque de discussion scientifique [4]. Les réflexions d'Otto Gruppe, qui en 1825 vint étudier à Berlin et y écouter Hegel (dont il se détourna complètement), constituent aussi une exception anachronique. En situant l'origine des mythes dans le Proche Orient, d'où ils se seraient communiqués aux autres peuples, il renouait avec les théories du XVIIIe siècle [5].

La théorie du mythe la plus féconde à la fin du XIXe siècle est celle de Frédéric Nietzsche, dont l'œuvre de jeunesse conjugue les

1. M.P. NILSSON, *Geschichte der griechischen Religion,* vol. 1. Munich, 1976 [4], 388 sq.

2. On en trouve les traces en 1936 dans l'article "Mythos", in : *Pauly's Real-Encyklopädie der classischen Altertumswissenschaft.* Nvelle éd. remaniée commencée par G. Wissowa, 32e 1/2 tome. Stuttgart, 1935, 1374-1411.

3. *USENER und WILAMOWITZ. Ein Briefwechsel 1870-1905.* Leipzig/Berlin, 1934, 55. Cf. également et surtout : U. v. WILAMOWITZ-MOELLENDORFF, *Der Glaube der Hellenen,* 2e éd. inch. Darmstadt, 1955, vol. 1, 40-44 ; vol. 2, 94-97.

4. A. SCHOPENHAUER, *Sämtliche Werke,* éd. par A. Hübscher, *vol. 2 : Parerga et Paralipomena.* Leipzig, 1939, 434-441 : « Quelques réflexions mythologiques » [tr. fr. : *Fragments sur l'histoire de la philosophie.* Paris, Alcan, 1912, 161-170]. Cf. à ce sujet : A. SCHMIDT, *Die Wahrheit im Gewand der Lüge. Schopenhauers Religionsphilosophie.* Munich, 1986, en particulier. 47 sq.

5. Cf. O. GRUPPE, *Die griechischen Kulte und Mythen in ihren Beziehungen zu den orientalischen Religionen,* 1887 ; O.G., *Griechische Mythologie und Religionsgeschichte,* 2 vols. Munich, 1906.

influences de Creuzer, Bachofen, Schopenhauer, ainsi que celle de Schelling [1]. Le débat reste toujours ouvert de savoir si l'attitude de Nietzsche par rapport au mythe est animée par l'esprit des *Lumières* (Adorno) ou si elle lui est contraire (Habermas), autrement dit si Nietzsche – au plus tard avec *Zarathoustra* – a créé de nouveaux mythes ou s'il faut le comprendre comme critique des mythes [2]. C'est seulement ces dernières années qu'il est devenu clair que les tensions caractéristiques de l'œuvre de Nietzsche entre tendances affirmatrices et critiques du mythe reconduisent à son rapport ambivalent avec le Romantisme, plus exactement le Préromantisme, contre lequel il n'a polémiqué que parce qu'il constituait le noyau le plus intime de son être [3].

Le mythe se trouve thématisé selon son concept presque exclusivement dans l'essai philosophique des débuts de Nietzsche, *La naissance de la Tragédie enfantée par l'esprit de la musique* (1872). Or, nous n'en trouvons là aucune définition véritable [4] ; par «mythe», Nietzsche entend tout aussi bien le mythe grec au sens propre (les mythes non grecs ne l'intéressent pas) que, de manière générale, les idéologies. La question centrale est celle de l'origine du mythe chez les Grecs et de son achèvement dans la Tragédie. Le point de départ de ses réflexions, ce sont les catégories fondamentales de l' «apollinien» et du «dionysiaque» [5], considérés comme les «mondes artistiques séparés du rêve et de l'ivresse» [6]. Les deux «impulsions premières» sont les personnifications du «vouloir»-vivre schopenhauérien : le

1. Le premier à avoir attiré l'attention sur l'influence de Schelling est M. FRANK (*Gott im Exil,* 55 sq.)

2. Cf. à ce sujet : M. FUNKE, *Ideologiekritik und ihre Ideologie bei Nietzsche.* Stuttgart-Bad Cannstadt, 1974; J. SALAQUARDA, "Mythos bei Nietzsche", in : *Philosophie und Mythos,* 174-198.

3. C'est à Ernst BEHLER qui nous a permis de connaître le rapport qui existe entre Nietzsche et le Romantisme ; cf. E.B., "Nietzsche und die frühromantische Schule", in : *Nietzsche-Studien,* 7 (1978), 59-87 ; E.B., "Die Auffassung des Dionysischen durch die Brüder Schlegel und Friedrich Nietzsche", in : *Nietzsche-Studien,* 12 (1983), 335-354.

4. Cf. P. PÜTZ, "Der Mythos bei Nietzsche", in : *Mythos und Mythologie in der Literatur des 19. Jahrhunderts,* 251-262, ici 257.

5. Cf. B.-A. KRUSE, *Apollinisch-Dionysisch. Moderne Melancholie und Unio Mystica.* Francfort, 1987 ; M. Frank, *Gott im Exil,* 32 sq.

6. F. NIETZSCHE, *Werke. Kritische Gesamtausgabe,* éd. par G. Colli et M. Montinari (par la suite : *Werke*), 3e section, vol. 1 Berlin/New York, 1972, 22. Pour la suite, 23 sq. [tr. fr. : *Œuvres philosophiques complètes.* Paris, Gallimard, 1967 sq. Nos traductions sont empruntées, au détail près, à cette édition].

dieu de la lumière Apollon incarne le « principium individuationis » : comme « dieu de toutes les forces créatrices », il est « toute mesure dans la délimitation » et « tout calme dans la sagesse ». Par opposition à cette mesure dans la délimitation, le dionysiaque remonte, lors de la « rupture du *principium individuationis,* du fond le plus intime de l'homme, ou même de la nature » ; désormais « la nature aliénée, hostile ou asservie [célèbre] [...] de nouveau sa réconciliation avec l'homme, son fils perdu [...] » [1]. Les deux impulsions renvoient l'une à l'autre : pour pouvoir s'articuler comme ivresse, le monde du vouloir originel dionysiaque doit forcément s'individuer, s'articuler. Les « Grecs dionysiaques » se sont créé leur « civilisation apollinienne » avec ses « figures magnifiques de dieux olympiens », afin de se consoler esthétiquement des « terreurs et des atrocités de l'existence ». « Pour que leur vie fût possible, il fallait de toute nécessité que les Grecs créassent ces dieux : création dont nous avons sans doute à nous représenter le procès comme une lente émergence, sous l'action de la pulsion apollinienne du beau, de l'ordre olympien des dieux de la joie à partir de l'originelle hiérarchie titanesque des dieux de la terreur [...] » Ou bien formulé en d'autres termes, selon la terminologie schopenhauérienne : « Chez les Grecs, le *vouloir* voulait se contempler lui-même dans cette transfiguration que lui offraient le génie et le monde de l'art » [2]. Le suprême déploiement de cette mythologie artistique est atteint dans la Tragédie attique, où l'apollinien et le dionysiaque se trouvent réunis. La Tragédie est née de la musique, plus exactement de la « musique dionysiaque » du jeu satyrique ainsi que d'une « réalité que la sanction du mythe et du culte atteste comme religieuse ». Le chœur dionysiaque « console l'Hellène profond, plus apte que tout autre à la souffrance la plus subtile et la plus grave [...]. L'art le sauve, mais par l'art, c'est la vie qui le sauve à son profit » [3]. Derrière cette croyance en la force salvatrice de l'art (« lui seul est à même de plier ce dégoût pour l'horreur et l'absurdité de l'existence à se transformer en représentations capables de rendre la vie possible »), il y a la célèbre doctrine nietzschéenne de la justification esthétique de la vie : « [...] ce n'est qu'en tant que PHÉNOMÈNE ESTHÉTIQUE que l'existence et le monde, éternellement, SE JUSTIFIENT » [4]. La Tragédie a trouvé son terme avec la

1. *Ibid.*, 25 [tr. fr. cit.].
2. *Ibid.*, 27, 30, 31, 32, 33 [tr. fr. cit.].
3. *Ibid.*, 51, 52 [tr. fr. cit.].
4. *Ibid,* 53, [43] [tr. fr. cit.].

philosophie, plus exactement avec l'idée socratique optimiste d'un savoir vertueux et avec la « tendance *socratique* par laquelle Euripide combattit la Tragédie eschyléenne et en triompha »[1].

S'il est vrai que Nietzsche eut à essuyer les critiques de ses contemporains (philologues) pour sa « réduction unilatérale à l'élément dionysiaque et apollinien » (qui « néglige le rôle décisif du mythe chthonien et du culte des héros »[2]), il n'est pas moins indéniable qu'il fraya de nouvelles voies en reconnaissant que le conflit entre art et vérité ou science était plus profond que celui opposant mythe et vérité, dont est issue la philosophie grecque. Le mythe et l'art se voient ici assigner une fonction critique vis-à-vis du progressisme scientifique, ce qui également explique les espoirs que Nietzsche met en la naissance d'un mythe nouveau (au chapitre 23). « Ce déclin de la Tragédie fut en même temps le déclin du mythe », ce qui permet à Nietzsche de miser sur une « renaissance de la Tragédie », – oui, il croit avec Schelling à la « venue d'un troisième Dionysos », car « Faute de mythe [...] toute civilisation perd la saine vigueur créatrice qui est sa force naturelle : car seul un horizon circonscrit par le mythe peut assurer la clôture et l'unité d'une culture en mouvement. Il n'y a que le mythe qui puisse sauver toutes les forces de l'imagination et du rêve apollinien de leur errance sans but »[3]. Nietzsche en vient à donner à son espoir de « renaissance du mythe allemand (*i. e.* dionysiaque, C. J.) »[4] un tour emphatique – qui au XXe siècle se verra exposé aux simplifications politiques d'un Alfred Rosenberg.

Nietzsche a fondé quant à lui cette espérance sur la communion opérée par la musique de Richard Wagner, qu'il célèbre comme « résurrection du mythe allemand »[5]. À nos yeux, dit-il dans la quatrième *Considération inactuelle,* « Bayreuth signifie la bénédiction du matin au jour du combat ». Wagner pense « de façon mythique,

1. *Ibid.*, 79 [tr. fr. cit.].

2. K. HÜBNER, *Die Wahrheit des Mythos,* 224. Sur les reproches des philologues, cf. *Der Streit um Nietzsches Geburt der Tragödie. Die Schriften von E. Rhode, R. Wagner, U. v. Wilamowitz-Moellendorff,* éd. par K. Gründer. Hildesheim, 1969. – Sur la relation entre art et vérité, cf. R. SÜNNER, *Ästhetische Szientismuskritik. Zum Verhältnis von Kunst und Wissenschaft bei Nietzsche und Adorno.* Francfort/Berne/New York, 1986, en particulier. 51 sq., 173 sq.

3. F. NIETZSCHE, *Werke,* III/1, 143, 88, 62, 141 [tr. fr. cit.]. Sur le « troisième Dionysos », cf. M. FRANK, *Gott im Exil,* 56 sq.

4. *Ibid.*, 143 [tr. fr. cit.].

5. F. NIETZSCHE, *Werke,* IV/1, 288. Pour la suite, *ibid.*, 57 [tr. fr. cit.].

comme le peuple a toujours pensé. Le mythe ne repose pas sur une pensée, comme se l'imaginent les rejetons d'une culture factice, il est lui-même une pensée [...]. L'*Anneau du Nibelung* est un prodigieux système de pensées auxquelles ne manque que la forme conceptuelle ». C'est la même position que Nietzsche défend aussi dans la seconde des *Considérations inactuelles* (publiée en février 1872), intitulée *De l'utilité et des inconvénients de l'histoire pour la vie* : il voit dans le mythe la condition vitale de toute civilisation, et il diagnostique l' « historiomanie » des temps présents en montrant que l'accumulation de savoir historique détruit cet horizon clôturé.

Ces tendances à la remythisation sont qualifiées par Habermas, en termes apodictiques, d'intrusion dans la postmodernité : « Nietzsche se sert de l'échelle de la raison historique, afin de la rejeter en fin de compte et de prendre pied dans le mythe, l'autre de la raison » [1]. Ce reproche de rechute irréfléchie et non critique dans le mythe est injustifié si on le formule en des termes aussi généraux, comme on le constate en jetant un regard sur un long texte du *Nachlaß* (que Nietzsche n'envisageait pas de publier) écrit à l'été 1873, et intitulé *Vérité et mensonge au sens extra-moral,* ce qui tranche comme « un monstre de scepticisme » sur le cercle de pensées de *La naissance de la Tragédie* [2]. Se fondant sur le caractère de la parole comme simple métaphore des choses, Nietzsche y critique la prétention, ici érigée à la parole, de la philosophie à la vérité. Tout concept n'est que le « résidu d'une métaphore » et en conséquence la vérité n'est qu' « une multitude mouvante de métaphores », *i. e.* une illusion [3] : tout simplement, nous avons oublié que c'était une illusion. Dans une proximité frappante avec la théorie littéraire et linguistique du Préromantisme, Nietzsche situe donc la création philosophique des concepts après la création artistique des métaphores, et il interprète la science comme le « cimetière de l'intuition » [4]. Au sommet de la création scientifique des concepts, reparaît donc le besoin artistique originel : « Cet instinct qui

1. J. HABERMAS, *Der philosophische Diskurs der Moderne,* 107 [tr. fr.: 105].

2. E. BEHLER, "Selbstkritik der Philosophie in der dekonstruktiven Nietzschelektüre", in: *Krisis der Metaphysik,* éd. par G. Abel et J. Salaquarda, pour les 65 ans de W. Müller-Lauter. Berlin/New York, 1989, 283-306; cf. à présent aussi S. KAISER, "Über Wahrheit und Klarheit. Aspekte des Rhetorischen in « Über Wahrheit und Lüge i. a. S. »", in: *Nietzsche-Studien,* 23 (1994), 65-78.

3. F. NIETZSCHE, *Werke,* III/2, 376, 374 [tr. fr. cit.].

4. *Ibid.*, 380. Pour la suite, 381 [tr. fr. cit.].

pousse à créer des métaphores [...] n'est pas soumis à la vérité et il est à peine maîtrisé dans la mesure où sur la base de ses productions évanescentes, les concepts, est bâti un nouveau monde régulier et résistant qui se dresse face à lui comme un château fort. Il cherche un nouveau champ et un autre fief à son activité ; il les trouve dans le mythe et de façon générale dans l'art ». En inversant la relation de cause à effet entre l'art et la science, Nietzsche aiguise la thèse de *La naissance de la Tragédie* sur le caractère transitoire de la science et sur le revirement de la science à l'art, en dérivant la science d'un instinct métaphorique. Le texte ne conclut cependant pas sur un programme orienté vers l'élimination de la science en faveur de l'intuition artistique, mais sur un plaidoyer pour une « interaction [...] entre métaphore et concept, entre art et science » [1]. Ph. Lacoue-Labarthe a signalé que le seul fait pour Nietzsche d'être parti d'une philosophie du langage fondée *RHÉTORIQUEMENT* (le langage, en tant que rhétorique, n'est pas moyen d'expression de la vérité), grâce à la lecture du *Langage comme art* (1871/72) de Gustav Gerber, rendait déjà impossible toute velléité de fuite dans le mythe, car « le mythe est rhétorique » et qu' « à ce titre, il participe de la duplicité doxique du langage qui, par là même, n'affirme pas une vérité, mais ne cesse de se croire langage de la vérité » [2].

Que des vues de ce style puissent donner naissance à un programme de destruction des mythes, c'est ce montrent à l'évidence les notes publiées en 1878 sous le titre *Humain trop humain*. Désormais, la critique psychologique de la métaphysique – inspirée par son ami Paul Rée – devient l'un des thèmes centraux de la philosophie de Nietzsche (une préoccupation que Martin Heidegger pourra reprendre à son compte). Nietzsche voudra, dans ce contexte, démasquer aussi toutes les « idoles », déconstruire tous les mythes au moyen d'une psychologie historique. Avec la quatrième des sections principales, la rupture avec Wagner est également consommée. L'existence esthétique n'est plus pour Nietzsche l'idéal de la grandeur humaine, il loue au contraire dans le fragment n° 638 la « liberté de la raison ». La question n'est toujours pas tranchée de savoir si la doctrine tardive de la « volonté de puissance » veut propager un nouveau mythe ou si elle

1. E. BEHLER, *Selbstkritik der Philosophie,* 290.

2. Ph. LACOUE-LABARTHE, "Le détour", in: *Poétique,* n°5, Paris, 1971 (vers la fin); repris in: Ph. L.-L., *Le sujet de la Philosophie.* Paris, 1979 (Typographies I).

n'est qu'une forme d'interprétation du monde [1]. Le dernier Nietzsche s'intéresse en priorité au problème de la morale, qui à ses yeux définit intrinsèquement le christianisme et toute la tradition socratico-platonicienne : la critique de la « révolte des esclaves dans la morale » est au cœur de son analyse du nihilisme [2]. Nietzsche espère, après la mort de Dieu, l'apparition d'un nouveau type d'homme, qui sera lui-même semblable à Dieu : le « surhomme », cautionné par le nom de Dionysos. Le défi ainsi lancé au christianisme apparaît clairement dans la formule conclusive du texte *Ecce Homo* (1888) : « Dionysos contre le Crucifié » [3].

À l'instar des premières œuvres de Nietzsche, le « ralliement » de Dilthey « à l'herméneutique romantique » a œuvré, au sein de la *Recherche* historico-philologique, en faveur de l'abandon du positivisme, de la redécouverte de thèmes romantiques, Dilthey a déblayé la voie qui allait permettre « à Walter F. Otto, Karl Kerényi, etc., de renouveler selon l'esprit de Schelling » le problème de la mythologie antique [4]. Dans la seule de ses œuvres qui soit systématique, l'*Introduction aux sciences de l'esprit* (1883), demeurée à l'état d'ébauche, il situe la « représentation mythique » – en recourant aux hypothèses de la « mythologie comparative » et aux réminiscences de Lazarus et Steinthal – en tant que phase de l' « évolution intellectuelle », avant la genèse de la « métaphysique » et de la « science ». C'est l'occasion pour lui de critiquer surtout chez Comte l'absence de « distinction entre mythe et religion » : le mythe n'est pas une phase préalable des religions, il est autonome et continue de subsister à côté d'elles, si ce n'est que – à la différence des religions – il s'affranchit de la métaphysique [5]. À l'intérieur des plans et des projets (1870-95) retenus pour le second volume de l'*Introduction*, le mythe est compris – en analogie avec le langage – comme expression concrète-vivante des « rapports avec la vie » : « Les formes et les éléments formels de la mythologie sont tout d'abord destinés à donner expression aux

1. Cf. J. SALAQUARDA, *Mythos bei Nietzsche*, 192 sq.

2. F. NIETZSCHE, *Werke*, VI/2, 284 sq. [tr. fr. cit.].

3. Cf. à ce sujet, dans une perspective marxiste : W. KUHMANN, *Die Rückkehr des täuschenden Scheins der Dinge. Anmerkungen zum Verhältnis von Mythos und Philosophie bei Friedrich Nietzsche*. Köln, 1986, 315 sq.

4. H.G. GADAMER, *Wahrheit und Methode*, 479 sq. [*Anhang*, non traduit dans l'éd. fr. cit.].

5. W. DILTHEY, *Gesammelte Schriften*, vol. 1, éd. par B. Groethuysen, Stuttgart/Göttingen, 1979[8], 134, 136, 141.

catégories de la vie et aux concepts de la vie ». Comme plus tard chez Cassirer, Dilthey prend comme exemple de la « catégorie vivante de la causalité » le[s] « symbole[s] de la magie, de la bonne et de la mauvaise volonté des esprits, de la procréation, etc. »[1]. Ainsi la position de Dilthey forme-t-elle une transition entre le XIX et le XXe siècle.

1. W. DILTHEY, *Gesammelte Schriften,* vol. 19, éd. par H. Johach et F. Rodi, Göttingen, 1982, 290.

VII. LE XXe SIÈCLE

Dans la littérature et l'art, dans la physique moderne, dans la philosophie et la psychologie des profondeurs, Michael Hochgesang voit une « vague mythique » [1] nouvelle, qui se forme au tournant du siècle. Il décèle, à côté de la théorie atomique et de celle des quanta, un « tournant vers le mythique » dans le roman, le drame et la poésie lyrique (par exemple chez Stefan George, Rilke, Julien Green, Marcel Proust, T.S. Eliot) ; en ce qui concerne la philosophie, il voit venu avec l' « existentialisme » le « tournant de la pensée logique à la pensée mythique ». Il cite enfin la psychanalyse. Peut-on affirmer que, à partir de 1900, « une image du monde nouvelle, inclinant vers le mythique », commence à s'imposer [2], ceci est plus que douteux. À tout le moins serait-il nécessaire de distinguer entre différentes notions et différentes nuances du (néo-)mythique ; par exemple la fonction restauratrice du mythique chez Klages, Jung et Gundolf, devrait-elle être distinguée de l'interprétation des historiens des religions, Nilsson, Kerényi, Eliade, et de l'interprétation numineuse chez Wilamowitz et W.F. Otto, tout de même que devraient être distinguées la théorie psychologique d'un Wilhelm Wundt et la théorie sociologique d'un Durkheim ou d'un Dumézil ; c'est sur cet arrière-plan qu'il faudrait apprécier les tentatives philosophiques de théorie du mythe, essentiellement liées au nom de Cassirer.

Si l'on cherche toutefois à ramener la ré-appréciation du mythe qui débute au tournant du siècle à un dénominateur commun, ce dénominateur commun doit être cherché au premier chef dans l'ébranlement de la croyance au progrès et à la Civilisation auquel l'ethnologie des religions et la psychologie des profondeurs ont

1. M. HOCHGESANG, *Mythos und Logik im 20. Jahrhundert. Eine Auseinandersetzung mit der neuen Naturwissenschaft, Literatur, Kunst und Philosophie*. Munich, 1965, 42. Sur ce qui suit, *ibid.*, 44, 83.

2. *Ibid.*, 88.

apporté leur contribution. L'ethnologie et la psychologie sont parvenues à la conclusion que tout mythe, même le plus singulier, est digne d'être étudié eu égard à ce qu'il contient de vérité. Lorsque les Européens ont appris à connaître pour la première fois les religions des grandes civilisations de l'Afrique occidentale (celle des Yorubas au Nigéria, des Ashantis au Ghana ou des populations du Dahomey), ils ont découvert avec étonnement des mondes de dieux, des mythes et des cultes, tout aussi complexes et riches que ceux des anciens Grecs. Frazer en Angleterre et peu après Frobenius en Allemagne ont réussi à enraciner dans une large partie de la bourgeoisie cultivée l'image du noble sauvage.

Sir James George Frazer passe pour être – à côté de Tylor – le fondateur de la science religieuse d'orientation ethnologique. C'est à lui et au cercle de Cambridge groupé autour de lui que remonte le développement de la théorie ritualiste – sous sa forme la plus rigoureuse (les mythes sont nés en vue d'expliquer certains rites religieux incompris). Dans son œuvre capitale, *Le rameau d'or* (1890) [1], le problème de la mort occupe une position centrale. Frazer a placé la réaction psychique, la réflexion angoissée sur l'au-delà, sur le *cosmos* et sur le sens de la vie, au centre de son exposé des mythes et des rituels « primitifs ». L'angoisse déjà existante devant la puissance magique des Anciens est exaspérée par l'épreuve de leur mort. On redoutait en eux les génies des ancêtres, d'autant que le meurtre des ancêtres ou le régicide devait prévenir leur décrépitude physique. Si l'ethnologie britannique, influencée par de longues recherches sur le terrain, renonça également à l'idée-force de relative au « régicide » [2], la méthode ritualiste a cependant fait de nombreux émules [3]. La théorie fonctionnaliste des mythes de Malinowski a développé certaines idées de Frazer, qu'il a confirmées par sa recherche sur le terrain [4]. La

1. J.G. FRAZER, *The Golden Bough. A Study in Comparative Religion*, 2 vols., Londres/New York, 1890, 3e éd. 1911-15, Suppl. 1936, 9e éd. 1949 [tr. fr.: *Le trésor légendaire de l'humanité: feuilles détachées du Rameau d'or*. Paris, Libr. de France, 1925]. – Le titre évoque le rameau d'or que, dans l'*Énéide* de Virgile, Énée arrache (VI 136-48) pour entreprendre son « descensus ad inferos ».

2. Cf. E.E. EVANS-PRITCHARD, 1948. Cf. à ce sujet: C. GEERTZ, *Works and Lives. The Anthropologist as Author*. Stanford, Cal., 1988, ch. 3.

3. HOOKE, 1935. HOCART, 1952. RAGLAN, 1958. HYMAN, 1958. GRAVES, 1960.

4. Cf. E. LEACH, "Frazer and Malinowski", in: *Encounter*, 25/5 (1965), 24-36. Cf. sur Malinowski en général: F. KRAMER, *Verkehrte Welten*, 82 sq.; C. GEERTZ, *Works and Lives*, ch. 4. – Sur la critique du dispositif fonctionnaliste,

théorie de Frazer ne fut pas sans influencer même des poètes comme T.S. Eliot (on en trouve des traces dans *The Waste Land*). À l'intérieur de la philosophie, c'est Ludwig Wittgenstein qui surtout s'intéressa en 1931 au *Rameau d'or,* choqué en particulier par l'image d'un sauvage stupide au bout du compte – forgée par l'arrogance britannique victorienne – malgré tous les efforts déployés pour tracer une image plus fidèle : « Il faut commencer par l'erreur pour ensuite la faire passer à la vérité [...] La représentation par Frazer des intuitions magiques et religieuses des hommes est insatisfaisante ; elle laisse apparaître ces intuitions comme *ERREURS*. [...] Déjà l'idée de vouloir expliquer le rite – le meurtre d'un roi-prêtre – me semble porter à faux. Tout ce à quoi parvient Frazer, c'est à en faire plausiblement des hommes qui pensent de manière semblable à lui. Il est très remarquable que tous ces rites finissent par être représentés comme une sorte de stupidité. Or, on ne saurait croire que les hommes accomplissent tout cela par pure stupidité »[1]. La méthode explicative est rejetée ; Wittgenstein lui substitue son espoir de description pure (« On ne peut ici que *DÉCRIRE* et dire : Telle est la vie humaine »[2]). C'est l'occasion pour lui de délimiter en termes théoriques les processus communicationnels d'échange entre les civilisations.

L'école ritualiste n'a modifié sa théorie selon laquelle le mythe ne repose que sur une erreur, qu'après avoir pris connaissance de l'interprétation sociologique durkheimienne des religions (cette correction est particulièrement visible chez Jane Ellen Harrison). Durkheim a développé pour la première fois sa théorie des phénomènes religieux comme une sorte de forme préscientifique de compréhension de la société dans un cours de 1907 à la Sorbonne, puis en termes plus détaillés dans son œuvre capitale, *Les formes élémentaires de la vie religieuse* de 1912[3]. Traitant, à la base, des systèmes totémiques de l'Australie, Durkheim tente ici de conforter la thèse selon laquelle ni l'animisme ni le « naturisme » ne sont la vraie racine des religions, mais que le véritable objet des religions est le lien social.

cf. du même auteur: "Ritual and Social Change: A Javanese Example", in: *American Anthropologist,* 61 (1959), 991-1012.

1. L. WITTGENSTEIN, *Bemerkungen über Frazers 'Golden Bough'*, éd. par R. Rhees. Retford, 1979, 1983², 1 [tr. fr.: *Remarques sur le Rameau d'or de Frazer*. Lausanne, L'Âge d'Homme, 1982].

2. *Ibid.*, 3 [tr. fr. cit.].

3. E. DURKHEIM, *Les formes élémentaires de la vie religieuse* (1912). Paris, Le livre de poche (LGF), 1991.

Dans la vie commune collective, l'individu expérimente la force supérieure du collectif qu'il tente de se représenter sous l'aspect d'entités religieuses objectivées : ainsi les faits sociaux et les institutions sociales auraient-ils été dramatisés dans des rites, racontés dans des mythes, le récit mythique et la pratique rituelle venant à leur tour renforcer chez l'individu la croyance aux divinités, et consolidant son lien avec le groupe. La sacralité apparaît être en conséquence l'expression d'un consensus normatif qui se trouve actualisé selon des règles : « La conclusion générale du livre, c'est que la religion est une chose éminemment sociale. Les représentations religieuses sont des représentations collectives qui expriment des réalités collectives ; les rites sont des manières d'agir qui ne prennent naissance qu'au sein de groupes assemblés et qui sont destinées à susciter, à entretenir ou à refaire certains états mentaux de ces groupes »[1]. Cette élucidation de la structure symbolique du sacré avec, sous-jacente, la répartition de l'univers en deux secteurs de vie hermétiques, le sacré et le profane, ont exercé sur l'ethnologie une grande influence[2]. Le neveu de Durkheim, son disciple et successeur Marcel Mauss, a élargi la théorie de son maître jusqu'à la notion de « fait social total »[3], telle qu'inversement, avec son *Esquisse d'une théorie générale de la magie* (1902/1903) et son étude *L'origine des pouvoirs magiques dans les sociétés australiennes* (1904), il a une « contribution à la pensée de Durkheim », comme Lévi-Strauss l'a mis en évidence[4], lui dont la théorie des formes ethnologiques de la parenté doit tant à Durkheim et à Mauss dans son étude des prémices sur *Les structures élémentaires de la parenté* (1949). *L'essai sur le don* de Mauss[5], paru en 1925, a eu pour le structuralisme une importance particulière, avec son idée du rôle de communication créé par le baptême (développée sur l'exemple

1. *Ibid.*, 52-53. – Cf. sur Durkheim la biographie de: St. LUKES, *Emile Durkheim. His Life and Work. A historidal study.* Londres, 1973. Également R. KÖNIG, *E. Durkheim zu Diskussion.* Munich, 1978 ; H.G. KIPPENBERG, "Einleitung", in *Magie.* Francfort, 1987, 17-23.

2. On trouvera un panorama sur l'évolution et l'état des études en sociologie de la religion, avec une bibliographie détaillée in I. MÖRTH, *Die gesellschaftliche Wirklichkeit von Religion.* Stuttgart/Berlin/Köln/Mainz, 1978.

3. Les phénomènes visés sont ceux qui apparaissent dans différents secteurs d'une société et qui lui donnent sa mentalité une (Mauss a utilisé pour la première fois le concept de « faits sociaux totaux » dans son *Essai sur le don* de 1925.

4. C. LÉVI-STRAUSS, "Introduction à l'œuvre de Marcel Mauss", in M. MAUSS, *Sociologie et anthropologie.* Paris, P.U.F. (1950), 1991[4], XLI.

5. *Œuvres,* 3 vols. Paris, 1981-1985, "Le sens commun", cf. vol. 2.

des rituels archaïques de baptême comme sur ceux du *potlatch* indien et du *kula* mélanésien). Roger Caillois se rattache lui aussi à Mauss et à Durkheim dans sa théorie du sacré. En Angleterre, A. Radcliffe-Brown passe pour avoir été un disciple de Durkheim. Dans ses travaux *The Sociological Theory of Totemism* (1929) et *Religion and Society* (1929), il a présenté la religion comme un phénomène fondamentalement social. La théorie durkheimienne de la formation et de l'autorité des normes sociales n'est pas restée non plus sans effet sur les sciences sociales [1]. Pour Habermas, « l'idée de formulation du sacré par la parole [...] » apparaît « comme le point de vue à partir duquel les hypothèses de Meads et de Durkheim convergent dans la rationalisation du monde de la vie », encore qu'il reproche à Durkheim de « négliger la dimension d'une intercompréhension par le langage » [2].

L'analyse sociologique du mythe gagna rapidement du terrain à l'intérieur de la philosophie même, y supplantant d'autres couches, psychologiques par exemple, telles que W. Wundt surtout les développait. Sa *Psychologie des peuples* [3], collection de toutes les tendances et hypothèses de l'interprétation du mythe au XIXᵉ siècle, conçoit le mythe comme une juxtaposition d'associations et le ramène à des valeurs affectives. Celui qui exerça toutefois l'influence la plus profonde dans la philosophie est Lévy-Bruhl. Sa théorie du langage et de la pensée considère, à la suite de Durkheim, les représentations collectives comme également conditionnées par des processus sociaux et des institutions sociales [4]. Il fit sensation en marquant (mais il estompera cela dans ses textes plus tardifs) la différence des primitifs et

1. Cf. T. PARSONS, "Durkheim's Contribution to the Theory of Integration of Social Systems", in: T.P., *Sociological Theory and Modern Society*. New York, 1967, 3-34.

2. J. HABERMAS, *Theorie der kommunikativen Handelns*, vol. 2. Francfort, 1981, 91 [tr. fr.: *Théorie de l'agir communicationnel*, 2 vols. Paris, II, 67].

3. W. WUNDT, *Völkerpsychologie. Eine Untersuchung der Entwicklungsgesetze von Sprache, Mythos und Sitte*, 10 vols. Stuttgart, 1900-1921. – Cf. à ce sujet: W. SCHMIDBAUER, *Mythos und Psychologie. Methodische Probleme aufgezeigt an der Ödipus-Sage*. Munich/Bâle, 1970, 43 sq.

4. L. LÉVY-BRUHL, *Les fonctions mentales dans les sociétés inférieures*. Paris, Alcan, 1910; L.L.-B., *La mentalité primitive*. Paris, 1922; L.L.-B.: *L'âme primitive*. Paris, 1927. – Cf. à ce sujet: R. HORTON, "Lévy-Bruhl, Durkheim and the Scientific Revolution", in: *Modes of Thought*, éd. par R. Horton, R. Finnegan. Londres, 1973, 249 sq.; E. LÉVINAS, "Lévy-Bruhl et la philosophie contemporaine", in: E.L., *Entre nous. Essais sur le penser-à-l'autre*. Paris, 1991, 53-67.

de leur vision mythique du monde, la stigmatisant en sa thèse du caractère « pré-logique » du mythe, qui a conservé jusqu'aujourd'hui tout son impact, malgré son rejet radical par Lévi-Strauss, et ce surtout dans la description chez Piaget des formes d'assimilation du monde chez l'enfant (essentiellement l'animisme). C'est sur ces deux points essentiellement que « les représentations collectives des primitifs diffèrent donc profondément de nos idées ou concepts ». D'un côté « elles n'en possèdent pas les caractères logiques ». De l'autre elles ne sont pas « de pures représentations », car « non seulement le primitif a actuellement une image de l'objet et croit qu'il est réel », mais il pense qu' « une action déterminée émane de lui ou s'exerce sur lui » [1]. Lévy-Bruhl la qualifie improprement de « mystique » et il en vient à conclure : « La réalité où se meuvent les primitifs est elle-même mystique ». Dans la simple perception du monde se manifeste donc déjà « la différence profonde qui existe entre notre mentalité particulière et celle des primitifs ». Ce n'est pas toutefois la « mentalité » des primitifs qui seule diffère de la nôtre, leurs représentations aussi obéissent à une « logique autre ». Ce lien particulier des représentations, Lévy-Bruhl le subsume sous une « loi générale » qu'il nomme « loi de participation » : « Sous des formes et à des degrès divers, tous [ces rapports] impliquent une *participation* entre les êtres ou les objets liés dans une représentation collective ». C'est ainsi qu'il y aurait dans les sociétés totémiques une identité d'essence entre leurs membres et le totem. Cette « complexion mentale des primitifs » ne saurait être caractérisée ni comme « antilogique » ni comme « alogique », mais comme « prélogique », ce qui seulement veut dire qu' « elle ne s'astreint pas avant tout, comme notre pensée, à s'abstenir de la contradiction ». Lévy-Bruhl se soucie constamment dans ses recherches d'analyser en détail les « opérations » de cette « mentalité prélogique ».

Lui font écho, parmi les philosophes contemporains, Henri Bergson et Edmund Husserl. Bien que Bergson aimât mieux parler de « mentalité collective » que de « mentalité primitive » [2], il a suivi Lévy-Bruhl dans la mesure où il a relativement opposé le mythe à l'intelligence. Il n'aperçoit pas – comme Hume – les « origines

1. L. LÉVY-BRUHL, *Les fonctions mentales dans les sociétés inférieures,* 30. Sur ce qui suit, *ibid.*, 60, 76, 79.

2. H. BERGSON, *Les deux sources de la morale et de la religion.* Paris, 1932, in H.B., *Œuvres*. Paris, [P.U.F], 1984^{4}, 979-1247, ici 1062. Sur ce qui suit, *ibid.*, 1067, 1084, 1086, 1092.

psychologiques de la superstition » dans l'angoisse, mais il y voit au contraire une réaction positive contre les angoisses suscitées par l'intellect. Bergson nous confronte à ce paradoxe apparent « qu'un être essentiellement intelligent est naturellement superstitieux, et qu'il n'y a de superstitieux que les êtres intelligents ». Il distingue trois fonctions fondamentales de la religion : socialement, elle fonctionne comme « assurance contre la désorganisation », ce qui donne à l'assurance de « conservation sociale », et en particulier au tabou, une grande importance. Deuxièmement la religion fonctionne comme « assurance contre la dépression ». Cette fonction est dite « stimulant et dirigeant les activités individuelles ». Au contraire de l'animal, l'homme sait qu'il doit mourir, ce contre quoi il mobilise des images (d'immortalité) : « [...] la religion est une réaction défensive de la nature contre la représentation, par l'intelligence, de l'inévitabilité de la mort ». À la différence de l'animal, l'homme se trouve finalement confronté au hasard ; il ne peut pas prévoir le résultat de ses actions. Ici la religion remplit donc sa fonction d' « assurance contre l'imprévisibilité ». Ses réflexions sur la religion à partir de la croyance aux esprits (Bergson présuppose la validité de la théorie de l'animisme et du préanimisme) sont déjà très proches de ce qu'enseigne donc aujourd'hui Blumenberg : c'est des esprits que naissent les dieux une fois personnalisés, c'est-à-dire lorsqu'ils ont reçu un nom. Bergson en dérive cette thèse, qui n'est elle aussi paradoxale qu'à première vue, « que la marche au polythéisme est un progrès vers la civilisation »[1]. S'appuyant sur la religion romaine, il montre clairement que les dieux se distinguent également par la différenciation des métiers et des activités agricoles. « Telle est la tendance la plus marquée de la fantaisie qui crée les dieux. Mais, en leur assignant des fonctions, elle leur attribue une souveraineté qui prend tout naturellement la forme territoriale. Les dieux sont censés se partager l'univers », c'est-à-dire que les dieux se partagent le ciel et la terre, la mer et les airs, etc. Cette division archaïque des pouvoirs est une part de la « fonction fabulatrice » qui ressortit à la nature de l'homme en tant qu'*animal rationale* : « C'est une réaction défensive de la nature contre ce qu'il pourrait y avoir de déprimant pour l'individu, et de dissolvant pour la société, dans l'exercice de l'intelligence ».

1. *Ibid.*, 1135. Sur ce qui suit, *ibid.*, 1138, 1150.

Husserl s'intéressera aux thèses de Lévy-Bruhl dans le cadre de ses dernières réflexions sur la théorie de l'intersubjectivité, et ce plus précisément lorsqu'il s'efforcera d'élargir la thématique de l'intersubjectivité du plan des relations entre personnes privées au plan des relations entre civilisations, ce qu'il illustre par le problème de la coalescence de l'humanité [1]. Sa perspective à présent génétique reprend le problème de la rencontre avec une civilisation étrangère, resté à l'état de simple esquisse au § 58 de la cinquième *Méditation Cartésienne*. Il s'agit désormais de « comprendre une autre humanité, une humanité étrangère, avec tout ce qui distingue son monde propre du mien ». Au delà du problème de la compréhension des « hommes primitifs » et des civilisations primitives [2], il y va pour Husserl de la signification, au regard de la conscience du monde UN, de la rencontre du monde étranger *(Fremdwelt)* [3]. Le problème qui agite là Husserl, c'est celui de la confrontation avec les mythes étrangers, « mythe » étant entendu au sens de récit passant par les générations successives, et garantissant l'identité ainsi que la persistance du monde natal étranger. Ce qui chez l'étranger reste hors d'atteinte, ce sont les pères mêmes de ceux qui relèvent du monde étranger. Or, la conscience en son monde natal aperçoit aussi dans le territoire étranger le règne d'une normalité produite par une générativité (c'est-à-dire une mort et une naissance) étrangère, savoir l' « archi-générativité » sous-jacente au mythe [4] : la périodicité de la satisfaction des besoins (à travers les générations successives) est le pont qui conduit à l'aperception de l'étranger « en tant qu'à moi-même identique » [5].

À quel point Husserl fut tourmenté dans les années 30 par le phénomène du mythe, sa lettre du 11 mars 1935 à Lévy-Bruhl [6] en

1. Cf. E. HUSSERL, *Zur Phänomenologie der Intersubjektivität*, 3. Teil. La Haye, 1973 (= *Husserliana*, vol. XV), 140 sq.

2. *Ibid.*, 215, 233.

3. Cf. à ce sujet: B. WALDENFELS, *Das Zwischenreich des Dialoges*. La Haye, 1971, 217, 328, 334, 362; K. HELD, "Le monde natal, le monde étranger, le monde un", in *Husserl-Ausgabe und Husserl-Forschung*, éd. par S. Ijsseling. La Haye, 1990, 1-21.

4. *Hua* XV, 232.

5. *Ibid.*, 135.

6. Cf. au sujet de cette lettre: B. WALDENFELS, *Phänomenologie in Frankreich*. Francfort, 1987, 551 sq. (note 12); Ch. JAMME, "Überrationalismus gegen Irrationalismus. Husserls Sicht der mythischen Lebenswelt", in *Phänomenologie im Widerstreit*, éd. par C.J. et Otto Pöggeler. Francfort, 1989, 65-80.

témoigne. Husserl salue vivement les recherches de Lévy-Bruhl, à partir desquelles il développe quant à lui la tâche d'une psychologie historique – appliquée d'une part aux peuples naturels an-historiques, de l'autre aux communautés historiques. Il voit dans l'an-historicité des primitifs ce qu'il caractérise lui-même comme phase préalable d'une « vie qui n'est que présent fluant», le problème se posant, à propos des communautés historiques, de l'européisation de l'humanité [1]. Or, Husserl s'arrête à mi-chemin dans ses tentatives de réalisation de ces expériences troublantes ; dans la *KRISIS,* tout le problème des civilisations extra-européennes est escamoté. Il aura beau tenter de mettre en contraste dans sa dernière période les phénomènes de l'extranéité des civilisations et ceux du dépassement des expériences européennes, l'extranéité n'en restera pas moins pour lui une simple détermination relative à l'intérieur d'un *logos* universel. C'est pourquoi son amorce de solution au problème de l'expérience étrangère a été prolongée de diverses manières : d'un côté par la sociologie phénoménologique d'Alfred Schutz, de l'autre au sein de l'ethnologie par l'herméneutique inter-civilisationnelle de R. Thurnwald et W.E. Mühlmann. La « Phénoménologie de la conscience mythique » de Cassirer se rapporte explicitement aussi à Husserl [2].

Les néo-kantiens de Marbourg (Cohen, Natorp) avaient tenté d'élargir la *Critique de la raison pure* en une « Critique de la civilisation ». Le disciple de Cohen, Cassirer, avait essayé de résoudre les apories dans lesquelles le néokantisme s'empêtrait dans sa tentative d'extension à la science des civilisations, en élargissant la perspective du néokantisme autour du problème des « formes symboliques » du langage et de la conscience religieuse (ce à quoi Heidegger pouvait donc se rattacher). Bien que Cassirer reste attaché à la prétention d'une fondation néokantienne, son chemin conduit d'une théorie de la connaissance à une philosophie de la civilisation qui devient prédominante, incluant le langage, le mythe et la technique [3]. Entre 1911 et 1919/20, il projeta le plan d'une philosophie de la notion de symbole

1. Cf. K. HELD, "Husserls These von der Europäisierung der Menschheit", in : *Phänomenologie im Widerstreit,* 13-39. Cf. aussi à ce sujet la critique de : E. HOLENSTEIN, *ibid.*, 40-64.

2. Sur ce qui suit, cf. mon ouvrage : *« Gott an hat ein Gewand »,* ch. II.

3. Cf. W. MARX, "Cassirers Philosophie - Ein Abschied von Kantianisierenden Leztbegründung", in : *Über Ernst Cassirers Philosophie der symbolischen Formen,* 75-88.

qui devait embrasser tout le champ de l'interprétation humaine de la réalité effective dans le langage, le mythe, la religion, l'art et la science [1] ; dans son œuvre capitale, écrite et publiée dans les années 1923-1929, il crut avoir trouvé un point de départ philosophique nouveau, capable, à la différence des points de départ philosophiques habituels comme la théorie de la connaissance, la phénoménologie, la métaphysique, de résoudre les questions fondamentales de la philosophie [2]. Dans les années qui suivent immédiatement la fin des trois premiers volumes, Cassirer a tenté d'élaborer et d'approfondir ce point de départ [3]. C'est de cette époque que date aussi son travail sur le tome IV de la *Philosophie des formes symboliques,* non encore publié, et qui traite du problème de la métaphysique (entre autres Heidegger) et du problème, central dans le tome III, de l' « archi-phénomène » [4].

La philosophie des formes symboliques, que Cassirer a également prononcée dans des conférences [5], procède de la thèse selon laquelle l'homme est un *animal symbola formans*. Dans la description de son point de vue au cours des fameux débats de Davos avec Heidegger en 1929, Cassirer a souligné le fait que sa philosophie des formes symboliques n'était pas au premier chef une théorie de la connaissance ; ses thèmes sont les formes de la « compréhension du monde » et de l'intelligence tant par le langage que par d'autres formes symboliques [6]. Cassirer prend la notion de symbole au sens le plus large

1. Cf. T. CASSIRER, *Mein Leben mit Ernst Cassirer*. Hildesheim, 1981, 118 sq.

2. Cf. PhsF II, VII sq. [tr. fr.: 7 sq.]. – Sur le point de départ cassirérien en général, cf. J.M. KROIS, "Der Begriff des Mythos bei Ernst Cassirer", in: *Philosophie und Mythos,* 199-217; du même auteur: *Cassirer. Symbolic Forms and History*. New Haven/Londres, 1987; H. PAETZOLD, *Die Realität der symbolischen Formen. Die Kulturphilosophie Ernst Cassirers im Kontext.* Darmstadt, 1994, en particulier. 1-20 (le mythe comme forme symbolique).

3. Cf. les études dans le volume: *E. Cassirer, Symbol, Technik, Sprache, Aufsätze aus den Jahren 1927-1933,* éd. par E.W. Orth et J.M. Krois. Hambourg, 1985.

4. Beinecke Library, Yale Unversity, Cassirer Deposit n° 184. Publié dans le volume: E. CASSIRER, *Nachgelassene Manuskripte und Texte,* vol. I, *Zur Metaphysik der symbolischen Formen,* éd. par J.M. Krois. Hambourg, 1995.

5. Cf. E. CASSIRER, *Das Symbolproblem und seine Stellung im System der Philosophie* (1927); *Zur Logik des Symbolbegriffs* (1938).

6. Cf. M. HEIDEGGER, *Kant und das Problem der Metaphysik,* 4e éd. aug. Francfort, 1973, 250 [tr. fr.: *Kant et le problème de la métaphysique*. Paris, Gallimard, 1970, passage non traduit]. Cf. à ce sujet: T. CASSIRER, *Mein Leben,* 181 sq.; K. GRÜNDER, "Cassirer und Heidegger in Davos 1929", in: *Über Ernst Cassirers Philosophie der symbolischen Formen,* 290-302.

parallèlement aux autres théories des années 1910-1930 de Aby Warburg et de C.G. Jung : il entend par « symbolisme » « une ORIENTATION tout à fait précise de l'appréhension et de la critique par l'esprit », et par « forme symbolique » une unité polaire de sensibilité et de sens, une « énergie de l'esprit [...] par laquelle un contenu spirituel se trouve attaché [...] à un signe sensible concret » [1]. Parmi les types de symboles il distingue le symbole mythico-esthétique, le symbole intuitionnel et le symbole intellectuel, qui peuvent être ordonnés chacun à un champ différent de l'être (au mythe ou bien à l'art, au langage naturel et au monde de la science [d'orientation mathématique]). Le modèle ou bien la forme primordiale de toutes les formes symboliques est pour Cassirer – qui se rattache ainsi à Humboldt – le langage ; apparaissent ensuite l'art et la science ainsi que – à partir de 1930 – la technique [2]. S'appuyant sur Usener, et autorisé par Aby Warburg à utiliser sa bibliothèque privée, très interdisciplinaire, ainsi que sa vaste collection de photos de Hambourg (ou il fut depuis 1919 le premier professeur de philosophie juif), il naît chez Cassirer un fort intérêt pour la forme de pensée mythique. La seconde partie de la *Philosophie des formes symboliques* développe – suscitée par certaines lacunes du système husserlien [3] – une « phénoménologie de la conscience mythique » [4]. Il y a pour Cassirer entre les trois champs du mythe, du langage et de la science, une égale originarité ; de la thèse husserlienne selon laquelle on ne peut ramener les lois logiques à des données psychologiques, il déduit que l'on ne peut pas psychologiser non plus les mythes : le mythe est un champ propre avec ses légalités propres. Cependant Cassirer voit une succession graduelle des formes symboliques, partant du mythe et passant par le langage, jusqu'à l'art, à la religion et à la science ; il représente – comme nombre de ses contemporains – le modèle du « progrès à partir du

1. E. CASSIRER, "Der Begriff der symbolischen Formen im Aufbau der Geisteswissenschaften", in E.C. : *Wesen und Wirkung des Symbolbegriffs*. Darmstadt, 1983², 169-200, ici 174, 175.

2. Sur l'architectonique des formes symboliques, cf. E.W. ORTH, "Zur Konzeption der Cassirerschen Philosophie der symbolischen Formen. Ein kritischer Kommentar", in : *E. Cassirer, Symbol, Technik, Sprache*, 165-202, en particulier 196.

3. Sur le rapport entre Cassirer et Husserl, cf. E.W. ORTH, "Einheit und Vielheit der Kulturen", in : *Phänomenologie im Widerstreit*. Francfort, 1989, 332-351.

4. PhsF II, 186 [tr. fr. : 186].

stade de la vision *magico-mythique* du monde»[1]. Si le mythe se trouve justifié, c'est comme degré préalable vers une raison supérieure[2]. Cassirer peut sauver les premiers degrés en comprenant le progrès comme processus de différenciation croissante d'une indifférence initiale (ce qui aujourd'hui est le cas chez Habermas). Le totémisme, par exemple, est décrit en sorte que les distinctions (modernes) *n'* y sont *pas encore* faites. Cassirer se situe ainsi dans la tradition des *Lumières,* dans la mesure où à ses yeux un homme existe, en direction duquel tout évolue.

Pour définir l'indifférence initiale, Cassirer formule la «loi de concrescence»[3]. Le mythe ne distingue pas (encore) entre idée/concept et chose *(Ding),* entre apparence et vérité, entre image et chose *(Sache),* entre tout et partie: toute vérité paraît en la pure «présence» du contenu. Cassirer définit l'essence du mythe en la délimitant par rapport aux tentatives habituelles de la métaphysique, de la psychologie et de l'empirisme, comme une «légalité de l'esprit»[4] : le mythe *n'*est *pas* une réaction à des impressions, mais une *action* de l'esprit, une élaboration et une représentation du monde extérieur au moyen d'un système de signes ou bien de symboles. Ce qui importe, ce ne sont donc pas les contenus du mythe, mais sa *forme.* Les trois chapitres principaux du livre examinent successivement le mythe comme forme de pensée, d'intuition et de vie. L'investigation sur le mythe comme «forme de pensée» procède de la révolution copernicienne de Kant, non pas qu'elle recherche les catégories «dans la sphère intellectuelle du théorique, mais [...] en partant de l'idée selon laquelle des catégories de ce genre doivent être à l'œuvre partout où, à partir du chaos des impressions, se forme un cosmos, une «image du monde» caractéristique et typique»[5]. Le système kantien se trouve donc historicisé et élargi : les hommes qui pensent en termes mythiques ont des formes d'intuition et des catégories différentes de celles tenues pour *a priori* dans la *Critique de la raison pure* de Kant (Cassirer s'appuie surtout en la circonstance sur les recherches de J.G. Frazer et

1. PhsF II, 32, cf. aussi: 34 [tr. fr.: 42 (mod.), 43].

2. H. Blumenberg, *Arbeit am Mythos,* 59. – P. Feyerabend (*Against Method,* 297) critique aussi l'opposition cassirérienne entre le mythe et la science [tr. fr.: *Contre la méthode.* Paris, Seuil, 1979]; cf. à ce sujet: J.M. Krois, in: *Philosophie und Mythos,* 208 sq.

3. PhsF II, 82 [tr. fr.: 89].

4. *Ibid.,* 17 [tr. fr.: 38].

5. *Ibid.,* 39 [tr. fr. (mod.): 49].

de Robertson Smith, citant avec eux le célèbre ethnologue F. Boas qui fut aussi le maître de Lévi-Strauss). Tout monde de représentations mythiques a un système de catégories sous-jacent que l'on peut désigner comme le sien, l'homme mythique ayant aussi besoin d'un groupe de catégories aprioriques pour organiser ses expériences. Cassirer analyse ces fondations aprioriques de l'expérience mythique du monde sur l'exemple de Kant ; autrement dit, le point de vue méthodologique conducteur est une confrontation permanente entre les images empirico-scientifique et mythique du monde. Que signifient, sous l'angle mythique, l'espace et le temps (le chapitre sur le temps est le point délicat du livre), le nombre et la causalité ? telle est la question qui guide Cassirer. L'homme de la pensée mythique a lui aussi utilisé sans en avoir conscience les catégories kantiennes, comme le montrent les analyses de Cassirer : il a fallu toute une « genèse logique » [1] pour en prendre conscience – dans la philosophie transcendantale, et bien des siècles après. La théorie kantienne est ici liée à une sorte de théorie évolutionniste (ce qui fait problème, car l'histoire des sciences ne se peut décrire en termes de genèse logique [2]). La mise en forme, dans l'interprétation concrète du monde, de l'intuition mythique par la pensée moderne (sujet autonome, temps homogène, espace géométrique, nombre pur, Dieu lointain, monde physique soumis à la causalité), trahit un logocentrisme implicite ; Cassirer a lui-même aperçu dans la démarche qui était la sienne le danger d'une « fausse rationalisation du mythe » [3]. Nous savons pour l'heure que le système des catégories (espace et temps, causalité, etc.) n'est pas historiquement invariant et universel – comme l'admettait Kant (et avec lui Cassirer) [4]. La « dimension sociale du mythe » [5] ne trouve pas son compte dans ce style de réflexion. Cassirer a d'ailleurs ultérieurement renoncé à la

1. *Ibid.*, 20 [tr. fr. : 31].

2. Cf. K. HÜBNER, *Wahrheit des Mythos,* 65. – On trouvera une métacritique de la critique hübnérienne chez H. HOLZHEY, "Cassirers Kritik des mythischen Bewußtseins", in : *Über Ernst Cassirers Philosophie der symbolischen Formen,* 191-205, en particulier 198.

3. PhsF II, 89 [tr. fr. : 95].

4. Cf. St. TOULMIN, *Human Understanding.* Vol. I. *General Introduction and Part I : The Collective Use and Evolution of Concepts.* Princeton, 1972.

5. F. FELLMANN, "Von der Sprache des Mythos zum Mythos der Sprache", in : *Phänomenologische Forschungen,* 21. Fribourg/Munich, 1988, 123 sq. – Fellmann développe la thèse selon laquelle « le mythe ne constitue pas un système catégorial autonome de l'expérience, mais ne saurait être envisagé que comme un complément à l'idée de construction logique du monde » (*ibid.*, 128).

tentative d'introduire sans autre évalution la notion de mythe. Après avoir émigré aux U.S.A. en été 1941, il applique son analyse du mythe aux sociétés actuelles, s'y voyant contraint par « la domination manifeste de cette pensée [mythique] sur la pensée rationnelle dans certains de nos systèmes politiques contemporains » [1]. Le fruit de ces efforts d'appréciation critique des idéologies est la dernière œuvre de Cassirer datée de 1946, *Le mythe de l'État,* où il étudie « la technique des mythes politiques modernes », pour comprendre la genèse de l'État national-Socialiste.

La perspective de Cassirer a été accueillie et prolongée de diverses manières ; l'histoire de sa réception va de M. Merleau-Ponty et S.K. Langer jusqu'à N. Goodman et H. Blumenberg [2].

Dans une recension du tome II de la *Philosophie des formes symboliques,* Martin Heidegger voit « le service rendu par Cassirer [...] dans le fait qu'il a pour la première fois depuis Schelling réinséré le mythe comme problème systématique dans l'horizon de la philosophie » [3]. La « phénoménologie » cassirérienne « de la conscience mythique » est « un élargissement de la problématique transcendantale au sens néokantien ». Heidegger reformule le problème posé par Cassirer de l'opposition entre sacré et profane ou bien entre l'ordre fatal du mythe et le temps quotidien dans la langue d'*Être et temps* [4]. Ce qu'il relève chez Cassirer, c'est une analyse de la constitu-

1. *Le mythe de l'État,* trad. de l'anglais. Paris, Gallimard, 1993, 17. Sur ce qui suit, cf. 374. Cf. à ce sujet : H. LÜBBE, *Cassirer und die Mythen des 20. Jahrhunderts.* Göttingen, 1975.

2. Cf. l'esquisse de l'histoire de cette réception dans mon article, in : *Philosophenlexikon,* éd. par B. Lutz. Stuttgart, 1989, 147-149. Sur Blumenberg, cf. H. BLUMENBERG, "Ernst Cassirers gedenkend" (1974), in : H.B., *Wirklichkeiten in denen wir leben.* Stuttgart, 1981, 163-172 ; H.B., "Wirklichkeitsbegriff", in : *Terror und Spiel,* 36 ; H.B., *Arbeit am Mythos,* 58 sq., 185 sq. ; – Sur la réception de la théorie cassirérienne du symbole dans la science de l'art (formant le pont entre Warburg et Panofsky), cf. G. POCHAT, *Der Symbolbegriff in Ästhetik und Kunswissenschaft.* Köln, 1983, 127-135.

3. M. HEIDEGGER, (recension de) "E. Cassirer, Philosophie der symbolischen Formen, 2. Teil : Das mythische Denken. Berlin, 1925", in : *Deutsche Literaturzeitung für Kritik der Internationalen Wissenschaft,* N.F. 5 (1928), 1000-1012, ici 1011 [tr. fr. in : E. CASSIRER/M. HEIDEGGER, *Débat sur le kantisme et la philosophie,* et autres textes de 1929/1931, présenté par P. Aubenque. Paris, Beauchesne, 1972]. Heidegger s'exprime au sujet de cette discussion dans une lettre à Löwith du 30.VI.1925.

4. Cf. M. HEIDEGGER, *Sein und Zeit,* Tübingen, 1976 [13], § 11, note p. 51 [tr. fr. : *L'Être et le temps.* Paris, Gallimard, 1964, note p. 72-73].

tion ontologique de l'être-là mythique : « L'interprétation de l'essence du mythe comme une possibilité de l'être-là humain demeure fortuite et inorientée tant qu'elle ne peut être fondée en somme sur une ontologie radicale de l'être-là, à la lumière du problème de l'être »[1]. Heidegger illustre cette thèse par la représentation du *mana,* qui n'exprime « rien d'autre que l'*INTELLIGENCE DE L'ÊTRE* dont tout être-là est détenteur ». Heidegger ne fait qu'indiquer ici les traits que doit présenter cette analyse de l'être-là ; renvoyant à *Être et temps,* il définit le style fondamental de l'être de la vie mythique comme « déréliction », c'est-à-dire comme chute sous la pression conjuguée des forces.

La recension de Cassirer marque un tournant dans la vision heideggérienne du mythe. Il n'y a guère d'autre thème où la fameuse « Kehre » apparaisse aussi évidente que dans la question de la vérité du mythe. Dans son œuvre capitale *Être et temps,* publiée au début de l'année 1927, il est encore question de délivrer l'homme du carcan des mythes et des dogmes : nous menons, si nous nous comprenons nous-mêmes métaphoriquement, mythiquement, une existence « inauthentique » *(« uneigentlich »).* Seule une *démythologisation* radicale pourrait dégager la voie pour un être authentique de notre être-là[2]. Que les mythes apparus au cours de l'histoire de la civilisation impliquent un ratage de l'être, car l'être-là y identifie « son propre être avec celui des choses », il le redit encore dans un cours de l'hiver 1927/28[3]. On voit donc ses vues se modifier dans la recension de Cassirer ; à partir de 1929, il prend aussi intérêt à l'interprétation objectiviste du mythe dans

1. M. HEIDEGGER, "E. Cassirer", 1001. Pour la suite, *ibid.*, 1009.

2. Sur cette question, cf. B. MERKER, "Konversion statt Reflexion. Eine Grundfigur der Philosophie Martin Heideggers", in : *Martin Heidegger – Innen- und Außenansichten,* éd. par Forum für Philosophie Bad Homburg. Francfort, 1989, 215-243. – Le national-Socialisme a également essayé de découvrir quelque chose de mythique dans la pensée heideggérienne de l'être ; H. NAUMANN consacre dans son livre, *Germanischer Schicksalsglaube* (Jena, 1934), un chapitre pour montrer le parallélisme entre la mythologie germanique et les thèmes centraux de *Sein und Zeit.* Sur cette question, cf. aujourd'hui : J. VILLWOCK, "Welt und Mythos. Das Mythische in Heideggers Seinsdenken", in : *Zeitschrift für philosophische Forschung,* 38 (1984), 608-629.

3. M. HEIDEGGER, *Phänomenologische Interpretationen zu Kants Kritik der reinen Vernunft.* Francfort, 1977 (= GA I. Abt., vol. 25), 24 [tr. fr. : *Interprétation phénoménologique de la « Critique de la raison pure » de Kant.* Paris, Gallimard, 1982, 44].

l'œuvre de Walter F. Otto, *Les dieux de la Grèce* [1] – celui-ci entendant par mythe la parole qui énonce la vérité au sujet des dieux, à l'encontre de Nilsson pour qui les mythes ne sauraient intervenir comme sources de conscience religieuse. À partir de 1928, Heidegger finit par renvoyer de plus en plus à la thèse de maître Eckhart selon laquelle on peut aussi entendre au sens allégorique tout ce qui est historique. Il en tire donc avec Hölderlin l'idée d'une religion poétique. On ne peut plus ne pas comprendre désormais que « le mythe [...] demeure ce qui mérite le plus d'être pensé » [2]. Heidegger ne cesse de réaffirmer bien sûr – que ce soit dans les éclaircissements sur la Tragédie de Sophocle ou bien sur les dieux d'Héraclite –, qu'il ne saurait s'agir pour nous d'aborder, « sous l'angle de la mythologie historique » *(« mythologisch-historisch gelehrt »),* la question du rapport entre les Grecs et leurs dieux. Bien plutôt s'agit-il de savoir « si l'essence cachée de l'histoire en laquelle nous sommes engagés a été contrainte, d'une contrainte essentielle, à un dialogue avec ce qu'aux yeux des Grecs ont été leurs θεοί » [3].

La rencontre avec la théologie a eu aussi son importance pour Heidegger. Avant que Hölderlin ne soit devenu décisif pour lui, il a suivi la perspective d'Otto, tout en essayant de la corriger [4]. L'ouvrage du philosophe des religions marbourgeois publié en 1917, *Le sacré,* rééditait le refus formulé par Schleiermacher de toute rationalisation et de toute moralisation de la religion, en définissant le sacré comme le « tout autre » *(« ganz Andere »),* et en distinguant dans ce sacré le « numineux » (c'est-à-dire la sacralité sans coloration morale ni gnoséologique), du « tremendum » (c'est-à-dire ce qui suscite un pieux effroi), du « mysteriosum », et enfin du « fascinosum » (c'est-à-dire le séduisant) [5]. Husserl, dont l'attention fut attirée par Heidegger et son

1. W.F. OTTO, *Die Götter Griechenlands. Das Bild des Göttlichen im Spiegel des griechischen Geistes*. Bonn, 1929. Francfort, 1956[4], 1970[6] [tr. fr. : *Les dieux de la Grèce*. Paris, Payot, 1993].

2. M. HEIDEGGER, *Vorträge und Aufsätze*. Pfullingen, 1954, 137 [tr. fr. : *Essais et conférences*. Paris, Gallimard, 1958, 161].

3. M. HEIDEGGER, *Heraklit*. Francfort, 1979 (= GA II. Abt., vol. 55), 14 sq. Sur la signification de *Mythos* dans les cours sur Hölderlin, cf. Ph. LACOUE-LABARTHE, *La fiction du politique*. Paris, 1987, 87 sq.

4. Ceci dès août 1917, tandis qu'il se prononçait, dans un cercle privé, sur le problème de la religion chez Schleiermacher.

5. R. OTTO, *Das Heilige. Über das Irrationale in der Idee des Göttlichen und sein Verhältnis zum Rationalen*. Breslau, 1917. Munich, 1958[30] [tr. fr. : *Le sacré*. Paris, Payot, 1969, *PBP 128*]. Cf. à ce sujet : *Die Diskussion um das « Heilige »*,

ami Ochsner sur ce livre, crut y trouver le point de départ d'une phénoménologie des religions [1] ; Cassirer a cru, à l'encontre d'Otto qui voulait réserver à la catégorie du sacré une sphère particulière, tout devoir récapituler en assignant au sacré une place dans le champ du mythe. La phénoménologie des religions d'Otto a trouvé de nos jours un émule en la personne d'Hermann Timm [2].

La théologie protestante a salué le livre de Rudolf Otto, et s'est félicitée de ce que, après une phase de réduction constructiviste et rationaliste de ce que représentent la foi, la religion, la notion de Dieu, on ait pour la première fois retenté de formuler la puissance absolue de Dieu. Or, plus qu'Otto (qui pouvait être intégré sans difficulté par le Renouveau populaire), les catégories heideggériennes ont exercé sur la théologie protestante une très grande influence. Si, en appliquant les catégories d'*Être et Temps,* Hans Jonas a attribué aux mythes gnostiques une signification analytico-existentielle [3], Bultmann (ennemi mortel d'Otto) a pour sa part repris dans son interprétation existentiale les concepts heideggériens et sa méthode herméneutique. Le débat herméneutique d'après 1945 a été marqué par le débat sur la « démythologisation » *(« Entmythologisierung »).* Ce concept, forgé en 1930 par Jonas [4] a été rendu célèbre en 1941 par l'étude de

éd. par C. Colpe. Darmstadt, 1977, 255 sq. ; G. LANCZKOWSKI, *Einführung in die Religionsphänomenologie.* Darmstadt, 1978, 11 sq., 14, 28 sq., 39 sq., 42. Sur le mythe, cf. *ibid.*, 56 sq. ; C. COLPE, *Über das Heilige.* Francfort, 1990, 40 sq. La théorie la plus importante sur le sacré, avec celles de R. Otto et de M. Eliade, est ensuite celle de Roger Caillois, élève de Mauss et de Dumézil, collègue de Bataille et de Leiris ; cf. R. CAILLOIS, *L'homme et le sacré.* 1939 [1]. Paris, 1950 [1972, coll. *Idées – philos., 24].* Cf. à ce sujet : P. GEBLE, “Soziologie des Heiligen – heilige Soziologie”, in : *Das Heilige. Seine Spur in der Moderne,* éd. par D. Kamper et Chr. Wulf. Francfort, 1987, 82-90.

1. Cf. *Das Maß des Verborgenen. Heinrich Ochsner zum Gedächtnis,* éd. par C. Ochwadt et E. Tecklenborg. Hannover, 1981, 157-160, 92, 266. Sur Heidegger et Otto, cf. O. PÖGGELER, *Heidegger und die hermeneutische Philosophie.* Fribourg/Munich, 1983, 353 sq.

2. H. TIMM, *Das Weltquadrat. Eine religiöse Kosmologie.* Gütersloh, 1985.

3. H. JONAS, *Gnosis und spätantiker Geist,* I : *Die mythologische Gnosis* ; II : *Von der Mythologie zur mystischen Philosophie.* Göttingen, 1954, 1964 [3].

4. Dans sa dissertation dirigée par Heidegger : *Der Begriff der Gnosis.* Göttingen, 1930. Celle-ci a été développée dans l'introduction prête en 1934, mais seulement publiée en 1954, à la seconde partie de *Gnosis und spätantiker Geist* (cf. note précédente), et correspond largement à la partie de cette dissertation imprimée en 1930. Puis dans l'annexe I au traité publié pour la première fois en 1930 sur *« Augustinus und das paulinische Freiheitsproblem »,* et intitulé *Über die hermeneutische Struktur des Dogmas.*

Bultmann, *Nouveau Testament et mythologie* [1]. Bultmann y développe la thèse selon laquelle il y aurait, sous-jacente au Nouveau Testament, une image mythique du monde, correspondant à l'exposé de l'histoire du Salut. Partant de la thèse *(éclairée)* selon laquelle le mythe est le stade préalable de la science et selon laquelle la vision empirique du mode de fonction des phénomènes rejette donc forcément, dans son développement, la conception mythique, il en vient à déclarer qu'aucun homme ne peut s'en tenir, et personne ne s'y tient sérieusement, à l'image néotestamentaire du monde. Cette thèse a été contredite de bien des façons ; on trouve des tentatives de réhabilitation du mythe à l'encontre de Bultmann, chez K. Jaspers par exemple [2], chez E. Buess, F. Vonessen et aujourd'hui E. Drewermann.

Erich Unger a développé sa théorie du mythe dans sa discussion critique avec Cassirer et en se rattachant à Oskar Goldberg : le concept traditionnel de connaissance et de réalité n'atteindrait pas selon lui le mythe. La « caractéristique du mythique », c'est le « supraterrestre », et au centre du mythe il y a la « production réelle du merveilleux » [3]. Unger en profite pour critiquer l'interprétation psychanalytique des mythes [4]. Freud avait vu dans les mythes l'expression artistique de complexes sexuels, il s'était donc échiné à démonstrer qu'il y a des thèmes libidineux dans les mythes et les légendes héroïques (on connaît surtout son interprétation du mythe d'Œdipe). La théorie des rêves

1. R. BULTMANN, "Neues Testament und Mythologie", in : *Beiträge zur evangelischen Theologie*. Munich, 1941, 27-60. Une réimpression (éd. par E. Jüngel) a paru à Munich en 1985.

2. Cf. K. JASPERS/R. BULTMANN, *Die Frage der Entmythologisierung*. Munich, 1954, en particulier 19 : « Démythologisation est un terme presque blasphématoire ». Sur le concept de mythe chez Jaspers, cf. K. SALAMUN, "Zum Myhosbegriff bei Karl Jaspers", in : *Archiv für Begriffsgeschichte*, 29 (1985), 204-217. – Sur Bultmann, cf. la critique de : K. HÜBNER, "Die Theologie R. Bultmanns im Lichte der modernen Mythos-Rezeption", in : *Die religiöse Dimension der Gesellschaft. Religion und ihre Theorien*, éd. par P. Koslowski. Tübingen, 1985, 249-263. Cf. aujourd'hui : H. BALZ, "Neues Testament und Mythologie. Robert Bultmanns Programm einer Entmythologisierung des Neuen Testaments", in : *Mythos. Erzählende Weltdeutung im Spannungsfeld von Ritual, Geschichte und Rationalität*, éd. par G. Binder et B. Effe. Trier, 1990, 118-136.

3. E. UNGER, *Wirklichkeit – Mythos – Erkenntnis*. Munich/Berlin, 1930, 12-23, 56 sq. Sur la psychanalyse, 25 sq.

4. Cf. W. SCHMIDBAUER, *Mythos und Psychologie*, 51 sq. (sur Freud), 67 sq. (sur Jung) ; M. SCHNEIDER, "Über den Grund des Vergnügens an neurotischen Gegenständen", in : *Mythos und Moderne*, 197-216 ; G. SCHMID-NOERR, "Mythologie des Imaginären oder imaginäre Mythologie ? Zur Geschichte und Kritik der psychoanalytischen Mythendeutung", in : *Psyche*, 7 (1982), 577-608.

servait de clef [1]. Cette vision des choses a été soutenue par K. Abraham (*Rêve et mythe* [1909]) et O. Rank (*Le mythe de la naissance des héros* [1908]). Après son voyage en Amérique de 1909, C.G. Jung fit la découverte de la mytho-psychologie (il lut alors tous les volumes de *Symbolique et mythologie* de Creuzer). Dans l'analyse des rêves de malades mentaux, on est selon lui confronté à de vraies images mythiques, identiques à celles héritées des traditions. Cela signifie que les thèmes mythiques formés depuis l'origine des temps ne cessent de se se réengendrer dans l'âme des hommes modernes ; ces « archétypes » (expression empruntée à Augustin) sont conservés dans le subconscient au travers des millénaires (« inconscient collectif ») [2]. Malgré tout ce qui les sépare, Freud et Jung s'accordent pour dire que la psychanalyse nouvellement développée présente elle-même des traits mythiques (dans une lettre de juin 1908 Freud parle, en évoquant Jung, de « notre mythologie moderne » [3]).

L'historien des religions Karl Kerényi, disciple et ami de W.F. Otto, mort à Ascona en 1973, est l'un de ceux qui doivent le plus à la théorie jungienne des archétypes [4]. Le mythe est à ses yeux

1. Sur Freud, cf. G. HÖHLER, "Die Schlüsselrolle des Œdipusmythos. Zu Sigmund Freuds Mythosbegriff", in: *Mythos und Mythologie in der Literatur des 19. Jahrhunderts,* 321-339; M. RUTSCHKY, "Freud und die Mythen", in: *Mythos und Moderne,* 217-241.

2. Sur le concept d' « inconscient collectif », cf. C.G. JUNG, *Die Archetypen und das Kollektive Unbewußte.* Olten/Fribourg, 1976 (= Ges. Werke, vol. IX/1), en particulier 14 sq., 55 sq. – Jung passe aujourd'hui aux yeux de beaucoup, notamment du fait de son engagement national-socialiste passager, pour « ultra-réactionnaire » (c'est le reproche de E. BLOCH, *Das Prinzip Hoffnung,* vol. 1. Francfort, 1973, 181-189 [tr. fr.: *Le principe espérance,* 3 vols. Paris, Gallimard, 1991]). T. EVERS (*Mythos und Emanzipation. Eine kritische Annährung an C.G. Jung.* Hambourg, 1987) s'érige contre ce (pré-)jugé dominant, en tâchant de concilier Jung avec la tradition de la théorie critique. Sur sa biographie (surtout sa séparation d'avec Freud et le développement de sa mythopsychologie), cf. aujourd'hui: G. WEHR, *Carl Gustav Jung. Leben, Werk, Wirkung.* Munich, 1985, qui n'élude pas non plus son dernier ouvrage controversé (le livre sur l'UFOS, *Ein neuer Mythos,* de 1958). Non critique, E.E. EDINGER, *Schöpferisches Bewußtwerden. C.G. Jungs Mythos für den modernen Menschen.* Munich, 1986.

3. S. FREUD/C.G. JUNG, *Briefwechsel,* éd. par W. McGuire et W. Sauerländer. Francfort, 1974, 179 sq. [tr. fr.: *Correspondance.* Paris, Gallimard, 1992].

4. Cf. C.G. JUNG/K. KERÉNYI, *Einführung in das Wesen der Mythologie. Gottkindmythos. Eleusinische Mysterien.* Amsterdam/Leipzig, 1941 [tr. fr.: *Intruduction à l'essence de la mythologie.* Paris, Payot, 1974, *PBP 124*]. – Le livre qui témoigne le plus de sa discussion constante sur les travaux de son ami

essentiellement « religieux », et nul autre mode d'expression ne saurait lui être substitué. Les directives pour comprendre le mythe peuvent « être tirées de l'idée que le divin choisit souvent pour sa forme d'expression la poésie ou la musique, mais de préférence – comme toute l'histoire de l'humanité en témoigne – la mythologie. Toute vraie mythologie est religieuse en son essence. Et une religion, lorsqu'elle est au même degré que la religion grecque religion mythologique, correspond de manière naturelle à l'essence de la religion : de la religion comme vie avec et fréquentation du Divin »[1]. Tout comme Thomas Mann, avec lequel il a collaboré de bien des façons, il décrit la vie des hommes des époques mythiques comme « faite de citations »[2]. L'influence de la doctrine de Jung se retrouve aujourd'hui aux U.S.A. dans la théorie de Campbell (*Les masques de Dieu* [1968]) et en Allemagne dans l'exégèse des textes bibliques d'Eugen Drewermann par la psychologie des profondeurs (*Psychologie des profondeurs et exégèse* [1984/85]).

Après avoir parlé des théories psychologiques du mythe, il reste à évoquer brièvement la fonction politique du mythe, qui a surtout manifesté sa virulence dans le fascisme. L'exemple-type de l'utilisation politique des mythes se trouve dans le mythe de la destruction de l'État par la grève générale chez Georges Sorel, dont on s'est réclamé tant à droite qu'à gauche. Sorel reprend la tradition anarchiste (Pierre Leroux), en y mêlant les influences de Nietzsche. Il reconnaît – comme Pareto – en termes plus ou moins cyniques le caractère fictif des mythes, sans moins en tenir pour justifiée leur utilisation comme instrument de contrôle politique et social. La grève générale de Sorel est un monomythe (au sens de Blumenberg), qui ne raconte plus aucune histoire. Il est bien plutôt une image sensible de la pureté du combat (Sorel distingue « force » et « violence ») qui démarque la frontière des classes et doit avant tout réduire au silence le raisonnement politico-révolutionnaire. Sorel a analysé les ingrédients mythiques de la théorie léniniste de la révolution mondiale ; plus tard il approuvera expressément le pseudo-mythe mussolinien de la restauration de l'Empire romain. Pour Sorel les mythes sont des instruments de

W.F. Otto est celui édité par sa veuve à partir du Nachlaß : *Dionysos. Urbild des unzerstörbaren Lebens*. Munich/Vienne, 1976.

1. K. KERÉNYI, *Die antike Religion. Eine Grundlegung*. Amsterdam/Leipzig, 1940, 39.

2. C.G. JUNG/K. KERÉNYI, *Einführung*, 13 sq. [tr. fr. : 15].

propagande ; ils doivent être jugés en fonction de leur action sur le présent [1]. En Allemagne, Alfred Rosenberg a tenté de faire renaître le mythe en l'appliquant exclusivement aux races. Partant du « mythe du sang », du « mythe vécu de l'âme raciale nordique », Rosenberg veut fonder une religion nouvelle. Le « *Reich* à venir » allait « édifier l'État et la vie » à partir d'un type nouveau [2]. À quel point la mythisation et l'esthétisation fascistes de la politique ont en Allemagne, du moins jusqu'à aujourd'hui, grevé toute discussion autour du mythe, c'est ce qu'ont montré encore récemment les discussions autour du film de Syberberg sur Hitler. Toutes les tentatives de réhabilitation du mythe après 1945 ont toujours *aussi* – consciemment ou inconsciemment – sinon prioritairement, une dimension politique qu'il convient de tenir en mémoire [3].

1. G. SOREL, *Réflexions sur la violence*. 1903. Sur Sorel cf. M. FREUND, *Georges Sorel. Der revolutionäre Konservatismus*. 2e éd. aug., Francfort, 1972 ; L. KOLAKOWSKI, *Die Hauptströmungen des Marxismus*. Munich/Zürich, 1977, vol. 2, 173-201. Th. NIPPERDEY ("Der Mythos im Zeitalter der Revolution", in : *Wege des Mythos in der Moderne*. Munich, 1987, 96-109) décrit en s'appuyant sur Sorel l'action et la fonction du mythe politique au tournant du siècle. – Je dois aussi mes renseignements concernant Sorel à N. BOLZ, "Das romantische Rezidiv", in : N.B., *Stop making sense*. Würzburg, 1990.

2. A. ROSENBERG, *Der Mythus des 20. Jahrhunderts. Eine Wertung des seelisch-geistigen Gestaltenkämpfe unserer Zeit*. Munich, 1930 [tr. fr. : *Le mythe du vingtième siècle*. Paris, Avalon, 1992]. Cf. à ce sujet : M. FRANK, *Gott in Exil*, 105 sq. – Sur les thèmes mythiques spéciaux du national-Socialisme dans une perspective psychologique, cf. H.-J. WILKE, "Mythos des Unterganges : Mythologische Elemente im deutschen Faschismus", in : *Analytische Psychologie*, 16 (1985), 114-131.

3. Cf. à ce sujet : Ph. LACOUE-LABARTHE, *La fiction du politique*. Paris, 1977, en particulier 143-142.

VIII. L'ÉPOQUE CONTEMPORAINE

I

Il n'est guère d'œuvre qui – en accord ou en opposition – détermine la théorie philosophique contemporaine du mythe aussi durablement que l'étude élaborée par Th. W. Adorno et M. Horkheimer au cours de leur exil américain, *Dialectique de la Raison (Aufklärung).* Impressionnés par la marche triomphale du fascisme, les auteurs se sont proposé, ainsi qu'il le déclarent expressément dans leur *Avant-propos,* d'analyser « l'autodestruction des *Lumières* » en assimilant raison et puissance. Dans les *Lumières,* c'est là leur thèse conductrice, la pensée a imposé sa domination, se soumettant des champs de plus en plus nombreux, établissant tout d'abord sa domination sur la nature, puis la domination de l'homme sur les hommes – jusqu'à la « social-technologie » du fascisme. « Les *Lumières* conséquentes », dira plus tard Adorno dans la *Dialectique négative,* « revirent encore à la mythologie là où, croyant à un donné ultime, la réflexion cesse [...] »[1]. La thèse a cependant un second aspect : elle ne se contente pas d'affirmer que le mythe anté-historique continue d'exister à l'époque moderne sous des formes d'abord méconnaissables, mais on doit aussi démontrer que le mythe (antique) représente une forme primordiale de rationalité (émancipatoire) : « Déjà le mythe est *Lumières,* et : les *Lumières* revirent à la mythologie »[2].

Que les mythes aient un contenu de vérité dont les *Lumières* ne peuvent se passer, et que ne leur soit pas seulement inhérente une

1. Th. W. ADORNO, *Negative Dialektik.* Francfort, 1970, 130 [tr. fr. : *Dialectique négative.* Paris, Payot (1978), 1992].

2. Th. W. ADORNO/M. HORKHEIMER, *Dialektik der Aufklärung. Philosophische Fragmente.* Amsterdam, 1947. Nouvelle éd., Francfort a.M., 1972 [tr. fr. : *Dialectique de la Raison.* Paris, Gallimard, 1974].

dimension de contrainte menaçante, voilà ce que soutenait le dernier Benjamin, pour n'être pas obligé d'abandonner les contenus mythiques à la politique anti-*éclairée* [1]. Les représentations philosophico-historiques du jeune Benjamin visaient encore à destituer le mythe par l'interprétation. La critique du capitalisme comme nature, rêve et mythe, définit le premier projet du *Livre des Passages* (abandonné en 1929), dans lequel le XIXe siècle apparaît comme un domaine où « seule la folie, jusqu'ici, a crû en abondance [...] mais toute terre a dû un jour être défrichée par la raison, être débarrassée des broussailles du délire et du mythe. C'est ce que l'on veut faire ici pour la terre en friche du XIXe siècle » [2]. Dans les contenus de conscience et les formes de représentation dominants des débuts du grand capitalisme, Benjamin reconnaît des formes toujours anhistoriques, encore apparentées au mythe : « Le capitalisme fut un phénomène naturel, par lequel un sommeil nouveau, plein de rêves, s'abattit sur l'Europe, accompagné d'une réactivation des forces mythiques » [3]. Il s'agit pour Benjamin de nous libérer de la fascination du mythe, de « dissoudre la *mythologie* dans l'espace de l'histoire. Ceci ne peut se faire, il est vrai, que par le réveil d'un savoir non encore conscient du passé » [4]. Concourent à la destruction du mythe par la raison des interprétations comme celle de la légende d'Ulysse qui se rattache à Kafka [5]. La dernière version du *Livre des Passages* concevra le XIXe siècle et sa « capitale » Paris elle-même comme un espace mythique ; Benjamin prétend aussi accueillir

1. Cf. R.P. JANZ, "Mythos und Moderne bei W. Benjamin", in : *Mythos und Moderne,* 363-381 ; R. TIEDEMANN, *Studien zur Philosophie Walter Benjamins.* Francfort, 1973², 76 sq., 98 sq.

2. W. BENJAMIN, *Das Passagenwerk,* éd. par R. Tiedemann. 2 tomes. Francfort, 1982 (= Gesammelte Schriften, vol. V/1+2), tome V/2, 1010. Cf. I, 570 sq. [tr. fr. : *Paris, capitale du XIXe siècle. Le Livre des Passages.* Paris, Le Cerf, 1989, 473-474].

3. *Ibid.*, 494 [tr. fr. : 408].

4. *Ibid.*, V/1, 571 sq. [tr. fr. : 474]. – Sur le concept de *mythe* dans le *Passagenwerk,* cf. B. Lindner, "Die *Berliner Kindheit* und die Archäologie des *Jüngstvergangenen*", in : *Passagen. Walter Benjamins Urgeschichte des 19. Jahrhunderts,* éd. par N. Bolz et B. Witte. Munich, 1984, 27-48, en particulier 39-42.

5. "Das Schweigen der Sirenen", in : W. BENJAMIN, Gesammelte Schriften, vol. II, 415. – Cf. à ce sujet : N. RATH, Mythos-Auflösung. Kafkas *Das Schweigen der Sirenen*", in : *Zerstörung, Rettung des Mythos durch Licht,* éd. par Ch. Bürger. Francfort, 1986, 86-110.

ici l'héritage du Surréalisme [1], et il élabore une sorte d'analyse du rêve du XIXe siècle. « Seul un observateur superficiel peut nier qu'il y ait des correspondances entre le monde de la technique et le monde archaïque de symboles de la mythologie » [2].

Cette notion du mythe (peut-être inspirée par la tradition juive, mais prise en tout cas à contre-courant de l'usage), et l'identité des catégories politiques et théologiques qui lui sont liées, sont celles qu'admettent Adorno et Horkheimer lorsqu'ils inscrivent dans la *Dialectique de la Raison* le processus d'émancipation de l'homme par rapport à la nature dans le jeu alternatif du mythe et des *Lumières*. Si l'œuvre s'adapte sans solution de continuité au chemin de pensée d'Adorno, elle marque un tournant dans le développement de la théorie d'Horkheimer : tandis que le jeune Horkheimer s'était encore intéressé au mythe en tant que forme idéologique de conscience au sens de Marx et de Vico, dans la *Dialectique de la Raison* les différences entre savoir *éclairé* et vues mythologiques étrangères s'estompent de plus en plus [3]. À la différence de l'étude de 1937 – basée sur Marx –, *Théorie traditionnelle et critique,* la *Dialectique de la Raison* marque également un processus de résignation : l'espoir d'une chute rapide d'Hitler se volatilise tout aussi vite que l'optimisme méthodologique premier d'Horkheimer. C'est Schopenhauer qui à ses yeux prend de l'importance, tandis qu'aux yeux d'Adorno ce sera Nietzsche [4].

À côté de Kant, Marx, Schopenhauer et Nietzsche, c'est Freud qui surtout joue un rôle central dans l'analyse de la connexion entre raison instrumentale, domination, nature et mythe. La victoire du fascisme est expliquée à partir d'une révolte de la nature – opprimée (malgré le

1. Gesammelte Schriften, tome V/2, 1089. Benjamin a été stimulé par la lecture du *Paysan de Paris* d'Aragon.

2. *Ibid.*, V/1, 576 [tr. fr. : 478].

3. Cf. A. SCHMIDT, “Aufklärung und Mythos im Werk Max Horkheimers”, in : *Max Horkheimer heute : Werk und Wirkung,* éd. par A. Schmidt et N. Altwicker. Francfort, 1986, 180-243.

4. Sur les questions de participation respective des deux auteurs et sur la différence de leur attitude théorique, cf. G. SCHMID-NOERR, “Die Stellung der *Dialektik der Aufklärung* in der Entwicklung der Kritischen Theorie. Bemerkungen zur Autorschaft, Entstehung, einigen theoretischen Implikationen und späterer Einschätzung durch die Autoren”, in : *M. Horkheimer,* Dialektik der Aufklärung *und Schriften 1940-50,* éd. par G. Schmid-Noerr (Gesammelte Schriften, vol. V). Francfort, 1987, 423-452. Le volume reproduit, à titre critique, avec la *Dialektik der Aufklärung* les divergences entre la première publication de 1947 et l'édition polycopiée primitive de 1944, ainsi que les différences (certes infimes) de l'éd. de 1969 par rapport aux deux précédentes.

culte national-socialiste de l'originel et de la corporalité, malgré la faim d'immédiateté, on célèbre la répression de la nature, les hommes repoussant l'idée qu'ils sont eux-mêmes des êtres naturels). Les *Lumières* ne tolèrent la raison que sous les formes finalisées rationnelles de domination de la nature et de l'instinct. La relève de la domination de l'homme sur les hommes est liée à la relève de la domination de l'homme sur la nature, donc liée à une résurrection de la nature [1]. Le seul antidote contre l'autocontradiction et l'autodestruction des *Lumières* est la « conservation du souvenir de la nature dans le sujet » [2] : Il s'agit (au sens éminemment freudien) d'assumer la nature dans la conscience, afin qu'elle n'y retourne pas refoulée (la nature est donc toujours comprise sous l'exposant de la relation sociale). Ce noyau esthétique camouflé de la *Dialectique de la Raison,* Adorno le réalisera à la fin de sa vie dans la *Théorie esthétique.*

La toute première histoire de la division entre civilisation et nature est illustrée par l'épopée homérique, et surtout par l'*Odyssée* [3]. Ulysse est le modèle du sujet bourgeois qui conquiert son identité en reniant la nature. L'épisode-clef pour l'interprétation du comportement de domination sur la nature est celui de la rencontre des sirènes [4]. Dans cette scène, « le lien du mythe, de la domination et du travail » est conservé. Ulysse se trouve mis trois fois à distance. Il tient tête aux Sirènes (la nature extérieure), il se domine lui-même (nature intérieure), il contraint ses rameurs au travail (domination sur autrui). L'esprit instrumental doit donc payer sa domination sur la nature extra-humaine au prix du reniement de la nature en l'homme ; ceci correspond, comme J. Habermas l'a montré tout récemment, à la

1. Adorno atténue cette thèse dans l'*Ästhetische Theorie* (Francfort, 1970, 104) : il n'a peut-être jamais existé d'état d'absence de domination comme nature [tr. fr. : *Théorie esthétique.* Paris, Klincksieck, 1989, 103 sq.].

2. Th. W. ADORNO/M. HORKHEIMER, *Dialektik der Aufklärung,* 39 [tr. fr. cit.]. – Cf. à ce sujet : G. SCHMID-NOERR, "Das Eingedenken der Natur im Subjekt : Jenseits der Aufklärung ? Zu Horkheimers und Adornos *Dialektik der Aufklärung*", in : *Metamorphosen der Aufklärung. Vernunftkritik heute,* éd. par G. Schmid-Noerr. Tübingen, 1988, 68-98. – Cf. parmi les études récentes sur la *Dialectique de la Raison* ce volume, et : *Vierzig Jahre Flaschenpost :* Dialektik der Aufklärung *1947-1987,* éd. par W. van Reijen et G. Schmid-Noerr. Francfort, 1987 ; *Die Aktualität der* Dialektik der Aufklärung. *Zwischen Moderne und Postmoderne,* éd. par H. Kunnemann et H. de Vries. Francfort/New York, 1989.

3. Cet excursus sur Ulysse a été composé par Adorno. – Sur ce qui suit, cf. mon ouvrage : *« Gott an hat ein Gewand »,* ch. II, § III, 1.

4. Cf. Th. W. ADORNO/M. HORKHEIMER, *Dialektik der Aufklärung,* 32 sq., 54 sq. [tr. fr. : 48 sq.].

position même de Nietzsche [1]. La thèse de l'essence *éclairée* du mythe anté-historique, qui conduit à séparer Civilisation et nature (dont la préhistoire est explicitée dans l'épopée homérique), a pour présupposé la thèse (nietzschéenne) selon laquelle la raison se trouve toujours déjà au service de la conservation de la puissance. Une démythologisation exhaustive augure donc aussi bonheur et utopie, ainsi qu'on peut en conclure de l'aphorisme 144 des *Minima Moralia* – une pièce annexe pour l'analyse du mythe dans la *Dialectique de la Raison.* L'argumentation d'Adorno se fait ici en deux temps : à l'époque mythique domine la magie, une magie qui est un instrument de « domination précoce sur la nature ». Or les *Lumières* ont détruit la magie et la vénération des fétiches. L'abandon de la prétention des choses à la magie (à leur toute-puissance) a fait de celles-ci des images de bonheur, d'utopie de fin de la domination sur la nature. La non-puissance (par opposition à la puissance mythique de la magie) est ce qui nie le monde de la finalité et de la domination (tant de l'homme sur la nature que de l'homme sur les hommes) : « Et c'est en vertu seulement d'une telle négation [...] que jusqu'aujourd'hui la société existante prend conscience d'une société possible » [2].

La notion de mythe prise ici pour base en tant que corrélât d'une nature violentée et opprimée (par la technique) (et donc redoutable) et la théorie de la Civilisation qui en découle, doivent être forcément mises en question par l'ethnologie et la paléontologie modernes ; nous voyons entre-temps que la *Dialectique de la Raison* « s'approprie certaines interprétations de la pensée mythique qui pour la plupart remontent à l'époque de la première guerre mondiale » [3] ; on pourrait citer essentiellement la théorie du pré-animisme ou prélogisme de R.H. Codrington, R.R. Marett et L. Lévy-Bruhl. Adorno et Horkheimer ont pu dériver l'idée d'une connexion étroite entre religion naturelle ou bien sacré et terreur, aussi bien de l'interprétation hégélienne de la

1. Cf. J. HABERMAS, "Die Verschlingung von Mythos und Aufklärung", in *Mythos und Moderne,* 405-431, ici 420.

2. Th. W. ADORNO, *Minima Moralia.* Francfort, 1971, 301 [tr. fr. Paris, Payot, 1983, 208 (n° 144)]. – Cf. aussi du même auteur : *Noten zur Literatur III.* Francfort, 1971, 204 [tr. fr. : *Notes sur la littérature.* Paris, Flammarion, 1984, 307] ; du même encore, *Ästhetische Theorie.* Francfort, 1970, 115, 198 [tr. fr. : 103 sq., 172 sq.]. Du même enfin, *Gesammelte Schriften,* vol. 16. Francfort, 1978, 37.

3. S. COCHETTI, *Mythos und* Dialektik der Aufklärung. Königstein/Ts., 1985, XVI. Cf. sur ce qui suit : 77 sq., 125 sq.

religion primitive [1] que de la théorie du sacré chez Rudolf Otto. Il faut envisager comme beaucoup plus complexes la notion de magie, la théorie du sacrifice et tout schéma évolutionniste en général.

L'interprétation de l'*Odyssée* ne résiste pas plus à l'examen critique [2] que la théorie de l'histoire de la Civilisation qui en est dérivée et dont elle partage les faiblesses avec les premières œuvres de Benjamin. La *Dialectique de la Raison* ne s'engage pas dans le concret de l'expérience historique : la vraie marche des *Lumières* au XVIIIe siècle reste tout aussi dissimulée [3] que les univers d'image contemporains.

La critique de la rationalité formulée par la *Dialectique de la Raison* a ouvert la voie à deux traditions de la théorie du mythe tout à fait opposées : on y montre d'un côté le retour d'un mythe désenchanté, plutôt refoulé, dans la *ratio* elle-même refondue en projet global, les *Lumières* ne faisant que répéter le mythe et avançant sous cette forme le théorème de l'argument standard des prophètes délibérément anti-*éclairés* (et donc dangereux) de la post-histoire et de la post-modernité [4] ; d'un autre côté, l'œuvre produit les arguments qui tentent de rendre le mythe plausible en l'harmonisant avec le *logos* et en refusant de distinguer fondamentalement entre mythe et rationalité.

Une position intermédiaire fort intéressante est représentée par H. Blumenberg, qui comprend son *Travail sur le mythe* comme une contrepartie, comme une réponse polémique à la *Dialectique de la Raison* [5]. Il n'y a chez Blumenberg pas de critique de la raison instrumentale [6] ; un regard esthétisant évacue bien plutôt le sérieux du faire-histoire ; la liberté de converser est comprise comme moyen de

1. Cf. G.W.F. HEGEL, TWA 16; 278 («Furcht von der Naturmacht»), 280.

2. H. GEYER-RYAN et H. LETHEN font par exemple une critique de la lecture de l'*Odyssée* par Horkheimer et Adorno in: *40 Jahre Flaschenpost,* 41-72: La *Dialectique de la Raison* projette rétrospectivement sur l'*Odyssée* un modèle structural dont la construction – *via* Hegel et Lukács – repose elle-même sur l'*Odyssée.*

3. Cf. G. KURZ, "Höhere Aufklärung. Aufklärung und Aufklärungskritik bei Hölderlin", in: *Idealismus und Aufklärung,* 259-282, ici 259. J. HABERMAS critique aussi le demi-concept de *Lumières,* "Die neue Intimität zwischen Politik und Kultur. Thesen zur Aufklärung in Deutschland", in: *Merkur,* 42/468 (1988), 150-155, en particulier 153.

4. Cf. K. LAERMANN, "Das rasende Gefasel der Gegenaufklärung", in: *Merkur,* 39/3 (1985), 211-220.

5. Sur ce qui suit, cf. mon ouvrage: *« Gott an hat ein Gewand »,* ch. II, § II. 1.

6. Cf. H. BLUMENBERG, *Arbeit am Mythos.* Francfort, 1979, 183.

salut contre l'eschatologie marxiste. Ce regard esthétisant n'apparaît pas seulement dans la définition du mythe comme distanciation, mais aussi dans le fait que Blumenberg ne voit le travail *DU* mythe réalisé que dans un travail sans fin *SUR LE* mythe. Le mythe recèle une dépotentiation, à tendance esthétique, des angoisses archaïques.

L'origine pré-historique de cette angoisse, Blumenberg tente de la fixer au point du temps où l'*homo habilis* a évolué vers l'*homo erectus,* quittant le confinement de la forêt primitive pour la pleine savane : « Il n'y avait encore pas d'excursion de curiosité, pas de plaisir pris à élargir son champ [...]. C'est par un changement brutal de situation que l'horizon lointain non possédé devint présence durable de ce qui jusqu'alors était inconnu »[1]. Il voit dans l'irruption ici de l'angoisse une situation fondamentale de l'homme, la privation originelle de sol. Cette caractérisation du « status naturalis » pré-historico-archaïque comme domination illimitée, angoissante de la réalité effective, est une tradition épicurienne que Blumenberg admet auprès de la psychanalyse (traumatisme de la naissance), de Kierkegaard et Heidegger (analyse de l'angoisse), en liaison avec l'archi-fondation de Husserl. Ceci est encore précisé dans son livre *Sorties des cavernes*: il tente de démontrer l'importance des crises de séparation et des seuils grâce à une analyse du « mythe de la sortie de la caverne »[2] – à partir du mythe artistique platonicien. L'angoisse de l'homme pour sa survie et son être-là est conjurée au moyen de récits mythiques ; le mythe veut nous éviter tout contact avec les puissances supérieures redoutées. Les mythes sont interprétés – selon la formule bien sentie d'Odo Marquard – comme tentatives heureuses « pour échapper à la terreur par des récits sur la terreur »[3]. Une dialectique centrale joue là un rôle, savoir que l'on peut bien vivre dans la caverne, mais non pas y trouver la nourriture (par la chasse). Cette « partition entre la vie de la caverne et le gros gibier en liberté » crée un « vide au sein de la rationalité de l'autoconservation »[4], une sphère anti-instrumentale, esthético-civilisationnelle, qui justement naît dans l'espace protégé de la caverne : « Des qualités qui n'eussent été possibles et acceptables qu'à l'intérieur de la caverne, traversent, à la faveur de la prestance acquise,

1. *Ibid.*, 10.
2. Du même auteur, *Höhlenausgänge*. Francfort, 1989, 25.
3. *Terror und Spiel,* 528.
4. H. BLUMENBERG, *Arbeit am Mythos,* 14; du même auteur, *Höhlenausgänge,* 34.

les mailles de la sélection ». La Civilisation est donc le fruit d'une « faiblesse tolérée ».

Blumenberg tente de garantir sa thèse du mythe comme conjuration primitive de l'angoisse en la conjuguant à une autre ligne théorique, celle qui évoque la rationalité du mythe. En résolvant certaines situations vitales et certaines angoisses déterminées, le mythe gagne une première distance, il est ainsi rationalité initiale. Le mythe joue un rôle décisif dans le processus de sélection pour l'autoconservation du genre humain et la survie des récits les plus forts [1]. Les mythes ne sont pas pré-logiques, mais « travail très précieux du *logos* » [2] ; la pensée mythique est travail au service de la connaissance, domestication de la surpuissance de l'unique force en une foule de puissances individuelles limitées, dépotentiation par « retrait de la volonté » [3]. Le mythe – ainsi entendu – est « distance par rapport à ce [...] qu'il a déjà laissé derrière soi » [4]. Le mythe est, en tant que poésie, s'en-être-déjà-tiré, en-être-déjà-sorti.

Le moyen le plus important pour se distancer de l' « absolutisme de la réalité effective » [5], se trouve dans l'établissement d'une « significativité » qui – par opposition au nivellement de la science théorique dans l'indifférence – confère aux temps, aux espaces et aux choses déterminées, une prégnance particulière, un relief, les arrachant ainsi à l'indifférence [6]. À côté d'un horizon d'expériences pléthoriques, il y a un foisonnement d'autres « ordres de procédure » pour mettre à distance l'étrangement inquiétant, par exemple le procédé de nomination. Ces procédés mythiques sont, à l'intérieur de la préhistoire orale dénuée d'écriture, soumis à « l'épreuve intensive de toutes les idées par la sûreté de l'action » ; au sein de ce processus de sélection, le mythe se trouve « optimisé » [7]. La constance iconique des mythes est expliquée de manière théorico-évolutionniste.

1. À la différence de la sélection, la "fantaisie" se joue d'une traite ; cf. *Arbeit am Mythos,* 179.

2. *Ibid.*, 18.

3. *Ibid.*, 50

4. *Ibid.*, 49.

5. *Ibid.*, 9 sq.

6. Cf. *ibid.*, 78 sq. À l'arrière-plan de cette doctrine se trouvent Dilthey, Rothacker et Heidegger.

7. *Ibid.*, 168 ; cf. *Arbeit am Mythos,* 182 sq.

Blumenberg veut maintenir aussi bien l'affirmation de soi [1] que la prétention au bonheur. Sa théorie du mythe repose sur sa conception de l'homme comme être qui s'affirme lui-même. Conformément à cette thèse de départ, Blumenberg met lui aussi au premier plan une figure mythique : Prométhée comme prototype de celui qui s'affirme lui-même. Cette fondation anthropologique est clairement inspirée de l'anthropologie de la compensation de Gehlen, même si cette source – comme la plupart des autres – n'est guère citée [2]. L'homme apparaît comme l'être inadapté par principe, comme un être qui souffre de manque, ce qui explique qu'il en vienne aux « réactions extrêmes » [3] qu'entraînent les tentatives d'adaptation dont émane la civilisation. C'est sur l'arrière-plan de cette anthropologie que s'explique aussi la forte coloration politique qui marque l'interprétation du mythe chez Blumenberg : il s'agit d'une question de puissance (à quoi déjà renvoie le seul vocabulaire des catégories de domination, comme « absolutisme » ou « répartition des pouvoirs »). Ce cadre politique est encore plus évident chez Odo Marquard qui, sous le vêtement mythologique, veut promouvoir une exigence de tolérance. De la menace thématisée par Blumenberg il ne reste plus qu'une lueur lointaine ; définissant la « polymythie » comme « répartition des pouvoirs », il ne s'agit rien moins que de justifier idéologiquement l'ordre social et politique existant. Marquard s'avère être un théoricien de l'État libéral (à l'inclusion du libéralisme économique), son intention est de légitimer la société de la concurrence au nom d'une polymythie *éclairée* [4].

1. Ce concept, emprunté à Spinoza, était déjà central dans la *Legitimität der Neuzeit.*

2. Cf. H. BLUMENBERG, *Arbeit am Mythos,* 152. – Blumenberg ne fait pas mention de ses prédécesseurs ; ainsi pour son interprétation de Prométhée a-t-il pillé Bacon *(The Wisdom of the Ancient),* aux yeux de qui Prométhée tient sans plus la place de l'homme. On ne trouve pas non plus de référence à C. Schmitt, E. Voegelin, K. Balthasar. Cf. R. FABER : "« Nemo contra deum nisi deus ipse ». Gegen Blumenbergs Politische *Poly*theologie", in : R. F., *Der Prometheus-Komplex.* Würzburg, 1984, 75-87.

3. Cf. *ibid.*, 12.

4. O. MARQUARD, "Lob des Polytheismus. Über Monomythie und Polymythie (1978)", in : O.M., *Abschied vom Prinzipiellen. Philosophische Studien.* Stuttgart, 1981, 91-116. – Cf. à ce sujet la critique de : J. TAUBES, "Zur Konjunktur des Polytheismus", in : *Mythos und Moderne,* 457-470. J. HABERMAS ("Die Einheit der Vernunft in der Vielheit ihrer Stimmen", in : *Merkur,* 467 (1988), 9) situe à l'arrière-plan du plaidoyer de Marquard pour la narration (des sciences de l'esprit) la théorie de la compensation de Joachim Ritter.

Pour être juste envers Blumenberg, il faut noter que son questionnement va bien au delà d'une nouvelle théorie du mythe. Son *travail sur le mythe* ne peut être bien plutôt compris que si l'on y voit une partie de son programme de métaphorologie, esquissé dès 1958, de recherche d'images irréductibles, non saisissables logiquement. Grâce à une « phénoménologie historique » [1], Blumenberg veut élaborer une typologie des histoires de la métaphore. Le mythe étant détenteur d'un potentiel de représentations qui ne serait pas transposable en concept distincts sans perte de substance, il en revient à la proximité de la métaphore [2]. Ce que Blumenberg voit acquis pour la philosophie, savoir la métaphorisation, il veut l'inaugurer maintenant pour la théologie aussi. Sa réhabilitation du mythe est explicitement dirigée contre le Dogme, c'est-à-dire contre toutes les tentatives pour substituer dans les textes religieux aux plans métaphoriques des plans réalistes, donc contre ce qui en son noyau constitue le monothéisme (par exemple l'interdiction des images) [3].

Bien qu'il n'y ait pas pour lui – comme pour les auteurs de la *Dialectique de la Raison* – de triomphe final des *Lumières,* le *travail* de Blumenberg *sur le mythe* reste cependant tributaire d'une philosophie téléologique de l'histoire, c'est-à-dire des représentations traditionnelles d'une marche générale du *mythos* au *logos,* observable dans toutes les civilisations. Que d'autres civilisations foulent d'autres chemins, c'est ce qui échappe à son regard. Ici la théorie d'une « logique concrète » franchit chez Lévi-Strauss un pas décisif, car elle récuse le modèle d'interprétation *éclairé* d'une évolution graduelle du mythe à la science moderne (de Lévy-Bruhl à Nilsson), même si dans son intelligence de la parenté *LOGIQUE* du mythe avec la rationalité moderne, elle finit par s'accorder à son tour avec la thèse du mythe

1. H. BLUMENBERG, *Schiffbruch mit Zuschauer. Paradigma einer Daseinsmetapher.* Francfort, 1979, 86.

2. Cf. H. BLUMENBERG, "Mythos und Metaphorik", in : Paradigmen zu einer Metaphorologie. Francfort, 1960, 84 sq. – Cf. J. VILLWOCK, "Mythos und Rhetorik. Zum inneren Zusammenhang zwischen Mythologie und Metaphorologie in der Philosophie Hans Blumenbergs", in : *Philosophische Rundschau,* 32 (1985), 68-91 ; cf. P. BEHRENBERG, Endliche Unsterblichkeit. Studien zur Theologie Kritik Hans Blumenbergs. Würzburg, 1994.

3. C'est à cause de la concurrence de la philosophie qu'il y a depuis la Patristique une Dogmatique chrétienne. – En opposition au mythe et au Dogme chez Blumenberg, cf. E. RUDOLPH, "Mythos – Logos – Dogma", in : *Mythos und Religion,* éd. par O. Bayer. Stuttgart, 1990, 58-79 ; J. v. SOOSTEN, *Arbeit am Dogma, ibid.*, 80-100.

comme *Lumières* chez Blumenberg. Lévi-Strauss est un homme des *Lumières* dans la mesure où il relie univoquement mythe et rituel à des opérations de l'intellect ; le mythe, dit-il en s'écartant délibérément de Lévy-Bruhl, n'est pas pré-logique, il est une LOGIQUE propre de l'ordre du monde [1]. La structure fondamentale du mythe consiste en la médiation de contradictions logiques, analogiquement à l'opposition binaire dans le langage : « La logique de la pensée mythique nous a semblé aussi exigeante que celle sur quoi repose la pensée positive et, dans le fond, peu différente [...]. Peut-être découvrirons-nous un jour que la même logique est à l'œuvre dans la pensée mythique et dans la pensée scientifique, et que l'homme a toujours pensé aussi bien » [2]. À cause de son but fondamental, « réduire des données apparemment arbitraires à un ordre » [3], la mythologie comparative est liée à la méthode d'un « symbolisme d'inspiration mathématique » [4] ; la structure du mythe se développe en s'appuyant sur une partition musicale [5]. Lévinas parle de la « nostalgie du formalisme logique et des structures mathématiques dans la compréhension de l'homme » [6] ; en fait, l'anthropologie de Lévi-Strauss repose sur une logique analogique [7], elle est portée par le présupposé qu'il y a une rationalité partout régnante, immanente au monde. Pour démontrer la rationalité du mythe, la méthode choisie, à savoir la procédure structuraliste, n'est point persuasive *prima facie* [8], car elle fait partie du répertoire des formations rhétorico-topiques de l'unité [9]. On peut citer à cet égard diverses influences.

De par ses origines, Lévi-Strauss se rattache à la tradition de la science française des religions, liée à la section « Sciences Religieuses »

1. Cf. C. LÉVI-STRAUSS, *Mythologiques IV*, 614.
2. *Anthropologie structurale*. Paris, Plon, 1958, 254-255.
3. *Mythologiques I. Le cru et le cuit*. Paris, Plon, 1964, 18.
4. *Anthropologie structurale I*, 242.
5. *Ibid.*, 234 ; *Mythologiques I*, 23 sq. – Sur la relation entre mythe et musique (Wagner !), cf. aussi C. LÉVI-STRAUSS, *Myth and Meaning*, ch. V sur mythe et musique, *CBC* (décembre 1977) ; *Mythologiques IV*, 579 sq.] ; C. LÉVI-STRAUSS/D. ERIBON, *De près et de loin*. Paris, O. Jacob, 1988, 242 sq. Lévi-Strauss étudie le système contractuel d'échange (du trésor) dans la Tétralogie wagnérienne du *Ring*, in : *Le regard éloigné*. Paris, Plon, 1983, 319 sq.
6. E. LÉVINAS, "Sans identité", in : *L'Éphémère*, 1970, n° 13, 28.
7. Cf. *La potière jalouse*. Paris, Plon, 1985, 227.
8. Cf. A. HONNETH, "Ein strukturalistischer Rousseau. Zur Anthropologie von Claude Lévi-Strauss", in : *Merkur*, 41/463-464 (1987), 818-833, ici 832.
9. Cf. G. v. GRAEVENITZ, *Mythos*, 89-120.

de l'École Pratique des Hautes Études. Y ont enseigné Marcel Mauss, Marcel Granet, Gabriel Le Bras, ainsi que le mythologue Georges Dumézil qui fut pour Lévi-Strauss un des stimulants les plus importants [1]. Les études de science des religions de Dumézil se concentrent de bonne heure sur la comparaison de l'évolution des civilisations indo-européennes. Dans son œuvre principale, *Mythe et épopée* (1968), il résumait ses études dans la thèse capitale selon laquelle le noyau théologique du panthéon des civilisations indo-européennes est organisé suivant trois fonctions, ou plus exactement « trois besoins que tout groupement humain doit satisfaire pour survivre – administration du sacré (ou, aujourd'hui, de ses substituts idéologiques), défense, nourriture » [2].

La rencontre décisive pour le développement de la méthode spécifique de Lévi-Strauss a été ensuite celle de Roman Jakobson, qui a découvert à l'ethnologue la linguistique ; il avait fait avant cette rencontre « du structuralisme sans le savoir » [3].

La première œuvre placée sous l'influence de Jakobson fut *Les structures élémentaires de la parenté* – commencée en 1943 et publiée en 1949. Le problème de Marcel Mauss *(Essai sur le don)* et de Granet *(Catégories matrimoniales et relations de proximité dans la Chine ancienne)* est repris et réinterprété à l'aide de la méthode structurale préparée par la linguistique (la phonologie). Il est ici évident que les « recherches sur la mythologie [...] ne sont pas une entreprise isolée », qu'elles ont « leur lieu au sein du progrès d'une *théorie générale de la société* » [4]. Ceci sera évident en particulier dans le premier grand travail sur le thème de la « Mythologie », le livre de voyage paru en 1955, *Tristes tropiques* ; ici l'étude structurale du mythe part de l'analyse du mythe *ISOLÉ*. Le sens *MÉTHODOLOGIQUE* de l'étude de la société archaïque réside dans l'obtention d'un « modèle théorique de la société humaine » [5] qui devrait véhiculer la réforme de la société propre. Lévi-Strauss relève dans les textes de Rousseau l'idée métho-

1. Cf. C. LÉVI-STRAUSS/D. ERIBON, *De près et de loin,* 183.

2. G. DUMÉZIL, *Mythe et épopée I. L'idéologie des trois fonctions dans les épopées des Indo-européens. I, La terre soulagée.* Paris, 1968, 1986 nouvelle éd. corrigée, 48. Sur Dumézil, voir le n° spécial, 229, du *Magazine littéraire* (1986).

3. *De près et de loin,* 63.

4. H.H. RITTER/W. LEPENIES, "Einleitung", in : *Orte des wilden Denkens. Zur Anthropologie von Claude Lévi-Strauss,* éd. par W. Lepenies et H.H. Ritter. Francfort, 1970, 39.

5. *Tristes tropiques.* Paris, Plon, 1955 et 1968, 469.

dologique de la conception d'un « état de nature » ; l'idéalisation d'un tel « état de nature » est rejetée au même titre que l'évolutionnisme.

Le mythe est pour Lévi-Strauss une opération intellectuelle comme les autres : penser c'est penser, chez les primitifs comme chez nous. Il s'agit toujours de résoudre deux problèmes fondamentaux, acquérir sa subsistance et assurer sa survie pour perpétuer l'espèce. Ces thèmes reviennent dans chaque mythe, ce pourquoi l'on peut définir le mythe – de même que la science – comme tentative pour résoudre un problème. Entre les mythes anciens et l'opération intellectuelle de Freud il n'y a pas de différence essentielle ; des deux côtés la même logique immanente est à l'œuvre. L'étude célèbre sur *La structure des mythes* (1955/1957) prétend nous convaincre essentiellement de l'analogie entre mythe et système sémiologique, formation linguistique de haut niveau. Dans sa thèse sur le mythe comme partie intégrante de l'organisation du langage, Lévi-Strauss s'appuie au premier chef sur les *Questions fondamentales de la linguistique générale* de F. de Saussure (1931) [1]. Lévi-Strauss ajoute à la hiérarchie linguistique du phonème, du morphème et du sémantème, le *MYTHÈME* comme unité constitutive du mythe : cette unité est à chercher au niveau de la proposition ; le sens *DU* mythe réside donc dans la relation réciproque des mythèmes, ou bien plutôt dans la composition de toutes ces relations avec d'autres faisceaux de relations. Lévi-Strauss a tenté d'illustrer cette structure par le mythe d'Œdipe, exemple qui lui est vite apparu problématique [2], car on ne saurait « faire subir à un mythe grec le même traitement qu'au mythe d'une société primitive » [3]. C'est un problème de principe de savoir si l'on peut appliquer à l'analyse des mythes en général le modèle dérivé de la phonologie [4]. Ayant pris acte des critiques qui lui avaient été adressées, Lévi-Strauss a, sept ans plus tard, modifié son modèle dans *La pensée sauvage* : ce n'est plus de la

1. "La structure des mythes", in : *Anthropologie structurale,* 227-255, ici 230 sq.

2. La phrase autocritique p. 234 (Le charlatan explique le fonctionnement de petites machines) est encore absente de la 1ère éd. de 1955 ("The structural study of myth", in : *Journal of American Folklore,* 68 (1955), 248 sq.).

3. W. SCHMIDBAUER, *Mythos und Psychologie,* 161.

4. A. NESCHKE-HENTSCHKE ("Griechischer Mythos und strukturale Anthropologie. Kritische Bemerkungen zu Claude Lévi-Strauss' Methode der Mythendeutung", in : *Poetica,* 10 (1978), 135-153) prend argument du passage faible de l'interprétation du mythe d'Œdipe pour échafauder une critique méthodologique de principe.

structure profonde qu'il faut partir, c'est la diachronie, la structure superficielle qui doit être première. Le modèle du « bricolage » implique une nouvelle combinaison des éléments anciens se pré-trouvant dans les mythes et inverse la relation entre structure et manifestation [1].

Le modèle du « bricolage » reste cependant un simple épisode de son étude du mythe ; le dernier œuvre ramènera d'autres thèmes au centre. Le thème central de l'étude structurale des mythes depuis le début des années 60 est l'interprétation des mythes comme systèmes connexes de transformation. L'énorme système de transformations qu'éclairent les volumineux quatres tomes des *Mythologiques* (1964-71) plonge dans les détails les plus subtils. Lévi-Strauss tente de démontrer, à l'aide de 813 mythes indiens d'Amérique du Nord et du Sud, que l'on peut en extraire un paradigme commun, un « mythe unique », celui du combat entre les hommes et les entités non-humaines pour la possession du feu.

Lévi-Strauss parle alors de trois codes de premier, de second et de troisième ordres : le langage, les mythes, et l'analyse structurale des mythes, un « mythe de la mythologie » [2]. Les *Mythologiques* sont donc également construits comme un mythe, de façon extrêmement artistique : le premier et le dernier volumes sont, par leurs seuls titres, déjà reliés entre eux pour former le cadre (le dernier, *L'homme nu,* reprend le terme initial du premier, *Le cru et le cuit,* « car le nu c'est, par rapport à la culture, l'équivalent du cru par rapport à la nature » [3]). Les volumes suivent de plus un mouvement géographique (de l'Amérique du Sud à l'Amérique du Nord, et inversement), ainsi qu'un mouvement logique (selon un principe de complexité croissante) et musical : « Le rapport à la musique traverse toute cette œuvre », et ce non seulement par rapport aux volumes, mais même aux chapitres : « Les chapitres du premier volume sont composés sous forme de *fugues* ou de *symphonies* » [4].

1. Cf. à ce sujet : K. STIERLE, "Mythos als « bricolage » und zwei Endstufen des Prometheus-Mythos", in : *Terror und Spiel,* 455-472, en particulier 457.

2. *Mythologiques I,* 20. – Sur l'interprétation de l'énorme système de transformations dans les *Mythologiques,* cf. M. OPPITZ, *Notwendige Beziehungen.* Francfort, 1975.

3. *De près et de loin,* 186.

4. *Ibid.*, 243.

Seules intéressent Lévi-Strauss les structures élémentaires, logiques, du mythe, ses « parties cristallines », non ses « niveaux probabilistes »[1]. Sa question est celle d'une « logique des qualités sensibles »[2]. Cette perspective est sémiologique ; le point de départ est la notion de signe : les signes se définissent réciproquement dans leur sensibilité par leur analogie ou leur opposition (cru – cuit), les signes sensibles ne se rapportant plus à des choses sous-jacentes. Le point d'ancrage – assurément critique – est ici Husserl : la différence entre signe et signification, où la signification est vécue selon un phénomène d'évidence tel que le voyait Husserl, est aplanie – ici Lévi-Strauss s'accorde avec la critique adressée par Derrida à Husserl dans *La voix et le phénomène*[3]. Ces signes renvoient – et ceci rapproche Lévi-Strauss de Vico – à la réalité sociale et historique (à l'invention de la cuisson ou de la jarre au Néolithique). Le mythe est donc un signe de réalité sociale effective et comporte à ce titre toujours deux aspects : un aspect technico-économique (transformation de nature en culture) et un aspect sexuel (reproduction par l'échange des femmes). La dimension subjective passant à l'arrière-plan de ces techniques de reproduction, on peut parler d'un matérialisme naturel chez Lévi-Strauss.

Cette vision du mythe a d'emblée suscité des critiques. C'est pourquoi dans le *FINALE* du tome IV, Lévi-Strauss répond à divers reproches[4] ou, mieux, défend sa propre perspective contre les attaques. Lévi-Strauss apparaît ici entièrement imbu d'un scientisme orienté sur le modèle des sciences physiques, ce qui – même s'il renonce à l'ultime prétention des sciences à expliquer tous les phénomènes[5] – l'affranchit de tout doute sur les opérations de la science moderne, sur leur « supériorité absolue »[6]. Le reproche d'intellectualisme n'a pas manqué de lui être adressé : Lévi-Strauss réduisait l'expérience à des symboles affectivement neutres, il rattachait unilatéralement mythe et rituel à des opérations de

1. *Mythologiques IV*, 560.
2. *Mythologiques I*, 9.
3. B. WALDENFELS a porté l'attention sur les parallèles entre Lévi-Strauss et la phénoménologie (*Phänomenologie in Frankreich*, 491-502).
4. Cf. *Mythologiques IV*, 563 sq. – Lévi-Strauss s'explique avec ses critiques dans certaines des conférences publiées pour la première fois dans le volume *Paroles données*. Paris, Plon, 1984.
5. *Spuren*, 17 (1986), 5 sq.
6. *Mythologiques IV*, 570 sq.

l'intellect [1]. Particulièrement problématique apparaît la méthode empruntée à la linguistique. Lévi-Strauss commet l'erreur d'absolutiser le principe selon lequel il n'y a dans le langage pas de signification sans opposition binaire : or, ce principe n'est même pas vrai pour la « langue » [2]. La critique la plus aiguë est celle de Jacques Derrida [3] qui situe encore Lévi-Strauss dans le logocentrisme, même s'il est constitué chez lui d'éléments déjà néostructuraux. Il voit dans la science ethnologique un phénomène conséquent de la décentration de la métaphysique survenue au XIXe siècle (avec Nietzsche, Freud, Heidegger), mais adhérant encore au discours de l'ethnocentrisme. Derrida veut illustrer par l'exemple de Lévi-Strauss la fondation nécessairement centrique de la décentration. Que Lévi-Strauss ne soit pas suffisamment radical dans sa décentration, c'est ce que Derrida illustre surtout par l'exemple de l'*Ouverture* des *Mythologiques*. Lévi-Strauss y poserait une « double postulation » : ses recherches seraient une analyse empirique à compléter, ainsi qu'une critique principielle de l'empirisme. C'est pourquoi il y aurait dans son œuvre deux manières de penser l'impossibilité de la totalisation : la totalisation pourrait – en termes classiques – être tenue pour impossible à cause de la finité des sujets ; la totalisation pourrait aussi être définie à l'aide de la notion de « jeu ». Ce qui dans le jeu ferait entièrement défaut, ce serait « un centre qui arrête et fonde le jeu des substitutions ». Lévi-Strauss affirme encore trop timidement ce jeu, tout à fait à l'opposé de Derrida qui, de l'hystérèse du signifié vis-à-vis du signifiant signalée dans la conférence sur Freud, tire les plus vastes conséquences. L' « absence de signifié transcendantal » libère le jeu de la structure du

1. Cf. *Mythos und Totemismus. Beitrag zur Kritik der strukturalen Analyse,* éd. par E. Leach. Francfort, 1973. – Sur le reproche de mathématisation des expériences humaines (ou bien de formalisme) qui lui est adressé, Lévi-Strauss prend position in : *La potière jalouse,* 264] ; *De près et de loin,* 143 sq.

2. Cf. A. NESCHKE-HENTSCHKE, in : *Poetica,* 10 (1978), 135-153, en particulier 147-149.

3. J. DERRIDA, "La structure, le signe et le jeu dans le discours des sciences humaines", in : *L'écriture et la différence,* 422-442 ; sur ce qui suit, ici 436, 437, 424, 444. Une critique de Lévi-Strauss se trouve aussi in J. DERRIDA, *De la grammatologie.* Paris, Minuit, 1967, 149 sq. Derrida découvre chez Lévi-Strauss (et Rousseau) un ethnocentrisme qui apparaît sous la forme d'une critique de l'ethnocentrisme. Sur la fondation philosophique par Lévi-Strauss de l'anthropologie structurale, voir aujourd'hui H. FINK-EITEL, *Die Philosophie und die Wilden. Über die Bedeutung des Fremden für die europäische Geistesgeschichte.* Hambourg, 1994, 19-94.

dictat d'une téléologie métaphysique en « suppléant » le centre manquant par un signifiant substituable quant à lui, et par là toujours instable. C'est ainsi que l'on trouve dans les mythes des signifiants plurivoques, qu'en analogie au « phonème-zéro » de la phonologie (c'est-à-dire un phonème ne possédant aucun signe différentiel et donc aucune *valeur* constante) Lévi-Strauss caractérise comme « valeurs symboliques zéro », et qui, parce qu'il n'y a pour eux pas de signifié privilégié, compensent l'absence de signification en général (cf. *Introduction à l'œuvre de Marcel Mauss*). C'est ainsi que *mana* est un signe sur lequel on peut très bien observer la « surabondance de signifiant, par rapport aux signifiés sur lesquels elle peut se poser ».

Malgré la portée de son influence (la perspective structuraliste est aujourd'hui surtout représentée par Vernant et Detienne, lorsqu'ils appliquent aux phénomène de la religion des Grecs la thèse générale de Lévi-Strauss [1]), Lévi-Strauss connaît de nos jours une critique grandissante, on se détourne à nouveau de la perspective structuraliste typisante, revenant aux modèles plus anciens d'interprétation (par exemple cosmogoniques) ; la contribution de l'africaniste Pierre Smith dans le volume *Mythe sans illusion.* est un exemple de ce *retournement* Il prend acte de l'œuvre de Lévi-Strauss, dont l'apport essentiel réside dans le fait que « la notion de mythe prend sa vraie fonction lorsque [Lévi-Strauss] en vient à désigner les traits logiques et sémantiques grâce auxquels cette pensée mythique laisse deviner son ascendant » [2], or, les déficits de ce procédé ne sont pas sans apparaître, qu'il élude la forme de récit des mythes, ou que – de façon plus décisive encore – il escamote le caractère nécessairement étranger du mythe. Qu'il prive forcément le mythe de ce qu'il a d'étranger, de sauvage pour pouvoir le comprendre, Lévi-Strauss en convient personnellement [3]. Mais d'un autre côté aucune actualité n'est concédée au mythe ; il n'est plus pour

1. Cf. avant tout le livre de : M. DETIENNE et J.-P. VERNANT, *Les ruses de l'intelligence. La métis chez les Grecs* ([Paris, Flammarion], 1974) et le volume collectif édité par eux, *La cuisine du sacrifice en pays grec* ([Paris, Flammarion], 1979). Cf. également : M. DETIENNE, *L'invention de la mythologie* ([Paris, Gallimard], 1981). – Sur l'influence de l'anthropologie structurale sur les modèles d'interprétation des sciences sociale en Allemagne de l'Ouest, cf. J.L. EVARD, "Westdeutschland und die strukturale Anthropologie", in *Zeitmitschrift,* 3 (été 1987), 123-135.

2. P. SMITH, "Positions du mythe", in : *Le temps de la réflexion,* éd. par J.-B. Pontalis. Paris, Gallimard, 1980^{6}.

3. *Mythologiques I,* 39-40.

Lévi-Strauss qu'historique, c'est un phénomène *mort* depuis longtemps, dont au début des temps modernes la musique (les fugues de Bach) et la littérature se sont partagé l'héritage[1].

Le plus grand mérite de Lévi-Strauss, ce qu'au delà de toutes les étroitesses méthodologiques et de contenu on retiendra de lui, c'est probablement d'avoir montré la médiation entre nature et culture[2]. À partir de l'inconscient, Lévi-Strauss développe une logique du sensible ou bien du corporel qui lui permettrait de résoudre l'alternative entre sociologie et psychologie. Lévi-Strauss est inspiré dans cette direction de recherche par Marcel Mauss et sa thèse du « fait social total », où se réalise l'unité du général avec le particulier, de l'idéel avec le matériel, ou du social avec le psychique individuel et du psychique avec le corporel[3]. Que l'homme soit en même temps nature et culture, c'est ce que Lévi-Strauss développe surtout dans sa recherche sur l'origine de la cuisine (comme passage de la nature à la culture), dans les deux premier tomes des *Mythologiques*. Il y est démontré que les oppositions se transforment toujours aussi les unes en les autres, par exemple le goût naturel du miel (*AVANT* la cuisson) stimulant l'homme pour le goût naturel du tabac (*APRÈS* la cuisine)[4].

Entre-temps, la thèse structuraliste de la rationalité propre et absolument précise du mythe a surtout fécondé la philosophie[5]. K. Hübner se rallie expressément à cette intelligence de l'essence du mythe comme « instrument de logique » ; il est vrai qu'il reproche à Lévi-Strauss de limiter la rationalité aux opérations logiques externes, et de ne guère poser la question de savoir « quel *CONTENU DE VÉRITÉ* le mythe détient »[6]. Cette question de la « vérité » du mythe et de la

1. *Mythologiques IV*, 583.

2. Cf. *La pensée sauvage*. Paris, Plon, 1962, 327 n. ; *Mythologiques I*, 30.

3. "Introduction à l'œuvre de Marcel Mauss", éd. cit. : XXV sq. – Sur le modèle de l'échange des dons chez Mauss et son influence sur les concepts de Lévi-Strauss, cf. H. RITTER, in : *Orte des wilden Denkens*, 154-158. – C. LEFORT (*Les Temps modernes*, 1951) critique la dilution logociste du rapport chez Lévi-Strauss, qui transforme l' « échange vécu » en « échange pensé ».

4. Cf. *Mythologiques II. Du miel aux cendres*. Paris, 1967, schème 30 : le miel comme stimulant pour la parure, le tabac comme stimulant pour la viande.

5. Sur ce qui suit, cf. mon ouvrage : *« Gott an hat ein Gewand »*, ch. II, § III.3.

6. K. HÜBNER, *Die Wahrheit des Mythos*. Munich, 1985, 66-71, ici 69, 71. – On ne saisit pas pourquoi, dans son tableau de l'histoire de l'étude du mythe, K. Hübner n'évoque – à côté de *La pensée sauvage* – que l'étude de jeunesse *La structure des mythes* ; il ne dit mot de la dernière œuvre centrale, *Mythologiques*.

relation entre mythe et science, Hübner la situe au cœur de ses réflexions sur la rationalité du mythe. Le fil conducteur de la comparaison des structures du mythe et de la science est l'analyse de la raison scientifique. *Mythos* et *logos* sont vus comme deux formes altérantes de l'appréhension de la réalité effective, comme deux relations-sujet-objet différentielles. Pour Hübner le mythe n'est rien d'irrationnel, c'est un « système de pensée et d'expérience » historique précis, construisant *a priori* sur des formes et des catégories de l'intuition *(Anschauung)* précises. C'est pourquoi l'on peut parler d'une « ontologie mythique », aussi valide que l'ontologie scientifique et devant lui être juxtaposée [1]. Sa thèse fondamentale, qui s'inspire des méthodes de la théorie des sciences, revient à dire en bref que seules des raisons *pratiques* fondent la priorité de la physique sur l'observation mythique de la nature [2]. Toute affirmation de faits, y compris les énoncés de la physique (fondés par l'expérience), est relative à une ontologie précise et ne peut être fondée sur l'expérience. Il n'y a ni vérité empirique d'une ontologie ni fondation théorique de la vérité ou de la fausseté d'une ontologie. Cette thèse repose sur deux présupposés fondamentaux : à savoir que les arguments de l'histoire de la science contre les prétentions de la science à la vérité sont eux aussi concluants (que l'historicisation depuis Th. S. Kuhn est fondée en droit), que d'autre part les mythes ont au fond d'eux-mêmes quelque chose que l'on peut classer en termes catégoriaux comme « expérience mythique ». Ces présupposés sont absolument caratéristiques de l'époque présente. Hübner veut en quelque sorte se prémunir par le mythe des reproches de flou ou de secret défaut de logique générale (il souligne à cet égard que les « énoncés sur les dieux et les *archaí* ne peuvent avoir en tant que tels moins d'intersubjectivité sémantique que les objets profanes, les lois et les règles de la nature »), et il explique le défaut de logique en disant que « l'OBJET et la RÉALITÉ EFFECTIVE auxquels le (mythe) a affaire n'autorisent pas une telle logique » [3]. La précision (que l'on attribue

1. Cf. la propre définition de ses préoccupations in : *Die religiöse Dimension der Gesellschaft. Religion und ihre Theorien*, éd. par P. Koslowski. Tübingen, 1985, 278.

2. Cf. K. HÜBNER, "Wissenschaftliche und nichtwissenschaftliche Naturerfahrung", in : *Natur als Gegenwelt. Beiträge zur Kulturgeschichte der Natur*, éd. par G. Großklaus/E. Oldemeyer. Karlsruhe, 1983, 43-57. C'est sur l'exemple de Friedrich Hölderlin que Hübner élabore ici les traits fondamentaux d'une expérience mythique de la nature.

3. K. HÜBNER, *Wahrheit des Mythos*, 275, 277.

volontiers aux énoncés scientifiques, par opposition aux énoncés mythiques flous) est une notion non pas absolue, mais relative ; si nous ne comprenons plus le mythe, c'est seulement parce que les dieux qui le portent ont disparu de notre vie. Hübner se dresse avec la même véhémence contre tout possible projet d'irrationalisme et contre toutes les tentatives de retour au mythe. Son livre n'est, comme il le souligne dans la préface et dans sa conclusion, « pas un plaidoyer en faveur du mythe », mais « d'un débat positif à son sujet »[1]. Deux cercles de problèmes sont étroitement entrelacés : la réhabilitation du mythe (grec) refoulé par la science et la technique modernes, et la question de savoir *POURQUOI* les hommes se laissent guider non plus par la religion et le mythe, mais par la science. Les explications scientifiques habituelles du succès de la science occidentale sont vouées à l'échec. Ce ne sont ni les expériences subjectivement contraignantes ni les vues rationnelles évidentes qui ont induit la construction de l'image scientifique du monde. Même sur le plan ontologique, la science ne garantit pas un fondement inébranlable : une telle croyance mène au dogmatisme. Si l'on veut expliquer l'image scientifique du monde, on ne peut, sauf à parler de hasard, que recourir aux formes mythiques et religieuses de l'expérience[2].

Hübner emprunte à l'analyse du mythe chez Cassirer[3] son orientation théorique fondamentale ainsi que de nombreux éléments de contenu, sans toujours l'indiquer dans le détail ou dans l'ensemble. La construction du système de pensée et d'expérience du mythe grec, dans la seconde partie de son livre, est présentée sur le modèle de Cassirer en suivant le fil conducteur des catégories qui portent son système. Bref, avec Hübner on a un Cassirer avec ou sans un apriorisme relativisé et sans la théorie du symbole. Son analyse des catégories de l'espace et du temps – qui élargit celle de Cassirer – est convaincante. Les autres catégories opèrent de manière forcée (en suivant la contrainte du système kantien). Le fil conducteur méthodologique est la loi mythique de l'unité de l'idéel avec le matériel, ce qui répond à la

1. *Ibid.*, 414.

2. K. HÜBNER, *Warum gibt es ein wissenschaftliches Zeitalter?* Hambourg, 1984, 24.

3. J. VAHLAND ("Die Quellen des Mythos", in : *Zeno,* Heidelberg, 1986, n° 9, 53-60) lui adresse presque le reproche de plagiat, à tout le moins éveille-t-il l'impression que tout n'est pas si nouveau dans l'exploration théorico-scientifique du mythe chez Hübner.

loi cassirérienne de « concrescence », à l'aide de laquelle, tout comme au début du livre de Cassirer, la différence entre constitutions mythique et scientifique de l'objet est mise à l'épreuve. En dehors de son ralliement à Cassirer, Hübner suit l'exposé des limites de la critique du mythe tel que Topitsch les a présentées.

Hübner a entrepris sa réhabilitation du mythe dès son livre paru en 1978, *Critique de la raison scientifique* [1]. La suspension de la question de la vérité dans les sciences exclut justement la réfutation du mythe comme faux. La théorie réfléchie de la science doit plutôt accorder au mythe la même fonction apriorique que celle qui caractérise la science. Il n'existe aucune possibilité *théorique* de distinguer entre mythe et science. Cette thèse est reprise dans un livre publié en 1985, *La vérité du mythe,* qui tente d'en démontrer la nouveauté sur la base considérablement élargie du matériau et de l'argumentation : *« LA SUPÉRIORITÉ DE LA SCIENCE SUR LE MYTHE EST [...] UNIQUEMENT FACTUELLE ET HISTORIQUE, CE N'EST PAS CELLE D'UNE RATIONALITÉ CONTRAIGNANTE »,* «le mythe n'est pas moins que la science un point de départ de la pensée empirique, argumentante, même si elle s'oriente sur de tout autres objets que celle-ci » [2]. Après avoir développé dans sa première partie certaines des bases importantes de l'ontologie (physique) aujourd'hui dominante, Hübner étudie dans la seconde partie l'ontologie sous-jacente au mythe, pour montrer que le mythe « représente (lui aussi) un instrument d'explications et d'organisation systématiques » [3]. Ce qui dans le mythe remplace les explications causales de la réalité effective, c'est la reconduction étiologique à prétention finaliste ; des récits des commencements, ἀρχαί, prennent la place de ceux des fondements, ἀιτίαι [4]. Le mythe repose sur une expérience numineuse, ce pourquoi il ignore les faits *purs* et ne distingue pas entre sujet et objet, idéel et matériel, nom et chose, possibilité et rêve. Tout universel est représenté mythiquement par un individuel (numineux), par une divinité (en toute bataille, c'est Arès qui se déchaîne). Platon sera le premier à interpréter cette relation en termes logiques. Les catégories

1. K. HÜBNER, *Kritik der wissenschaftlichen Vernunft.* Fribourg/Munich, 1979², 395-426. Cf. aussi son étude: "Wie irrational sind Mythen und Götter?", in: *Der Wissenschaftler und das Irrationale,* vol. 2, éd. par H.P. Duerr. Francfort, 1981, 11-36.

2. *Wahrheit des Mythos,* 270, 376.

3. *Ibid.*, 257.

4. Les *archaí* sont organisées en trois groupes (cf. ch. IX, 174 sq.).

de l'espace et du temps sont elles aussi mises en rapport avec les choses divines. Cette occupation par le numineux est particulièrement sensible touchant l'espace : là où des dieux, des héros ou des démons entrent en contact avec les hommes, le sol apparaît béni (ou maudit) : c'est dans des domaines (τέμενοι) sacrés, dans des parcelles « découpées » (τεμνειν) à cet effet dans le domaine public, que les temples (νάοι) ont été érigés [1]. Ce qui s'est produit UN JOUR dans ces lieux sacrés s'y reproduira TOUJOURS : le temps mythique, en tant que « ré-pétition (permanente) d'un événement primordial » [2], est « circulaire ». La troisième partie du livre de Hübner s'attache alors à démontrer la « rationalité » de ce système mythique de catégories. La *rationalité* est ici définie comme intersubjectivité (sémantique, empirique, logique, opérative et normative), et la question est de savoir « si des propositions mythiques de base et générales peuvent être FONDÉES par l'intersubjectivité empirique » [3]. Le modèle d'explication mythique correspond formellement au modèle scientifique (propositions de base sociologiques, historiques, psychologiques), même s'il connaît en outre l'explication par « action d'une entité numineuse » [4]. Aux présupposés axiomatiques des sciences répondent les présupposés mythiques du mythe ; l'approbation ou le rejet empirique des propositions mythiques générales est la même que celle des propositions scientifiques générales (ici comme là une procédure « par essai et par erreur » est à l'œuvre). Les présupposés ontologiques comme le concept d'expérience sont identiques dans la science et dans le mythe, à la différence assurément que la science atteint des hypothèses, tandis que l'homme mythique voit « DE LA VÉRITÉ dans l'expérience numineuse, dans l'ÉPIPHANIE DE LA RÉALITÉ DIVINE EFFECTIVE [...] » [5]. Le mythe s'en tient à la différence entre expériences sacrée et profane. Hübner peut ici s'appuyer sur Durkheim, Cassirer et Eliade, qui ont fait du partage de l'univers en deux domaines de vie tranchés le point de départ de leurs réflexions analytiques sur le mythe. Dans la quatrième partie de son livre, Hübner souligne la présence du mythique dans la peinture moderne, dans le

1. *Wahrheit des Mythos,* 159 sq., en particulier 170. – Selon une découverte archéologique, il existait dès l'époque mino-mycénienne des sancturaires dans des maisons et des temples conformes à des règles, vraiemblablement désignés comme ἱερά.

2. *Ibid.*, 142.

3. *Wahrheit des Mythos,* 258 (c'est nous qui soulignons).

4. *Ibid.*, 259.

5. *Ibid.*, 266.

christianisme et la politique aujourd'hui, cette présence étant surtout sensible dans deux grandes tentatives pour donner forme artistique à la vie mythique du monde depuis longtemps vaincue, savoir la poésie de F. Hölderlin et les drames musicaux de R. Wagner [1]. Pour l'avenir, Hübner peut « imaginer une forme de civilisation où science et mythe coexistent sans subordination forcée ni lâche juxtaposition, mais contractent une relation médatisée par la vie et la pensée. Comment cela sera possible, nous n'en savons rien encore aujourd'hui » [2].

Les réflexions de Hübner ont eu un large écho, surtout du fait qu'avec lui c'est un historien de la science qui traite du phénomène du mythe [3]. Mais le parallélisme entre expériences scientifique et mythique du monde est sujet à caution, ainsi que la méthode choisie pour le démontrer, qui – ici comme chez Lévi-Strauss – fait abstraction de tous contenus et définit la commensurabilité comme purement formelle [4].

II

Ce qui manque dans les conceptions structuralistes ou rationalistes, c'est une théorie du sacré qui parte d'une signification permanente des temps et des espaces sacraux ou bien mythiques [5]. Cet aspect de fondation mythique du sens des événements historiques est mis au centre de ses réflexions sur l'essence du mythe par l'historien des religions Mircea Eliade, mort en 1986 – et cela en liaison avec R. Otto et van der Leeuw [6]. « À mes yeux », écrit-il pour résumer ses

1. Cf. *ibid.*, 378 sq.
2. *Ibid.*, 410
3. Cf. la discussion dans le livre d'*Hommage, Zur Kritik der wissenschaftlichen Rationalität,* éd. par H. Lenk. Fribourg/Munich, 1986. (Surtout les parties I, II.)
4. Ces doutes ont été exprimés en termes éminemment clairs en octobre 1985, lors d'une session de CIVITAS à Hanovre. Cf. *Moderne oder Postmoderne ? Zur Signatur des gegenwärtigen Zeitalters,* éd. par P. Koslowski, R. Spaemann, R. Löw. Weinheim, 1986.
5. Cf. M. MESLIN, *Pour une science des religions*. Paris, 1973, 170-194. – Sur ce qui suit, cf. mon ouvrage : *« Gott an hat ein Gewand »,* ch. II, § IV.
6. Cf. les livres les plus importants d'ELIADE : *Le Mythe de l'éternel retour.* Paris, Gallimard (1949), 1969 nouvelle éd. revue et augmentée (coll. "Folio") ; *Le sacré et le profane.* Paris, Gallimard, 1956 ; 1975, coll. *Idées, 76* ; *Histoire des croyances et des idées religieuses,* I-III. Paris, Payot, 1976 sq. Cf. en outre : les

recherches, « le sacré est toujours la manifestation du réel, la rencontre de ce qui nous sauve en donnant sens à notre être-là »[1]. Il voit dans le sacré quelque chose de « tout différent » du monde profane, faisant en lui irruption, et prenant ici une forme d'apparition (hiérophanie). Il compte parmi ces formes d'apparition, à côté des « hiérophanies biologiques » (phases de la lune, soleil, végétation, agriculture, etc.) et des « hiérophanies de lieu » (par exemple les places sacrées, les temples) et de temps, à côté des rites et des représentations du Dieu, le symbole religieux aussi (essentiellement le symbolisme du centre[2]) et le mythe : il « décrit les diverses et parfois dramatiques irruptions du sacré dans le monde »[3]. Au centre des réflexions d'Eliade se trouve le problème de l'histoire, ou plus précisément la « différence capitale entre l'homme des civilisations archaïques et l'homme moderne ». Le premier est « indissolublement lié au cosmos et aux rythmes cosmiques »[4] : Dans une discussion critique avec l'interprétation psychanalytique du mythe fondée par Freud, et en rivalité la plus aiguë avec l'analyse structurale du mythe chez Lévi-Strauss, Eliade entend le mythe au sens de l'éternelle répétition rituelle d'un événement primordial et donc comme abolition du temps profane : « tout mythe [...] énonce un événement qui a eu lieu *IN ILLO TEMPORE* et constitue, de ce fait, un précédent exemplaire pour toutes les actions et « situations » qui, par la suite, répèteront cet événement. [...] La répétition entraîne [...] l'abolition du temps profane et la projection de l'homme dans un temps magico-religieux qui [...] constitue cet « éternel présent » du temps mythique »[5]. Dans notre perspective moderne, la pensée mythique, empreinte d'une défiance profonde eu égard à toute modification des états existants, apparaît forcément comme une

Mémoires (*Les promesses de l'équinoxe*. Paris, Gallimard, 1980). Ce livre se termine par la mention de l'histoire fantastique parue en 1937, *Sarpele [Le serpent]*, dans laquelle Eliade développait déjà sur le style de la fiction et sans le vouloir les idées fondamentales qui allaient imprégner sa philosophie de la religion : le monde est un chiffre du sacré.

1. M. ELIADE, *L'épreuve du labyrinthe*. Paris, Belfond, 1978.

2. Sur les hiérophanes biologiques, spatiales et temporelles, cf. M. ELIADE, *Traité d'histoire des religions*. Paris, Payot, 1949, nouvelle éd. revue et corrigée 1974. Sur le « Symbolisme du centre », cf. M.E., *Images et symboles*. Paris, Gallimard, 1952. 1979, coll. "Tel", 33 sq.

3. Cf. M. ELIADE, *Le sacré et le profane*, 84.

4. Du même auteur, *Le mythe de l'éternel retour*, préface de l'édition américaine (1958).

5. Du même auteur, *Traité d'histoire des religions*, 360.

tentative pour réduire l'histoire au silence : « Mais il faut noter que la majorité des mythes, par le seul fait qu'ils énoncent *CE QUI S'EST PASSÉ IN ILLO TEMPORE,* constituent eux-mêmes une *HISTOIRE EXEMPLAIRE* du groupe humain qui les a conservés et du Cosmos de ce groupe humain »[1]. La thèse centrale (développée en détail dans son livre célèbre *Le mythe de l'éternel retour,* notamment sur l'exemple de ce mythe), la thèse du mythe comme histoire sacrée, intégrant dans un sens tout l'imbroglio des événements en les rétro-référant aux commencements du monde et à la création de l'homme, repose sur le présupposé d'une ontologie archaïque ignorant la distinction entre actions profane et sacrée. La pensée mythique est anhistorique, elle est de l'ordre de l'archétypique : dans les sociétés liées à une tradition il existe une « révolte contre le temps concret, historique » et une « nostalgie d'un retour périodique au temps mythique des origines, [...] une hostilité à toute tentative d'*histoire* autonome, c'est-à-dire d'histoire sans régulation archétypale »[2]. L'essence des mythes et des rites comme abolition du temps calculé est illustrée de manière exemplaire chez Eliade – ainsi que chez R. Callois[3] – par la fête, qui métamorphose l'homme en répétant les temps primordiaux. Le mythique, refermé sur un cercle, est rigoureusement distingué de l'historique, ouvert sur une ligne.

Cette thèse – également représentée par Malinowski – selon laquelle les éléments historiques du mythes sont pensés non pas comme chronique, mais comme répétition d'événements glorieux du passé, s'est entre-temps largement répandue[4]. Ce qui dans la vision d'Eliade reste controversé, ce sont surtout ses vues normatives[5].

1. *Ibid.*, 360 sq.
2. Du même auteur, *Le mythe de l'éternel retour,* 11.
3. Cf. R. CAILLOIS, *L'homme et le sacré,* 125 sq.
4. Cf. E. CASSIRER, PhsF II, 136 sq. [tr. fr. : 147 sq.] ; C. LÉVI-STRAUSS, *Mythologiques III. L'origine des manières de table*. Paris, Plon, 1968. ; cf. aussi du même auteur : *Mythologiques I,* 24 : le mythe est une « machine à supprimer le temps » ; H. BLUMENBERG, *Arbeit am Mythos,* 80, 112 sq. ; K. HÜBNER, *Wahrheit des Mythos,* 142.
5. Cf. le volume collectif : *Alcheringa oder die beginnende Zeit. Studien zu Mythologie, Schamanismus und Religion,* éd. par H.P. Duerr. Francfort/Paris, 1983, et, dans les deux livres d'*Hommage* (*Sehnsucht nach dem Ursprung. Zu Mircea Eliade,* éd. par H.P. Duerr. Francfort, 1983 ; *Die Mitte der Welt. Aufsätze zu Mircea Eliade,* éd. par H.P. Duerr. Francfort, 1983), les collaborations où l'emportent les prises de position critiques. Sur ce qui suit, cf. K. RUDOLPH, "Eliade und die « Religionsgeschichte »", in : *Die Mitte der Welt,* 49-78.

Sa théorie également a exercé une grande influence, par exemple sur Paul Ricœur. Ricœur insiste essentiellement avec Eliade sur la « fonction symbolique » du mythe, c'est-à-dire son « pouvoir de découvrir, de dévoiler la liaison de l'homme à son sacré ». Par mythe il entend, conformément à cela, « une fonction de second ordre des symboles primaires »[1]. Dans sa *Symbolique du mal,* il donne des instructions générales pour la compréhension critique du langage primordial de l'autointerprétation symbolique, c'est-à-dire du mythe. Il veut restaurer la notion de mythe et la préserver de tout envahissement par les pseudo-mythologies ainsi que de la *praxis* interprétative allégorique[2]. Son intelligence critique du mythe, il la doit à Platon ; Ricœur utilise la notion platonicienne de mythe afin de déchiffrer la conscience primordiale et la langue du mythe. Il l'interprète finalement comme « restauration ou restitution [...] symbolique » de l'unité primordiale et de la totalité perdues. Il n'y a que dans la concrétude du mythe et dans le langage de l'aveu que la faute ou la culpabilité puissent être exprimées. Cette expérience de la faute et du mal est ce qui finalement interdit une réconciliation parmi les formes et les totalités fausses (d'où est dérivée une critique de la subjectivité comme synthèse fragile). Comme Ricœur voit exclusivement dans l'histoire (à partir des sources bibliques qu'il met à contribution) une « histoire du Salut », il rejette forcément la perspective de Lévi-Strauss, auquel il reproche de réduire le sens à la structure[3].

La signification religieuse du mythe est aussi soulignée par Raffaele Pettazzoni : les mythes sont « des histoires vraies, ce ne saurait être des histoires fausses. Leur vérité n'est pas fondée logiquement, non plus qu'historiquement, elle est de nature religieuse au premier chef, et, en un sens spécial, magique. La force efficiente des mythes pour le culte [...] consiste en la magie du verbe [...] »[4]. La

1. Cf. P. RICŒUR, *Finitude et culpabilité (II, La symbolique du mal).* Paris, Seuil, 13, 157.

2. Cf. *ibid.*, 11. Sur ce qui suit, *ibid.*, 159.

3. Cf. P. RICŒUR, "Structure et herméneutique", in *Esprit,* 31 (1963), 596-627, ici 607, 625 sq. Cf. sur Ricœur : M. BÖHNKE, *Konkrete Reflexion. Philosophische und theologische Hermeneutik. Ein Interpretationsversuch über Ricœur.* Francfort/Berne/New York, 1983 ; T.M. van LEEUWEN, *The surplus of Meaning. Ontology and Eschatology in the Philosophy of Paul Ricœur.* Amsterdam, 1981.

4. R. PETTAZZONI, "Die Wahrheit des Mythos", in : *Paideuma,* 4 (1950), 1-9, ici 5, 7. Cf. du même auteur : *Essays on the History of Religions.* Leiden, 1954, 11-23.

représentation d'une époque magique, précédant celle des religions, n'est pas tenable, car « la pensée humaine [...] est deux : logique et mythique ».

Cette conception empreint aussi la théorie du mythe de Leszek Kolakowski, qui estime que le mythe tout comme la science sont « mythiques » (c'est-à-dire qu'ils reposent sur une décision non fondable). Se rattachant à maints égards à Husserl (encore qu'il combatte l'expérience eidétique de la valeur), il réduit la phénoménologie à des structures mythiques. En dépit de toutes nos *Lumières,* nous avons eu, selon sa thèse, par rapport au mythe un comportement archaïque. Il fait certes à cette occasion un emploi très large de la notion de *mythe,* dans la mesure où il voit à l'œuvre une épreuve mythique de la réalité effective, quand nous l'éprouvons « comme dotée de qualités valentes »[1]. Par *mythe* il entend toute croyance au sens d'un événement. Les sociétés modernes sont scindées selon une dimension technologique et mythique : « Les questions et les convictions métaphysiques sont technologiquement stériles, elles ne représentent ni une part de l'effort analytique, ni une composante de la science. En tant qu'organes de civilisation, elles sont le prolongement de son tronc mythique »[2]. La nécessité culturelle du mythe résulte de l'expérience de l'extranéité du monde, de son « impassibilité », par exemple dans l'expérience existentielle de la mort ou dans la rencontre de la nature dominée par la technique. Seul un modèle mythique ré-intégrant l'extranéité du monde dans une connexion de sens universelle, pourrait *abolir* l'« impassibilité du monde ». Ce modèle, Kolakowski le voit tout à fait dans la perspective du mythe originel. Il est trans-empirique en même temps qu'extratemporel et opère comme paradigme obligé dont les effets créent pour la première fois du sens. Kolakowski conçoit en termes anthropologiques la disposition pour le mythe : « La simple présence de la conscience spécifiquement humaine crée une SITUATION MYTHOGÈNE indélébile dans la civilisation, ce qui semble rendre irremplaçables tant le rôle *re-ligieux* du mythe dans la vie sociale que sa fonction intégrative dans le processus d'organisation de la conscience individuelle, mais en particulier les rendre insubstituables par des convictions réglées selon les critères de la connaissance

1. L. KOLAKOWSKI, *Die Gegenwärtigkeit des Mythos*. Munich, 1973, 1974, 41 ; sur ce qui suit, cf. 45.

2. *Ibid.*, 13. Sur ce qui suit, *ibid.*, 89, 121.

scientifique »[1]. Il y aurait essentiellement trois formes sous lesquelles, dans notre civilisation actuelle, se manifesterait le « besoin de mythe » : le besoin d'éprouver le monde (empirique) comme sensible, la croyance en la permanence des valeurs humaines, enfin le désir de continuité. Le thème commun de ces trois formes, c'est « le désir de suspendre le temps physique en le recouvrant de la forme mythique du temps », ce qui rappelle Eliade. C'est pourquoi la tâche de la philosophie par rapport au mythe est d' « éveiller l'auto-compréhension à la significativité que les questions ultimes ont dans l'être humain », ainsi que de « découvrir à la lumière de ces questions l'absurdité du monde relatif ».

Comme Kolakowski, le phénoménologue Gerd Brand renvoie lui aussi au « mythe comme la base de toute interprétation » : « La dimension du mythe est la seule à nous offrir une réponse possible [...] aux questions du sens de notre existence », la seule « dans laquelle une histoire de la motivation puisse être saisie dans la cohésion de son unité »[2]. Avec Ricœur – Brand reconnaît aux mythes seuls la capacité de compréhension sociale et historique du sens, et ce sur le fondement de leur structure symbolique. L'interprétation du sens dans le monde de la vie n'est possible que dans la perception d'un *continuum* de projets et de motivations. Le mythe se condense en des symboles que Brand – reprenant Lévi-Strauss – nomme « mythèmes » : ceux-ci permettent d'expérimenter l'histoire personnelle et universelle comme douée de sens. Même des situations-limites peuvent être intégrées à une cohésion universelle de sens, car l'histoire agit comme un sujet omnipotent. L'image reflétée du sujet individuel et du sujet central constitue la structure du mythe.

Si Kolakowski s'intéresse au fondement mythique des valeurs et donc à « la convergence (possible) de la mythologie et de la philosophie pratique »[3], Arnold Gehlen propose également, à côté de la

1. *Ibid.*, 143. Sur ce qui suit, *ibid.*, 17, 16, 20.

2. G. BRAND, *Gesellschaft und persönliche Geschichte. Die mythologische Sinngebung sozialer Prozesse.* Stuttgart/Berlin/Cologne/Mayence, 1972, 83, 124, 97. Sur ce qui suit, cf. 87, 101. Cf. aussi du même auteur : *Welt, Geschichte, Mythos und Politik.* Berlin/New York, 1978, 147 sq. ; "Welt, Geschichte, Mythos", in : *Philosophie und Mythos,* 93 sq.

3. C.F. GEYER, "Rationalitätskritik und *neue Mythologien*", in : *Philosophische Rundschau,* 33 (1986), 210-241, ici 210 sq. Cf. K. HÜBNER, "Ergänzungen zu Kolakowskis *Die Gegenwärtigkeit des Mythos*", in : *Logisches*

compréhension scientifique du monde, un modèle d'explication de la rémanence des éléments mythiques et de l'esthétisation du mythe, mais un modèle qui ne recoure pas forcément à des constructions irrationnelles. Il prend pour point de départ l'analyse comportementale théorique des mécanismes du déclenchement de l'instinct, pour en déduire en termes évolutifs les opérations esthétiques élémentaires[1]. Dans *Premier homme et dernière civilisation* (1956), sa déduction des institutions fondamentales est centrale, elles sont les « *conséquences subsidiaires* de l'attitude rituelle [...]. L'opportunité secondaire extraordinaire des institutions citées [par exemple la signification des systèmes de parenté tels que Lévi-Strauss les a mis en évidence ; C.J.] [...] ont STABILISÉ À REBOURS l'attitude rituelle et avec elle les entités vers lesquelles elle était orientée : la religion a été préservée de sombrer dans la magie, elle a été comprise comme créatrice de vie et a reçu une dimension historique. LA PRISE DE CONSCIENCE DE CE PROCESSUS EST LE MYTHE. [...] Son thème général est la *fondation* des institutions par les entités mêmes qui s'incorporent au rite, sans plus régir désormais le dénûment et le trop-plein immédiats d'existence, mais une nouvelle plénitude, organisée »[2]. Gehlen peut ainsi échapper à l'antagonisme tranché du *mythos* et du *logos,* car c'est « la rationalisation croissante de la vie même qui pousse à la formation de mythes ».

Pour René Girard, toutes les institutions de la communauté humaine, voire toute civilisation, se fondent sur la violence, plus exactement : sur un sacrifice. Un homme est mis à mort en lieu et place de tous les autres. La victime peut être célébrée comme dieu dispensateur d'ordre. L'ordre culturel de toute communauté humaine est dû à un tel lynchage de fondation. La Tragédie grecque le connaît déjà, sans plus le nommer à haute voix. Le salut est dans la réponse à la question de savoir qui a commencé – c'est la question mythique tout court, ainsi que le dit Girard. Si la Tragédie fait voir comment l'on parvient à la

Philosophieren. Hommage à Albert Menne pour ses 60 ans, éd. par N. Neumann et E. Walter-Klaus. Hildesheim, 1983, 44-54.

1. A. GEHLEN, *Studien zur Anthropologie und Soziologie.* Neuwied/Berlin, 1963 (cf. ici en partic les études: "Über einige Kategorien des entlasteten, zumal des ästhetischen Verhaltens" (64-78); "Über die Verstehbarkeit der Magie" [79-92]).

2. Du même auteur, *Urmensch und Spätkultur. Philosophische Ergebnisse und Aussagen.* 3e éd. améliorée, Francfort, 1975, 217-232, ici 217. Sur ce qui suit, 223 sq.

« crise du culte sacrificiel », le mythe n'est au fond rien d'autre que la fixation des différences dans un commencement immémorial, mais concret. En distinguant le sacrifice des hommes qui le présentent, la crise des différences aboutit à son terme. C'est le christianisme qui mettra le point final à ce drame universel [1].

Le philosophe berlinois des religions Klaus Heinrich comprend le mythe de l'origine comme sanction de l'existant, comme moyen de garantie de l'identité propre, ce qui explique qu'on doive le répéter dans des actions cultuelles. Pour lui, la « fonction généalogique *dans* le mythe » est ce qui montre la remarquable « liaison [...] entre mythe, rationalité et contrainte ». Le « système généalogique » a dû « franchir la brèche entre l'origine et tout ce qui émane de l'origine, transmettre la puissance des origines sacrées à ce qui en descend, à ce qui en dérive » [2]. Bacon a déjà élevé contre cette pensée du mythe de l'origine (dont le type est aujourd'hui représenté par Heidegger) la « protestation démythologisante » des *Lumières*. Dans ses cours de Dahlem, Heinrich s'interroge pour savoir si les dieux se laissent « sauver » pour une conscience moderne. Il comprend là sa position au sens d'une métacritique de la critique de l'anthropomorphisme, qui va de Xénophane à Feuerbach et à Marx. Dans cette métacritique, il fait de la mythologie antique son « alliée » [3]. En liaison avec la psychanalyse et la science des religions, Heinrich parle une fois aussi de l' « histoire fascinante » *(« Fascinationsgeschichte »)* de la mythologie [4]. Il la conçoit comme l'histoire d'un conflit *(Konfliktgeschichte)*. Celle-ci n'est pas reconstruite dans un cadre historico-philosophique préexistant, mais elle vient du fait que ce qui jusqu'aujourd'hui fascine,

1. R. GIRARD, *La violence et le sacré*. Paris, [Grasset], 1972.

2. K. HEINRICH, "Die Funktion der Genealogie im Mythos" (1963), in: *Parmenides und Jona. Vier Studien über das Verhältnis von Philosophie und Mythologie*. Francfort, 1966. Nouvelle éd. revue, Francfort, 1982, 9-28, ici 13, 11, 22 sq. Cf. du même auteur: *Vernunft und Mythos. Ausgewählte Texte*. Francfort, 1983, 11-26.

3. K. HEINRICH, *ANTHROPOMORPHE. Zum Problem des Anthropomorphismus in der Religionsphilosophie*. Francfort, 1986, 312. – Heinrich éclaire oralement la valeur du passage sur la thématisation du mythique comme « le refoulé de la philosophie » in: *Denken, das an der Zeit ist,* éd. par F. Rötzer. Francfort, 1987, 129-143. Cf. aussi "Interview mit Klaus Heinrich von H. Kurnitzky", in: *Niemandsland,* 1/3 (1987), 84-93.

4. K. HEINRICH, "Das Floß der Medusa", in: *Faszination des Mythos. Studien zu antiken und modernen Interpretationen,* éd. par R. Schlesier. Bâle/Francfort, 1985, 335-370, ici 340.

renvoie à de grands processus génériques historico-philosophiquement non résolus.

Toutes les théories traitées jusqu'ici convergent vers la thèse selon laquelle l'homme est un être dont l'existence ne peut se passer de légitimation, vers la thèse selon laquelle le besoin de mythe requiert d'être justifié. Cet argument est aussi représenté par Manfred Frank. Le mythe, à ses yeux, sert à accréditer des pratiques sociales ou culturelles, des faits naturels ou historiques en référence à un passé divin [1]. Cette insistance sur le moment étiologique est sujette à caution ; R. Heim utilise de manière significative la perspective de Roland Barthes pour critiquer Frank : celui-ci ne se poserait pas la question de savoir ce qui légitime le mythe. La « fonction communicationnelle » (Frank) ne nie pas – ceci est évident si l'on se réfère à Barthes – la fonction mystificatrice : celle-ci permet à la première d'« intervenir » en tant que principe formel « dans les matériaux de la signification et du sens en les structurant », sans être supprimée dans cette opération, mais renforcée [2].

Roland Barthes avait – en partant d'une analyse des mythes du présent – fait voir dans la forme du mythe un mode précis de signification (de désignation) [3]. Faisant une synthèse entre la critique de l'idéologie et le structuralisme, il veut montrer qu'il est possible de greffer sur tout système de signes un système secondaire valide, dont la suggestion repose sur le fait que, transformant le sens originel, il laisse apparaître cette occupation par la valeur comme *naturelle*. Le mythe est pour Barthes un « système sémiologique second » [4], parasitant comme « forme » le «sens » d'un « signe » du système primaire (par exemple le langage), en vue de « faire adopter » au « lecteur », au « consommateur de mythes » un « concept » déterminé. Le but est de transformer l'histoire en nature, ce qu'il illustre par l'exemple du Nègre sous l'uniforme français, saluant les trois couleurs. La « meilleure arme contre le mythe » est de « mythifier » celui-ci même par une troisième chaîne sémiologique, de créer un « mythe

1. M. FRANK, *Der kommende Gott*, 1-122, en particulier 73 sq. [tr. fr. cit.].

2. R. HEIM, "Rationalität, Mythos, Ideologie", in : *Rationalitätskritik und neue Mythologien*, éd. par H. Holzhey et J.-P. Levraz. Berne/Stuttgart, 1984, 62-82, ici 75 sq.

3. R. BARTHES, *Mythologies*. Paris, Seuil, 1957. Le 2d chapitre en particulier est important : "Le mythe aujourd'hui", 215-268.

4. *Ibid.*, 221. Sur ce qui suit, 223 sq.

artistique ». Barthes voyait dans les « petits mythes » de tous les jours (il cite comme exemple une page de titre de *Paris-Match*) des pétrifications du processus historique et des solidifications de l'idéologie bourgeoise [1].

Si l'analyse sémiologique du mythe est inscrite chez Barthes dans un contexte expressément politique [2], c'est de la signification LOGIQUE du mythe qu'il y va chez Bruno Liebrucks. C'est la *Science de la logique* de Hegel qui forme l'orientation centrale : le concept est ce par quoi l'on atteint seulement au mythe. Il nous faut derechef croire logiquement à la possibilité d'épiphanies et surmonter les insuffisances de notre perception moderne (qui ne nous laisse plus voir que des objets) : « Un Jupiter qui apparaît armé d'éclairs dans les nuages, ne saurait nous apparaître que comme un homme armé d'éclairs, l'homme apparaissant aussi [...] non comme homme, mais comme objet. À l'abêtissement logique répond ici la régression de la perception prétendument sobre. [...] On est là près de l'idée que ce pourrait être des définitions qui, à l'intérieur de la perception, cernent ce qui sans elles resterait incommunicable. Nous devons partir de ces limites modernes du regard perceptif, propres aussi peut-être à la conscience de travail quotidienne de toutes les époques. Les mutations de la conscience sont toujours aussi des mutations à l'intérieur de la perception » [3]. Il nous faut fuir les « limites de l'expérience objective », nous arracher aux «lois de la nécessité », si nous ne devons pas considérer plus longtemps le feu de la caverne platonicienne (c'est-à-dire l'objectivité de la science) comme étant déjà le soleil. Seul l'énoncé logique atteint le mythe : « Les héros de Homère n'ont pas besoin de croire aux dieux. Ce que l'on voit, point n'est besoin d'y croire. Le progrès de notre conscience semble avoir entraîné un recul de notre perception. Si nous devions recourir à une telle perception, nous ne

1. Cf. M. TAGER, "Myth and Politics in the Works of Sorel and Barthes", in : *Journal of History of Ideas,* 4 (1986), 625-639. Cf. parmi les réflexions théoriques, les contributions relatives en partie à Barthes, in : *Trivialmythen,* éd. par R. Matthaci, 1970.

2. Ainsi que chez U. ECO, *Trattato di semiotica generale.* Milano, 1975, 364.

3. B. LIEBRUCKS, *« Und ». Die Sprache Hölderlins in der Spannweite von Mythos und Logos, Realität und Wirklichkeit.* Berne/Francfort/Las Vegas, 1979, 47. Sur ce qui suit, *ibid.*, 48, 53. Cf. du même auteur : "Sprache und Mythos", in : *Konkrete Vernunft. Hommage à Erich Rothacker,* éd. par G. Funke. Bonn, 1958, 253-280 ; du même encore, *Irrationaler Logos und rationaler Mythos.* Würzburg, 1982.

pourrions l'atteindre qu'en allant au delà du *logos* ». C'est pourquoi Liebrucks oppose un refus catégorique à toute tentative de remythisation.

La perspective de Georg Picht se rapproche de celle de Liebrucks. Dans son premier cours systématique des années 1972 et 1973 sur *Art et mythe,* il vise également à reconstruire la « genèse historique de la conscience moderne »[1]. Picht reproche aussi à la discussion actuelle autour du mythe (essentiellement orientée par la théorie de la réception) d'éluder une question décisive : celle de savoir *ce qu'*est un dieu. « Nous ignorons ce que signifie le mot *dieu* [...]. » La moderne raison *éclairée* est incapable de comprendre la véritable essence des dieux du mythe et donc – parce que mythe et religion sont inséparables – celle même de la religion, parce qu'elle a déformé la sensibilité, détruit la nature et nié les dieux. Cette uniformisation dogmatique des *Lumières* doit être surmontée : « Une rationalité qui morcelle et distord notre percevoir ne peut être vraie elle-même. La raison qui ne peut être obtenue qu'au prix du reniement de notre corporéité est anti-raison ». Picht explique le triomphe de la conscience moderne (déformée et déformante) par l'histoire fascinante au sein de laquelle l'art (de même essence à l'origine que le mythe) a été séparé du mythe. Il se laisse là guider par la thèse « selon laquelle toutes les structures qui portent notre civilisation sont issues de la pensée mythique », selon laquelle la moderne « irruption dans la sphère mythique des dieux » est un « sacrilège » et une « tragédie ». La fonction originelle du mythe antique, Picht – comme Blumenberg – la voit dans la conjuration des puissances originelles menaçantes : « La forme humaine des dieux grecs est transparente pour les puissances [...] auxquelles elle permet d'apparaître et de produire l'étrange et inquiétante lumière qui environne les formes grecques des dieux dans l'art archaïque et classique. C'est la sérénité olympienne. Le charme d'une clarté dans laquelle les puissances magiques originelles sont en même temps portées à la visibilité et conjurées ». L'intelligence du processus de la « fin de l'art », décrite en ces termes par Hegel, aboutit à la reconnaissance paradoxale « que toute pensée émane d'une manière à nos yeux impénétrable des sphères et des structures aujourd'hui dérobées à notre connaissance, alors qu'elles constituent toute connaissance ».

1. G. PICHT, *Kunst und Mythos*. Stuttgart, 1986, 530. Sur ce qui suit, *ibid.*, 529, 489 sq., 376, 524, 553 sq., 35.

III

Ce qui est clair dans la position de Picht (qui se sait uni en intention avec la théorie critique), c'est que toute volonté d'élaborer une théorie philosophique adéquate au mythe débouche aujourd'hui inéluctablement sur une analyse et une estimation du processus de rationalisation des *Lumières,* c'est-à-dire n'est pas séparable d'une prise de position par rapport à la Civilisation technique mondiale aujourd'hui dominante. Cette nécessité intérieure est particulièrement lisible dans la théorie de Jürgen Habermas. À la suite de Max Weber, Habermas interprète les transitions (de la magie au langage et à l'écriture, jusqu'à la naissance d'images religieuses et métaphysiques du monde, puis à l'époque moderne à l'institutionnalisation de la science, plus récemment enfin à l'émergence de champs d'action normés par le droit positif) comme les conséquences de démarches d'apprentissage. Son modèle de la rationalisation sociale [1] voit les temps modernes marqués par une séparation des moments de la raison : après la dislocation des images traditionnelles du monde, trois « complexes de la rationalité » ou bien trois sphères axiologiques de la Culture ont été distinguées (jusqu'au XVIIIe siècle) : Le monde objectif de la science, où il y va des questions de vérité (cognitif), le monde social de la moral et du droit, qui thématise les questions de justice (normatif), et enfin le monde subjectif de l'art, où il y va des questions de goût (expressif). Dans cette thèse de la rationalisation des systèmes symboliques, Habermas suit, à côté de la thèse durkheimienne de la différenciation du monde de la vie (séparation entre civilisation, société et personnalité), les recherches de Max Weber en sociologie des religions et son analyse des images du monde, c'est-à-dire de la transition des images du monde métaphysico-religieuses adultes (des religions supérieures) au mode de pensée moderne.

La reconstruction webérienne du processus occidental de rationalisation juge de la rationalisation des images du monde en fonction du surpassement de la pensée magique [2]. La religion n'est pas seulement

1. Cf. J. HABERMAS, *Theorie des kommunikativen Handelns* (par la suite : TKH), vol. I. Francfort, 1981, en particulier 320 sq. [tr. fr. : I, 244 sq.]. Cf. M. WEBER, *Gesammelte Aufsätze zur Religionssoziologie,* vol. I. Tübingen, 1963[50], 536-573. Sur ce qui suit, cf. mon ouvrage : *« Gott an hat ein Gewand »,* ch. IV, § 1.

2. Cf. M. WEBER, *Religionssoziologie I,* 512.

marginalisée par le processus moderne de rationalisation, elle participe également de façon active à ce processus (en particulier à travers le judaïsme et l'ascèse intramondaine du calvinisme). Par rationalisation Weber entend au premier chef l' «éthicisation» de la religion. La théorie historico-empirique webérienne de la rationalisation a un arrière-plan AXIOLOGIQUE – caché [1]. Le processus de rationalisation est en effet ambivalent, le processus de démythologisation aboutissant à des résultats non rationnels. La vision webérienne du « coffre d'acier» dont la substance practico-morale dessèche [2], est interprétée par Habermas comme « autonomisation des sous-systèmes d'activité rationnelle par rapport à une fin» qui s'arrachent à leurs assises axio-logiques [3], ou bien comme «hypertrophie» de la complexité systématique [4]. Quant aux pensées de la dernière période de Weber sur le thème religion/rationalisation, l'une d'entre elles est décisive dans son étude publiée en 1915, *Considération intermédiaire. Théorie des degrés et des directions du refus religieux du monde* [5], la pensée selon laquelle mythes et religion ont beau jouer un moindre rôle dans la vie moderne – car la rationalité finalisée de la science, confrontée à la rationalité axio-logique, prétend tout calculer et exercer sa domination sur les choses et les hommes – le monde moderne n'est pas pour autant totalement désenchanté : avec le «désenchantement» *(« Entzauberung »)* au contraire s'accroît le besoin de sens, l'appel à la religion. Il y a des éléments traditionnels et irrationnels dans les processus de rationalisation et d'innovation [6]. D'un côté « il ne s'agit plus pour nous,

1. Cf. W. SCHLUCHTER, *Die Entwicklung des okzidentalen Rationalismus.* Tübingen, 1979, 30. – Du même auteur également: *Rationalismus der Weltbeherrschung.* Francfort, 1980; *Religion und Lebensführung,* 2 vols. Francfort, 1988. Cf. A. Bogner, *Zivilisation und Rationalisierung.* Opladen, 1989, 89 sq.

2. M. WEBER, *Die protestantische Ethik,* éd. par J. Winckelmann, 2 vols. Hambourg, 1972/73, vol. I, 188 sq. [tr. fr.: *L'éthique protestante et l'esprit du capitalisme.* Paris, Plon (1964), 1990, 245 sq.]. – Cette théorie a eu une grande influence sur Gehlen; cf. par exemple: A. GEHLEN, *Die Seele im technischen Zeitalter. Sozialpsychologische Probleme in der industriellen Gesellschaft.* Hambourg, 1957, 91.

3. J. HABERMAS, TKH I, 337 [tr. fr.: I, 258].

4. *Ibid.*, II, 232 sq.; cf. 275-293 [tr. fr.: II, 169 sq.; cf. 202-216].

5. M. WEBER, in: *Religionssoziologie I,* 536-573.

6. Cf. à ce sujet: J. SÉGUY, "Moderne Rationalisierung, «Entzauberung der Welt» bei Max Weber", in: *Verabschiedung der (Post)Moderne?* Tübingen, 1987, 23-38. – Cf. W.J. MOMMSEN, "Rekonstruktion der Überlegungen Webers zum Verhältnis von Rationalisierung und Mythos", in: *Mythos und Moderne,* 382-404.

comme pour le sauvage qui croit à l'existence de ces puissances, de faire appel à des moyens magiques en vue de maîtriser les esprits ou de les implorer, mais de recourir à la technique et à la prévision. Telle est la signification essentielle de l'intellectualisation »[1]. De l'autre côté l'on éprouve qu'au milieu du monde moderne « la multitude des dieux antiques sortent de leurs tombes, sous la forme de puissances impersonnelles parce que désenchantés et il s'efforcent à nouveau de faire retomber notre vie en leur pouvoir tout en reprenant leurs luttes éternelles »[2]. La rationalisation scientifique n'a donc pas totalement anéanti l'irrationalité des sphères axio-logiques de la valeur et de la vie. Weber met aussi en avant dans cette connexion l'appréciation des valeurs, dont l'art se réjouit dans le monde moderne comme d'un antidote par rapport à la rationalisation croissante ; en fait – et cet aspect reste dissimulé chez Habermas – l'esthétique philosophique incorpore une impulsion antimoderne, c'est-à-dire opposée au processus de différenciation des sphères de la valeur et de la vie.

Habermas reprend l'identification webérienne entre modernité et rationalisation. Pour compléter Weber, il distingue trois phases[3] : Au commencement, il y a l'intelligence mythique du monde. La rationalisation éthique et cognitive (« désenchantement ») conduit à la naissance d'une éthique mentale universaliste et à la différenciation d'une attitude théorique pure. Les images rationalistes du monde (encore religieuses) qui se forment à présent étant appliquées aux domaines PROFANES de la vie et de l'expérience, paraît enfin – avec le surclassement de la dissociation entre théorie et praxis – l'intelligence spécifiquement moderne du monde comme « implémentarisation »[4], c'est-à-dire comme incorporation institutionnelle et ancrage motivationnel de structures de conscience culturellement évoluées ou bien comme transfert de l'intelligence culturelle du monde sur les plans de l'agir social. Cette désintégration – diagnostiquée, à côté de la théorie webérienne de la rationalisation du monde de la vie, à l'aide de la notion piagétienne de « décentration » – cette désintégration de l' « unité fondatrice de sens des images du monde métaphysico-religieuses » et la

1. M. WEBER, "Wissenschaft als Beruf", in : M.W., *Gesammelte Aufsätze zur Wissenschaftslehre*. Tübingen, 1982, 582-613, ici 594 [tr. fr. : *Le savant et le politique*. Paris, Plon, 1959, 78-79].

2. *Ibid.*, 605 [tr. fr. : 95].

3. Cf. J. HABERMAS, TKH I, 296 sq. [tr. fr. : I, 226 sq.].

4. *Ibid.*, I, 299 [tr. fr. : I, 228].

concurrence entre les sphères de valeurs autonomisées [1] sont pour Habermas la condition nécessaire d'une société émancipée.

Une grande partie du premier tome de la *Théorie de l'agir communicationnel* est constituée par la discussion sur deux formes d'interprétation du monde, savoir le mythe et l'interprétation moderne du monde. Habermas opère avec une notion du « mythe » qui – en liaison avec Lévi-Strauss – désigne un savoir archaïque, *i. e.* analogisant, et il demande pour quelles raisons nous pouvons affirmer que notre vision moderne de l'image du monde l'emporte sur le mythe. Pour justifier les oppositions entre visions mythique et moderne du monde, les contrastes entre les théories de l'agir dans les sociétés archaïques et modernes, Habermas cite le fait que « le type d'agir orienté vers l'intercompréhension [...] n'est nullement à considérer comme le cas normal que nous rencontrerions partout et toujours dans la pratique quotidienne de la communication » [2]. La théorie webérienne d'une éthicisation des images du monde le guide ici encore : Selon Weber, la pensée mythique des religions tribales archaïques est progressivement rationalisée, se transformant finalement en une éthique mentale universaliste, c'est-à-dire « éthicisée ». Les contenus de l'image du monde reflètent les diverses solutions du problème de la théodicée. La problématique éthique fondamentale (la question de la justification de l'inégalité des hommes en face des richesses) fait sauter les barrières du mythe ; le besoin surgit d'une explication religieuse de la souffrance (perçue comme injuste, et que le mythe ne sait interpréter que comme symptome d'une faute secrète), conduisant à la formation d'une éthique mentale religieuse dans les religions de la rédemption. Habermas complète la théorie webérienne de la rationalisation ÉTHIQUE (*via* la domination du monde et la fuite du monde) par une théorie de la rationalisation COGNITIVE des images du monde *(via vita activa* et *vita contemplativa).* À l'intérieur de la « démythologisation de la connaissance de l'étant », se séparent l'intervention instrumentale et l'interprétation théorique (des processus empiriques). Cela signifie « la différenciation d'une attitude purement théorique (affranchie de la pratique) [...] et [...] la formation d'un moi épistémique en général, capable de se libérer des affects, des intérêts du monde vécu, des

1. *Ibid.*, I, 333 [tr. fr.: I, 255].
2. *Ibid.*, I, 198 [tr. fr.: I, 154].

préjugés, etc., pour s'adonner à la contemplation de l'étant »[1]. Se référant à Blumenberg, Habermas poursuit ainsi la naissance d'une cosmologie fondée théoriquement dans les images métaphysiques du monde.

Le mythe lui apparaît comme *CONTRE-IMAGE* d'une « connexion des moments cognitifs-instrumentaux avec les moraux-pratiques et les moments expressifs [...] dans une pratique courante encore non rationalisée »[2]. Il souligne encore deux traits principaux du mythe. D'une part, sa dimension éthico-sociale est marquée par un « *LIEN PIEUX* à l'égard d'*ORDRES DE VIE CONCRETS* cautionnés par la tradition et authentiques »[3]. L' « unité du monde de la vie » peut être garantie par des « interprétations mythiques du monde »[4] : L'antagonisme des différentes sphères de la vie est levé du fait que « toute sphère [...] est représentée par une puissance propre de l'origine, qui communique avec toutes les autres puissances ». L'interprétation (mythique) du monde guide la structure sociale en sa totalité[5]. Pour autant, il reste difficile de savoir si Habermas conçoit prioritairement l'intelligence mythique du monde comme « phase » précommunicationnelle « de l'interaction médiatisée »[6] (au fondement de laquelle il place un concept trop restreint de *symbole*), ou bien si c'est l'orientation de l'agir dans les sociétés tribales qui est prioritairement communicationnelle (à cause du système de parenté comme structure sociale portante). Quoi qu'il en soit, le système de parenté est ici le « verrou qui maintient ensemble les mécanismes d'intégration dans le système et ceux d'intégration sociale »[7]. Cette fonction de verrou ou d'intégration à l'époque moderne, la morale et le droit l'ont adoptée (en tant que « normes d'action de rang secondaire »[8]). Dans les sociétés tribales archaïques, l'expression juridique n'existait pas encore comme « *MÉTA* institution »[9] ; les sujets agissants se dirigent ici encore selon les orientations axiologiques concrètes des rôles de la parenté. Les

1. *Ibid.*, I, 295 [tr. fr.: I, 226].
2. *Ibid.*, II, 486 sq. [tr. fr.: II, 363 sq.].
3. *Ibid.*, I, 294 [tr. fr.: I, 225].
4. *Ibid.*, I, 334 [tr. fr.: I, 256]. Sur la suite, *ibid.*
5. *Ibid.*, II, 233 sq. [tr. fr.: II, 169 sq.].
6. *Ibid.*, II, 86 [tr. fr.: II, 64].
7. *Ibid.*, II, 253 [tr. fr.: II, 185].
8. *Ibid.*, II, 259 [tr. fr.: II, 190].
9. *Ibid.*, II, 261 [tr. fr.: II, 191]. Habermas distingue avec Kohlberg trois phases de l'évolution du droit.

structures de réciprocité du système de parenté formaient un schéma d'interprétation (pour la relation avec le monde) à usage multiple, inversement « les catégories de l'action acquièrent une signification constitutive pour les images mythiques du monde »[1]. Suivant Malinowski, Habermas voit dans l' « expérience fondamentale des sociétés archaïques » l' « expérience de l'être livré sans protection aux contingences d'un monde qu'il ne domine pas ». Le flux des contingences est « neutralisé par l'interprétation », « nature et culture sont projetées sur le même plan »[2], ainsi que le rend possible la magie.

Dans des énoncés de ce genre, l'influence de Lévi-Strauss se montre aussi bien que dans la détermination du second élément, cognitif, du mythe comme *« FIXATION À LA SURFACE DES PHÉNOMÈNES CONCRETS »*[3]. La « pensée sauvage » est tout aussi concrétiste et adhère tout autant à l'intuition que le fait une pensée dans des relations de similitude et de contraste. Entre deux aspects, « la pensée sauvage peut être rapportée homologiquement à la comparaison des stades ontogénétiques du développement cognitif »[4].

Bien que Habermas se réclame ici de l'interprétation structuraliste des mythes, l'utilisation de thèses de *La pensée sauvage* empruntées à Lévi-Strauss reste très sélective, ouvrant ainsi le regard sur la différence fondamentale entre deux conceptions du mythe. Si pour Lévi-Strauss la relation à la réalité effective qui prévaut dans la pensée scientifique moderne ne peut être interprétée comme progrès vis-à-vis de la « pensée sauvage », l'analyse habermasienne du mythe est inscrite dans une théorie évolutionniste qui comprend l'évolution historique de l'espèce comme un processus manifestant prioritairement un *PROGRÈS DE LA RATIONALISATION*[5]. La voie évolutive occidentale seule conduit à une « compréhension pleinement décentrée du monde »[6]. C'est ce qui permet à Habermas d'identifier *UNE* forme historique de rationalité acclimatée à *une* civilisation, à l' « âge mûr de la raison » en général. Selon ce concept, les sociétés « archaïques » ont une valeur de place systématique. Pour l'intérêt du contraste, Habermas identifie le monde « primitif » comme phase préalable des temps modernes et érige des

1. *Ibid.*, I, 77 [tr. fr.: I, 62]. Sur la suite, *ibid.*
2. *Ibid.*, I, 78 [tr. fr.: I, 63].
3. *Ibid.*, I, 295 [tr. fr.: I, 226].
4. *Ibid.*, I, 77 [tr. fr.: I, 62].
5. Cf. à ce sujet: A. LINKENBACH, *Opake Gestalten des Denkens*. Munich, 1986, 83 (n. 24), en particulier 97 sq.
6. J. HABERMAS, TKH I, 275 [tr. fr.: I, 210].

différences de rationalité considérables entre mythe et temps modernes ; les différences de rationalité entre les individus des sociétés *primitives* et ceux des temps modernes sont en vérité bien moindres qu'Habermas ne le prétend, ainsi qu'il aurait pu en conclure de Lévi-Strauss dont il se réclame maintes fois explicitement [1] – à côté de Gordelier.

La prémisse la plus sujette à caution se dissimule derrière l'affirmation (démarquée de Weber) d'un « procès historique universel de rationalisation des images du monde *(Weltbildrationalisierung)* » [2]. Or, cette affirmation n'est pas possible – Habermas en convient lui-même – sans l'hypothèse d'une position *UNIVERSALISTE* eu égard à la validité du standard de rationalité [3]. Derrière la question d'un universalisme européen se cache le problème principiel de savoir si une rationalité transculturelle peut exister sans impérialisme culturel (européen). Ce problème a aujourd'hui gagné en virulence, étant donné le triomphe de la Civilisation physico-technique (européenne) qui a atteint la réalisation d'une Civilisation mondiale universelle, ainsi que Heidegger l'a clairement diagnostiqué. Spaemann a posé ce problème en demandant avec acuité si l'Europe pouvait « répondre » de la « destruction de toutes les civilisations traditionnelles par l'universalisation de l'objectivisation scientifique du monde et de l'organisation téléo-logique de la vie » [4]. Ceci fait rejaillir en force, à l'issue du XXe siècle, le problème fondamental qui depuis Vico empreint ultimement l'étude moderne du mythe : le problème de la rencontre du propre et de l'étranger. Dans la confrontation avec les civilisations étrangère il faut dépasser ses propres limites et, sans renier son propre, reconnaître l'étranger en son altérité – afin d'acquérir, comme le dit Hölderlin, « le libre usage de ce qui nous est propre » *(« der freie Gebrauch des Eigenen »)* [5].

1. *Ibid.*, I, 75 [tr. fr. : I, 61].
2. *Ibid.*, I, 76 [tr. fr. : I, 61].
3. Cf. *ibid.*, I, 103, 199 sq. [tr. fr. : I, 83, 154 sq.]. – Cf. aussi sa position un peu plus modérée in : J. HABERMAS, "Die Einheit der Vernunft in der Vielheit ihrer Stimmen", in : *Merkur*, 42/467 (1988), 1-14 ; Habermas défend son concept de la raison communicationnelle tant contre la pensée métaphysique de l'unité (Heinrich) que contre les vues contextualistes ; la raison dépend d'un contexte tout en le transcendant.
4. R. SPAEMANN, "Universalismus oder Eurozentrismus", in : *Merkur*, 42/474 (1988), 706-712, ici 711.
5. F. HÖLDERLIN, StA 6, 1 ; 426 [tr. fr. : 1004].

BIBLIOGRAPHIE GÉNÉRALE

BIETENHOLZ, Peter G.: *Historia and fabula. Myths and legends in historical thought from antiquity to the modern age*. Leiden, 1995.

DANIEL, Stephen H.: Myth and Modern Philosophy. Philadelphie, 1990.

BLUMENBERG, Hans: *Arbeit am Mythos*. Francfort, 1979, 1981².

Die Eröffnung des Zugangs zum Mythos. Ein Lesebuch, éd. par Karl Kerényi. Darmstadt, 1967, 1976², 1982³.

Faszination des Mythos. Studien zu antiken und modernen Interpretationen, éd. par Renate Schlesier. Bâle/Francfort, 1985.

FRANK, Manfred: *Vorlesungen über die Neue Mythologie,* 2 Teile, Francfort, 1982/83.

GOCKEL, Heinz: *Mythos und Poesie. Zum Mythosbegriff in Aufklärung und Frühromantik*. Francfort, 1981.

GRAEVENITZ, Gerhart von: *Mythos. Zur Geschichte einer Denkgewohnheit.* Stuttgart, 1987.

GRUPPE, Otto: "Geschichte der klassischen Mythologie und Religionsgeschichte während des Mittelalters im Abendland und während der Neuzeit", in: *Wilhelm Heinrich Roscher, Ausführliches Lexikon der griechischen und römischen Mythologie*, 6 vols. Leipzig, 1909-15, Vol. suppl. IV, Leipzig 1921, Repr. Hildesheim 1965.

HORSTMANN, Axel: "Der Mythosbegriff vom frühen Christentum bis zur Gegenwart", in: *Archiv für Begriffsgeschichte,* 23 (1979), 7-54,197-245.

LÉVI-STRAUSS, Claude: *Des symboles et leurs doubles*. Paris, Plon, 1989.

Myth and Reason. A Symposium, éd. par W.D. Wetzels. Austin/Londres, 1973.

Myth: A Symposium, éd. par Thomas A. Sebeok. Bloomington (Ind.), 1955.

Mythographie der frühen Neuzeit. Ihre Anwendung in den Künsten, éd. par Walter Killy. Wiesbaden, 1974.

Mythos, éd. par Renate Schlesier. Contrib. de M. Detienne, N. Loreaux, L. Kahn, R. Schlesier et J.-P. Vernant. Vienne/Berlin, 1983.

Mythos in mythenloser Gesellschaft. Das Paradigma Roms, éd. par Fritz Graf. Stuttgart/Leipzig, 1993.

Mythos und Moderne. Begriff und Bild einer Rekonstruktion, éd. par Karl Heinz Bohrer. Francfort, 1983.

Mythos und Mythologie in der Literatur des 19. Jahrhunderts, éd. par Helmut Koopmann. Francfort, 1979.

Mythos und Rationalität, éd. par Hans Heinrich Schmid. Gütersloh, 1988.

Mythos zwischen Philosophie und Theologie, éd. par Enno Rudolph. Darmstadt, 1994.

Philosophie und Mythos. Ein Kolloquium, éd. par Hans Poser. Berlin/New York, 1979.

PLUMPE, Gerhard: “Das Interesse am Mythos. Zur gegenwärtigen Konjunktur eines Begriffs”, in: *Archiv für Begriffsgeschichte*, 19 (1975), 236-253.

PÖGGELER, Otto: “Topik und Philosophie”, in: *Topik*, éd. par Dieter Breuer et Helmut Schanze. Munich, 1981, 95-123.

Problèmes du mythe et de son interprétation, éd. par Jean Hani. Paris, 1978.

Rationalitätskritik und neue Mythologien/Critique de la rationalité et nouvelles mythologies, éd. par Helmut Holzhey et Jean-Pierre Leyvraz. Berne/Stuttgart, 1984.

Die Restauration der Götter. Antike Religion und Neo-Paganismus, éd. par Renate Schlesier et Richard Faber. Würzburg, 1986.

SCHUPP, Franz: *Mythos und Religion*. Düsseldorf, 1976.

STRICH, Fritz: *Die Mythologie in der deutschen Literatur von Klopstock bis Wagner*, 2 Bde. Halle, 1910, Repr. Berne/München, 1970.

Terror und Spiel. Probleme der Mythenrezeption, éd. par Manfred Fuhrmann. Munich, 1971.

VRIES, Jan de: *Forschungsgeschichte der Mythologie*. Fribourg/Munich, 1961

Wege des Mythos in der Moderne. Richard Wagner: Der Ring des Nibelungen. Eine Münchner Ringvorlesung, éd. par Dieter Borchmeyer. Munich, 1987.

INDEX DES AUTEURS

TABLE DES MATIÈRES

Achevé d'imprimer par l'Imprimerie de la Manutention à Mayenne
Novembre 1995 — N° 385-95